Grammaire trajet

Édition revue

Marie-Antoinette Raes
Frans De Clercq

Franse basisgrammatica voor Nederlandstaligen

Pelckmans

Digitale ondersteuning

Pelckmans Portaal

Onlinelesmateriaal doet je vaak nog beter studeren. **Pelckmans Portaal** bundelt heel wat extra's die aansluiten bij onze lesmethodes en helpt je zowel thuis als in de klas te werken in een gebruiksvriendelijke en stimulerende leeromgeving: **pelckmansportaal.be**.

Activeer jouw licentie aan de hand van onderstaande code.
Voor het activeren van de licentie is een eenmalige registratie en het accepteren van de gebruikersvoorwaarden noodzakelijk.

PM9NE5J3Y8YE9JPVW

Opgelet: na activatie is de licentie 4 jaar geldig.

Eenvoudige inlogprocedure
Na activatie van bovenstaande code krijg je als leerling automatisch toegang tot Pelckmans Portaal.
Je kunt inloggen via:
pelckmansportaal.be

pelckmansportaal.be

Voor wie kopiëren wil:
U vindt dit boek goed en wenst er kopieën van te maken. Besef dan:
- dat dit boek de vrucht is van intense arbeid: auteurs en uitgever hebben er heel wat geld en energie in gestoken;
- dat auteurs en uitgeverij van dit werk moeten bestaan;
- dat kopiëren zonder voorafgaande schriftelijke toestemming onwettig is.

©2019, Pelckmans
Pelckmans maakt deel uit van Pelckmans uitgevers nv
www.pelckmansuitgevers.be
Brasschaatsteenweg 308, 2920 Kalmthout, België

Alle rechten voorbehouden. Niets uit deze uitgave mag worden verveelvoudigd, opgeslagen in een geautomatiseerd gegevensbestand of openbaar gemaakt, op welke wijze ook, zonder de uitdrukkelijke voorafgaande en schriftelijke toestemming van de uitgever, behalve in geval van wettelijke uitzondering. Informatie over kopieerrechten en de wetgeving met betrekking tot de reproductie vindt u op www.reprobel.be.

All rights reserved. No part of this book may be reproduced, stored or made public by any means whatsoever, whether electronic or mechanical, without prior permission in writing from the publisher.

Bij de samenstelling van *Grammaire Trajet Édition revue* hebben wij teksten en illustraties ontleend waarvan wij de bron niet hebben kunnen achterhalen. Mogelijke rechthebbenden kunnen zich tot de uitgever wenden.

Omslagbeeld: Studio Pelckmans uitgevers
Lay-out: puurprint
Tekeningen: Steven – Het Geel Punt
Illustraties: iStockphoto.com, © Philippe Geluck

D/2018/0055/83
ISBN 978 90 289 9015 9
NUR 116, 118

pelckmans.be   Pelckmans Secundair   vimeo.com/Pelckmans

Avant-propos

Depuis sa première édition, en 1992, Grammaire Trajet est toujours restée fidèle à son objectif de départ: être une grammaire de base pratique pour les élèves et les étudiants néerlandophones. Le but était et est toujours de donner aux apprenants un instrument de travail efficace, qu'ils puissent aussi utiliser de manière autonome. C'est pourquoi Grammaire Trajet accorde une large place aux exemples, qui illustrent de manière concrète l'énoncé des règles. Celles-ci sont formulées de la façon la plus simple possible. En plus, la traduction des règles et des exemples offre un double avantage: d'un côté, elle garantit une parfaite compréhension du texte, et de l'autre, elle fait ressortir les éléments contrastifs entre les deux langues. Dans le même souci de clarté, chaque page se présente comme un tout logique. À certains endroits, les pages de gauche et de droite sont complémentaires et doivent être considérées ensemble. Finalement, un index très développé (en français et en néerlandais) renvoie aux numéros en marge et facilite la consultation de cette grammaire.

Si les objectifs sont toujours les mêmes, Grammaire Trajet n'en est pas pour autant une grammaire immuable. Il ne pourrait en être autrement, puisque la société évolue et la langue avec elle. Dans cette édition revue, nous avons voulu tenir compte de ces évolutions. Ainsi, les exemples ont été revus et adaptés en fonction des intérêts des jeunes d'aujourd'hui. D'autre part, l'orthographe rectifiée est aujourd'hui enseignée en Belgique francophone et adoptée par plusieurs éditeurs de manuels scolaires en France. Grammaire Trajet signale ces rectifications où elles sont d'application et les présente dans un nouveau chapitre en fin de volume. Nous adoptons dans ce domaine une attitude de bon sens et tenons compte avant tout du «bon usage». Ainsi, nous optons délibérément pour l'accent grave sur des formes comme «je cèderai». Mais nous gardons les accents circonflexes sur «connaître» et «coûter» comme c'est toujours le cas dans la très grosse majorité des médias actuels. Nous mentionnons aussi les nouvelles formes féminines des noms de métiers, titres, grades et fonctions, qui sont entrées dans l'usage.

À côté de la mise à jour des contenus, cette édition revue se présente aussi dans une nouvelle mise en page, avec une utilisation sobre et judicieuse de la couleur. Le but est de présenter la matière le plus clairement possible et de faciliter ainsi la consultation de cette grammaire. Ces adaptations sont basées sur l'expérience de nombreux utilisateurs qui nous ont fait part de leurs observations. Ainsi, la nouvelle Grammaire Trajet restera ce qu'elle a toujours voulu être: un instrument de travail agréable, efficace et pratique, basé sur la communication d'aujourd'hui.

Table des matières

PREMIÈRE PARTIE: LES LETTRES ET LES SIGNES		**EERSTE DEEL: DE LETTERS EN DE TEKENS**	
1 LES LETTRES	1 à 9	DE LETTERS	
2 LES SIGNES DE PONCTUATION	10	DE LEESTEKENS	

DEUXIÈME PARTIE: LES MOTS — **TWEEDE DEEL: DE WOORDEN**

1 LE SUBSTANTIF	11 à 33	HET ZELFSTANDIG NAAMWOORD
1.1 Le genre	11 à 25	Het genus
1.2 Le nombre	26 à 33	Het getal
2 L'ARTICLE	34 à 46	HET LIDWOORD
2.1 L'article indéfini	34 à 36	Het onbepaald lidwoord
2.2 L'article défini	37 à 39	Het bepaald lidwoord
2.3 L'article contracté	40-41	Het samengetrokken lidwoord
2.4 L'article partitif	42	Het deelaangevend lidwoord
2.5 Emploi de DE (+ quantité)	43-44	Gebruik van DE (+ hoeveelheid)
2.6 L'article dans la phrase négative	45	Het lidwoord in de ontkennende zin
2.7 Pas d'article en français	46	Geen lidwoord
3 L'ADJECTIF QUALIFICATIF	47 à 63	HET BIJVOEGLIJK NAAMWOORD
3.1 Le genre	48 à 51	Het genus
3.2 Le nombre	52-53	Het getal
3.3 L'adjectif de couleur	54	De kleuren
3.4 La place de l'adjectif	55 à 58	De plaats van het bijvoeglijk naamwoord
3.5 La comparaison de l'adjectif	59 à 63	De trappen van vergelijking
3.5.1 Le comparatif	59	De vergelijkende trap
3.5.2 Le superlatif	60	De overtreffende trap
3.5.3 Forme spéciale: bon	61	Speciale vorm: goed
3.5.4 Forme spéciale: mauvais	62	Speciale vorm: slecht
3.5.5 Expressions avec une comparaison	63	Uitdrukkingen met een vergelijking
4 L'ADJECTIF ET LE PRONOM POSSESSIFS		DE BEZITTELIJKE VOORNAAMWOORDEN
4.1 L'adjectif possessif	64 à 67	Het bijvoeglijk bezittelijk voornaamwoord
4.2 Le pronom possessif	68-69	Het zelfstandig bezittelijk voornaamwoord
5 L'ADJECTIF ET LE PRONOM INTERROGATIFS		DE VRAGENDE VOORNAAMWOORDEN
5.1 L'adjectif interrogatif	70	Het bijvoeglijk vragend voornaamwoord
5.2 Le pronom interrogatif	71	Het zelfstandig vragend voornaamwoord
6 L'ADJECTIF EXCLAMATIF	72	HET UITROEPEND VOORNAAMWOORD
7 L'ADJECTIF ET LE PRONOM DÉMONSTRATIFS		DE AANWIJZENDE VOORNAAMWOORDEN
7.1 L'adjectif démonstratif	73	Het bijvoeglijk aanwijzend voornaamwoord
7.2 Le pronom démonstratif	74 à 77	Het zelfstandig aanwijzend voornaamwoord
8 L'ADJECTIF ET LE PRONOM INDÉFINIS	78 à 101	DE ONBEPAALDE VOORNAAMWOORDEN
8.1 L'adjectif indéfini	78 à 80 84 à 89	Het bijvoeglijk onbepaald voornaamwoord
8.2 Le pronom indéfini	81 à 83 90 à 99	Het zelfstandig onbepaald voornaamwoord
Tableau	100-101	
9 L'ADJECTIF NUMÉRAL	102 à 109	HET TELWOORD
9.1 Les nombres cardinaux	102 à 105	De hoofdtelwoorden
9.2 Les nombres ordinaux	106	De rangtelwoorden
9.3 Les collectifs	107	De verzamelwoorden
9.4 Les fractions	108	De breuken
9.5 L'heure	109	Het uur

10 LA PRÉPOSITION	110 à 145	HET VOORZETSEL
10.1 Du français au néerlandais	110 à 117	Voorzetsels F-N
10.2 Du néerlandais au français	118 à 139	Voorzetsels N-F
10.3 Verbes avec préposition fixe	140 à 145	Werkwoorden met vast voorzetsel
11 LA CONJONCTION	146	HET VOEGWOORD
12 L'ADVERBE	147 à 164	HET BIJWOORD
12.1 Adjectif ou adverbe?	147	Bijvoeglijk naamwoord of bijwoord?
12.2 Adverbes de manière	148 à 151	Bijwoorden van wijze
12.3 Adverbes de lieu	152	Bijwoorden van plaats
12.4 Adverbes de temps	153	Bijwoorden van tijd
12.5 Adverbes de quantité	154	Bijwoorden van hoeveelheid
12.6 Adverbes variés	155	Diverse bijwoorden
12.7 Adverbes tout / même	156-157	Bijwoorden tout / même
12.8 Adverbes de négation	158	Bijwoorden van ontkenning
12.9 La comparaison de l'adverbe	159 à 164	De trappen van vergelijking
12.9.1 Le comparatif	159	De vergelijkende trap
12.9.2 Le superlatif	160	De overtreffende trap
12.9.3 Formes spéciales	161 à 164	Speciale vormen
13 LE PRONOM RELATIF	165 à 174	HET BETREKKELIJK VOORNAAMWOORD
13.1 Qui	166-167	Qui
13.2 Que (Qu')	168	Que
13.3 Dont	169	Dont
13.4 Où	170	Où
13.5 Ce qui / ce que / ce dont	171	Ce qui / ce que / dont
13.6 Lequel + formes variables	172-173	Lequel
13.7 Remarques	174	Opmerkingen
14 LE PRONOM PERSONNEL	175 à 197	HET PERSOONLIJK VOORNAAMWOORD
14.1 Le pronom personnel sujet	175 à 177	Het persoonlijk voornaamwoord onderwerp
14.2 Le pronom personnel réfléchi	178	Het wederkerend voornaamwoord
14.3 Le pronom personnel COD	179 à 181	Het pers. voornaamwoord lijdend voorwerp
14.4 Le pronom personnel COI	182-183	Het pers. voornaamwoord meewerkend voorwerp
14.5 Le pronom personnel forme tonique	184-185	Het pers. voornaamwoord beklemtoonde vorm
14.6 Le pronom personnel «EN»	186-187	Het pers. voornaamwoord «EN»
14.7 Le pronom personnel «Y»	188-190	Het pers. voornaamwoord «Y»
14.8 La place d'un pronom personnel	191 à 193	Plaats van één persoonlijk voornaamwoord
14.9 La place de deux pronoms personnels	194-195	Plaats van twee persoonlijke voornaamwoorden
14.10 La traduction de «hem», «haar»	196	Vertaling van «hem», «haar»
14.11 Aperçu: les pronoms personnels	197	Overzicht
15 LE VERBE	198 à 315	HET WERKWOORD
Aperçu général	198	Algemeen overzicht
15.1 La conjugaison des verbes types	199 à 221	Vervoeging van type-werkwoorden
15.2 La formation des temps et des modes	222 à 256	Vorming van tijden en wijzen
15.3 Tableau des verbes irréguliers	257	Tabel van de onregelmatige werkwoorden
15.4 Liste pratique de verbes fréquents	258-259	Praktische lijst van frequente werkwoorden
15.5 Emploi des temps et des modes	260 à 315	Gebruik van tijden en wijzen
TROISIÈME PARTIE: LA PHRASE		**DERDE DEEL: DE ZIN**
1 Les groupes de mots	316	De woordgroepen
2 L'analyse de la phrase	317 à 319	De zinsontleding
3 La phrase affirmative	320 à 322	De bevestigende zin
4 La phrase impérative	323-324	De gebiedende zin
5 La phrase négative	325 à 331	De ontkennende zin
6 La phrase interrogative	332 à 347	De vraagzin
7 La question indirecte	348 à 351	De indirecte vraag
8 Le discours indirect	352 à 356	De indirecte rede

QUATRIÈME PARTIE: LE TEXTE	357	**VIERDE DEEL: DE TEKST**
1 On met de l'ordre	358	We ordenen
2 On illustre	359	We illustreren
3 On ajoute quelque chose	360	We voegen iets toe
4 On oppose	361	We stellen tegenover
5 On nuance	362	We nuanceren
6 On explique les causes	363	We leggen de oorzaken uit
7 On explique les conséquences	364	We leggen de gevolgen uit
8 On donne son avis	365	We geven onze mening
9 On conclut	366	We besluiten
CINQUIÈME PARTIE: L'EXPRESSION DE …	367 à 376	**VIJFDE DEEL: DE UITDRUKKING VAN …**
1 Exprimer le but	367	Het doel uitdrukken
2 Exprimer la cause	368	De oorzaak uitdrukken
3 Exprimer la conséquence	369	Het gevolg uitdrukken
4 Exprimer l'opposition, la concession	370	De tegenstelling, de toegeving uitdrukken
5 Exprimer une condition, une hypothèse	371	Een voorwaarde, een veronderstelling uitdrukken
6 Exprimer un moyen, une manière	372	Een middel, een manier uitdrukken
7 Exprimer le temps	373 à 376	De tijd uitdrukken
7.1 Exprimer la date, le moment	374	De datum, het ogenblik uitdrukken
7.2 Exprimer la fréquence	375	De frequentie uitdrukken
7.3 Situer une action dans le temps	376	Een handeling in de tijd situeren
SIXIÈME PARTIE: LA PRONONCIATION		**ZESDE DEEL: DE UITSPRAAK**
1 L'alphabet phonétique international	377	Het internationaal fonetisch alfabet
2 Quelques problèmes de prononciation	378	Uitspraakproblemen
SEPTIÈME PARTIE: LA NOUVELLE ORTHOGRAPHE	379 à 391	**ZEVENDE DEEL: DE NIEUWE SPELLING**
1 Le trait d'union	379 à 380	Het liggend streepje
2 Le singulier et le pluriel	381-382	Het enkelvoud en het meervoud
3 Les accents et le tréma	383 à 386	De accenten en het trema
4 Différentes simplifications	387 à 391	Diverse vereenvoudigingen
INDEX	p. 217	**INDEX**

PREMIÈRE PARTIE

Les lettres et les signes

1 Les lettres

1.1 Les voyelles (une voyelle)

a e i o u y (y = «i grec»)

1.2 Les consonnes (une consonne)

b c d f g h j k l m n p q r s t v w (= «**double v**») x z

ç (c cédille): devant a, o, u → prononciation [**s**] ç voor a, o, u → uitspraak [s]
Exemples: Ça, leçon, reçu

1.3 Le h muet (h de liaison)

- le h n'est pas prononcé
- liaison avec l'article / l'adjectif

- de h wordt niet uitgesproken
- verbinding met het lidwoord / het bn.

un homme	des hommes [**z**]
l'homme	les hommes [**z**]
un petit homme	les grands hommes [**z**]
cet homme	ces hommes [**z**]
un bel homme	de beaux hommes [**z**]
un vieil homme	de vieux hommes [**z**]
une histoire	des histoires [**z**]
l'histoire	les histoires [**z**]
une longue histoire	de longues histoires [**z**]
cette histoire	ces histoires [**z**]
quelle belle histoire	quelles belles histoires [**z**]

l'heure / l'herbe / l'histoire / l'hiver / l'hôpital / l'horaire / l'horloge / l'hôtel / l'huile / l'Hérault, etc.

1.4 Le h aspiré (h de non-liaison)

- le h n'est pas prononcé
- pas de liaison avec l'article / l'adjectif

- de h wordt niet uitgesproken
- geen verbinding met lidw. / bn.

La | Hollande, le | hollandais
les jeunes | Hollandaises
Le plafond de ce | hall est trop haut.
Ce sont des | hangars très | hauts.
Les | haricots viennent de | Hongrie.
Les | hautes montagnes

Consultez un dictionnaire. Raadpleeg een woordenboek.

Quelques h aspirés:
la hache	de bijl
la haie	de haag
la haine	de haat
haïr	haten
le hall	de hall
la halte	de halte
le hamac	de hangmat
la hanche	de heup

le handball	handbal
le handicapé	gehandicapt
le hangar	de loods
le haricot	de boon
la harpe	de harp
le hasard	het toeval
la hausse	de stijging
haut	hoog
le haut	de top, het bovenste
en haut	boven
la hauteur	de hoogte
le héros*	de held
le hibou	de uil
le HLM	de HLM (goedkope flat)
le hockey	hockey
la Hollande	Holland
le homard	de kreeft
le home	het home
la Hongrie	Hongarije
la honte	de schaamte
hors	buiten
la hotte	de afzuigkap
le hublot	het raampje
le huit	de acht
hurler	schreeuwen
la hutte	de hut

*ATTENTION **LET OP**

le héros →← l'héroïne   de held, de heldin
les | héros (les zéros)   de helden (de nullen!)

VOIR AUSSI Prononciation, n° 377 (Remarque 1)

1.5 L'apostrophe (une apostrophe)

Marque l'élision de -e, -a ou -i devant une voyelle ou un h muet.

Wijst op de weglating van -e, -a of -i voor een klinker of een doffe h.

ce	→ c'	c'est
de	→ d'	un kilo d'oranges, une douzaine d'heures
je	→ j'	j'ai faim, j'habite là, j'écoute
la	→ l'	l'école, l'amie, l'horloge, l'émoticône
le	→ l'	l'hôtel, l'enfant, l'hiver, l'automne
me	→ m'	je m'appelle, tu m'écriras?
ne	→ n'	je n'ai pas / je n'habite pas ici
que	→ qu'	Qu'est-ce qu'il veut? Qu'a-t-elle acheté? Qu'est-ce qu'on fait?
se	→ s'	elle s'arrête, ils s'habituent
te	→ t'	tu t'appelles, je t'écoute

puisque → puisqu' ⎫
lorsque → lorsqu' ⎬ + il(s) / elle(s) / en / on / un(e)
                   ⎭
puisqu'on s'aime
lorsqu'ils arrivent

si → s' (+ il / ils) s'il te plaît, s'il vous plaît, s'ils viennent

MAIS si elle vient, si on part, si Anne est là

1.6 Les accents et le tréma (un accent)

1.6.1 Les accents

L'accent aigu: **é**

école, écoute, année, dictée, élève, Hélène

l'accent grave: **à, è, ù**

complète, première, dernière, deuxième, élève, Hélène, à Paris,
voilà Nathalie, là, où?

l'accent circonflexe: **â, ê, î, ô, û***

être, vous êtes / des pâtes, du pâté / s'il te plaît / s'il vous plaît / hôpital,
hôtel / j'ai dû / un fruit mûr, c'est sûr

ATTENTION	LET OP
Normalement, les majuscules aussi prennent l'accent.	Normaal krijgen ook de hoofdletters een accent.

À Bruxelles, les tunnels sont fermés.
Écoutez bien!
Êtes-vous sûr?

In Brussel zijn de tunnels gesloten.
Luister goed!
Bent u zeker?

* Nouvelle orthographe n° 383

1.6.2 Le tréma*

Pour séparer deux voyelles dans la prononciation. — Om twee klinkers te scheiden in de uitspraak.

haïr — haten
Noël — Kerstmis
une réponse ambiguë — een dubbelzinnig antwoord

* Nouvelle orthographe n° 386

1.7 Le trait d'union

Dans certains mots composés* — In sommige samengestelde woorden

week-end — weekend
après-midi — namiddag
haut-parleur — luidspreker

* Nouvelle orthographe n° 379 - 380

Nombres composés sous 100 — Samengestelde getallen onder de 100
SAUF avec <u>et</u>* — BEHALVE met <u>et</u>

dix-sept, trente-huit, vingt-deux — zeventien, achtendertig, tweeëntwintig

MAIS	MAAR
vingt et un	eenentwintig

* Nouvelle orthographe n° 379

Dans la question avec inversion:
entre le verbe conjugué et le pronom

In de inversievraag: tussen het vervoegd ww.
en het pers. voornaamwoord

Veut-il venir? Es-tu malade?
A-t-elle froid? Voulez-vous attendre?

Wil hij komen? Ben jij ziek?
Heeft ze het koud? Wilt u wachten?

Mots composés avec grand / demi / mi / semi — Samengestelde woorden met <u>grand</u> / <u>demi</u> / <u>mi</u>

la grand-place, pas grand-chose — de markt, niet veel zaaks
une demi-heure, un demi-kilo — een halfuur, een halve kilo
à la mi-novembre, mi-juin — half november, half juni
semi-automatique — halfautomatisch

| 1.8 | La majuscule | 8 |

| Les noms des continents, des pays, des régions, des habitants s'écrivent avec une majuscule. | De namen van werelddelen, landen, streken, inwoners schrijft men met een hoofdletter. |

l'Europe, la Belgique, la Flandre, La Roumanie, Malte

Europa, België, Vlaanderen, Roemenië, Malta

les Français, un Hollandais, une Anglaise
Les Lettons, les Slovaques

de Fransen, een Nederlander, een Engelse
de Letten, de Slovaken

| 1.9 | La minuscule | 9 |

| Les langues et les adjectifs dérivés d'un nom géographique s'écrivent avec une minuscule. | De talen en de bijvoeglijke naamwoorden afgeleid van een geografische naam schrijft men met een kleine letter in 't Frans |

Les langues
le **f**rançais, le **n**éerlandais,
l'**a**nglais, l'**i**talien
le **s**uédois, le **f**inlandais

De talen
het Frans, het Nederlands,
het Engels, het Italiaans
het Zweeds, het Fins

Les adjectifs
une jeune fille **e**spagnole
des chaussures **i**taliennes
le folklore **i**rlandais
une banque **s**uisse

De bijvoeglijke naamwoorden
een Spaans meisje
Italiaanse schoenen
de Ierse folklore
een Zwitserse bank

<mark>ATTENTION</mark>
(**La**) **L**'amie de Sylvie
(**Je**) **J**'écoute la musique
(**Ce**) **C**'est l'été

<mark>LET OP</mark>

(Het) 't **I**s zomer

11

2 Les signes de ponctuation

le point	.	de punt
le point d'interrogation	?	het vraagteken
le point d'exclamation	!	het uitroepteken
la virgule	,	de komma
le point-virgule	;	de kommapunt
les deux points (m)	:	het dubbelpunt
les parenthèses (f)	( )	de haakjes
les crochets (m)	[ ]	de vierkante haakjes
le tiret	–	de gedachtestreep
l'astérisque (m)	*	het sterretje
les guillemets (m)	« »	de aanhalingstekens
les trois points (points de suspension)	…	het beletselteken
l'arobase (f)	@	het apenstaartje
le tiret bas	_	de underscore, het laag streepje
la barre oblique	/	de schuine streep
la barre oblique inversée	\	de backslash
l'accolade (f)	{ }	de accolade
le trait d'union	-	het koppelteken, het liggend streepje
le hashtag (le mot-dièse)	#	de hashtag

DEUXIÈME PARTIE

Les mots

1 Le substantif

1.1 Le genre: masculin ou féminin

un robot	une scène	een robot	een podium
le moteur	la batterie	de motor	de batterij
l'espace (m)	l'union (f)	de ruimte	de unie
du bruit	de l'eau (f)	geluid	water

ATTENTION
L'article «neutre» n'existe pas en français.

LET OP
'Het' onzijdig lidwoord bestaat niet in 't Frans.

1.1.1 Les personnes, les animaux

a Règle générale: féminin = masculin + e

un président	une présidente	een president	een presidente
mon chéri	ma chérie	lieveling	liefste
un Espagnol	une Espagnole	een Spanjaard	een Spaanse
un Chinois	une Chinoise	een Chinees	een Chinese
un Portugais	une Portugaise	een Portugees	een Portugese
un voisin	une voisine	een buurman	een buurvrouw
un mineur	une mineure	een minderjarige	een minderjarige

b Deux mots différents

un compagnon	une compagne	een gezel, een gezellin
un copain	une copine	een vriend, een vriendin
un fils	une fille	een zoon, een dochter
un fou	une folle	een gek, een gekkin
un frère	une sœur	een broer, een zus
un garçon	une fille	een jongen, een meisje
un grand-père	une grand-mère	een grootvader, een grootmoeder
un héros	une héroïne	een held, een heldin
un homme	une femme	een man, een vrouw
un jeune homme	une jeune fille	een jongeman, een meisje
un jumeau	une jumelle	een tweeling (broer, -zus)
un mari	une femme	een man, een vrouw / een echtgenoot(-ote)
un monsieur	une dame / une demoiselle	een heer, een dame / een juffrouw
Monsieur	Madame / Mademoiselle	meneer, mevrouw / juffrouw
un neveu	une nièce	een neef, een nicht
un oncle	une tante	een oom, een tante
un parrain	une marraine	een peter, een meter
un père / papa	une mère / maman	een vader / pa, een moeder / ma
un roi	une reine	een koning, een koningin
un vieillard, un vieux	une vieille	een oude man, een oude vrouw
un coq	une poule	een haan, een hen
un étalon	une jument	een hengst, een merrie
un mâle	une femelle	een mannetje, een vrouwtje (dieren)
un taureau	une vache	een stier, een koe

c Formes spéciales

1	-er → ère	un boucher	une bouchère	een slager, een slagersvrouw
		un boulanger	une boulangère	een bakker, een bakkerin
		un épicier	une épicière	een kruidenier, een kruidenierster
		un infirmier	une infirmière	een verpleger, een verpleegster
		un pâtissier	une pâtissière	een banketbakker, -bakkerin
2	-(t)eur → (t)rice	un acteur	une actrice	een acteur, een actrice
		un consommateur	une consommatrice	een consument, een consumente
		un producteur	une productrice	een producent, een producente
		un instituteur	une institutrice	een onderwijzer, een onderwijzeres
		un moniteur	une monitrice	een monitor, een monitrice
		un séducteur	une séductrice	een verleider, een verleidster
		un spectateur	une spectatrice	een kijker, een kijkster
		un ambassadeur	une ambassadrice	een ambassadeur, een ambassadrice
		un empereur	une impératrice	een keizer, een keizerin

3	-eur → -euse	un blogueur un chanteur un coiffeur un danseur un footballeur un joueur un plongeur un patineur un serveur un vendeur	une blogueuse une chanteuse une coiffeuse une danseuse une footballeuse une joueuse une plongeuse une patineuse une serveuse une vendeuse	een blogger, een blogster een zanger, een zangeres een kapper, een kapster een danser, een danseres een voetballer, een voetbalster een speler, een speelster een duiker, een duikster een schaatser, een schaatsster een kelner, een kelnerin een verkoper, een verkoopster
4	-on → -onne	un champion un lion un patron un piéton	une championne une lionne une patronne une piétonne	een kampioen, een kampioene een leeuw, een leeuwin een baas, een bazin een voetganger, een voetgangster
5	-en → -enne	un chien un chrétien un Européen un gardien un Indien un informaticien un pharmacien	une chienne une chrétienne une Européenne une gardienne une Indienne une informaticienne une pharmacienne	een reu, een teef een christen, een christin een Europeaan, een Europese een bewaker, een bewaakster een Indiër, een Indische / een Indiaan(se) een informaticaspecialist(e) een apotheker, een apothekeres
6	-an → -anne	Jean un paysan	Jeanne une paysanne	 een boer, een boerin
7	-t → -tte	le cadet un chat un muet un sot	la cadette une chatte une muette une sotte	de jongste een kat een stomme een dwaze
8	-f → -ve	un sportif un veuf	une sportive une veuve	een sportieveling(e) een weduwnaar, een weduwe
9	… → -esse	un comte un dieu un duc un hôte un maître un prince un âne un tigre	une comtesse une déesse une duchesse une hôtesse une maîtresse une princesse une ânesse une tigresse	een graaf, een gravin een god, een godin een hertog, een hertogin een gastheer, een gastvrouw een meester, een meesteres een prins, een prinses een ezel, een ezelin een tijger, een tijgerin
10	ATTENTION	un Grec un Turc	une Grecque une Turque	een Griek, een Griekse een Turk, een Turkse

d Masculin = féminin

un(e) artiste	een artiest(e)	un(e) internaute	een netsurfer (netsurfster)
un(e) athlète	een atleet (atlete)	un(e) photographe	een fotograaf (fotografe)
un(e) Belge	een Belg	un(e) garde de nuit	een nachtwaker (-zuster)
un(e) camarade	een vriend(in)	un(e) hôte	een gast(e)
un(e) célibataire	een vrijgezel(lin)	un(e) journaliste	een journalist(e)
un(e) collègue	een collega	un(e) locataire	een huurder (huurster)
un(e) comptable	een boekhouder (boekhoudster)	un(e) partenaire	een partner
		un(e) pianiste	een pianist(e)
un(e) concierge	een huisbewaarder (huisbewaarster)	un(e) prof (familier)	een leraar (lerares)
		un(e) propriétaire	een eigenaar (eigenares)
un(e) dentiste	een tandarts	un(e) secrétaire	een secretaris (secretaresse)
un(e) élève	een leerling(e)	un(e) spécialiste	een specialist(e)
un(e) enfant	een kind	un(e) touriste	een toerist(e)
un(e) finaliste	een finalist(e)		

16 e Seulement masculin

un assassin	een moordenaar	un individu	een individu
un bandit	een bandiet	un membre	een lid
un bébé	een baby	un moustique	een mug
un génie	een genie	un serpent	een slang
un gourmet	een lekkerbek	un témoin	een getuige
un homme	een mens		

ATTENTION

Pour préciser, vous pouvez dire: une femme assassin, une femme témoin, etc.

un serpent — un serpent mâle / femelle
un moustique — un moustique mâle / femelle

LET OP

een moordenares, een getuige
een mannetjes- / wijfjesslang
een mannelijke / vrouwelijke mug

17 f Les noms de professions et de titres

La tendance est de féminiser les noms de professions et de titres, autrefois exclusivement masculins.

De trend is om de namen van beroepen en titels die vroeger alleen mannelijk waren een vrouwelijke vorm te geven.

1 masculin et féminin

un(e) architecte	een architect(e)
un(e) bourgmestre (en Belgique)	een burgemeester (in België)
un(e) maire (en France)	een burgemeester (in Frankrijk)
un(e) commissaire	een commissaris
un(e) critique	een criticus (critica)
un(e) guide	een gids(e)
un(e) ministre	een minister
un(e) peintre	een schilder(es)
un(e) pilote	een piloot(pilote)

2 féminin = masculin OU féminin = masculin + e

un auteur	une auteur / une auteure	een auteur
un docteur	une docteur / une docteure	een dokter (dokteres)
un écrivain	une écrivain / une écrivaine	een schrijver (schrijfster)
un ingénieur	une ingénieur / une ingénieure	een ingenieur
un professeur	une professeur / une professeure	een leraar (lerares)
un mannequin	une mannequin / une mannequine	een mannequin

3 -eur → -euse

un camionneur	une camionneuse	een vrachtwagenchauffeur
un chauffeur	une chauffeuse	een chauffeur
un cascadeur	une cascadeuse	een stuntman (stuntvrouw)
un programmeur	une programmeuse	een programmeur (programmeuse)

4 -teur → -trice

un agriculteur	une agricultrice	een landbouwer (landbouwster)
un éditeur	une éditrice	een uitgever (uitgeefster)
un facteur	une factrice	een postbode

5 Emploi encore hésitant — Nog aarzelend gebruik

un chef	une chef / une cheffe	een baas (bazin)
un marin	une marin / une femme marin	een matroos
un médecin	une médecin / une femme médecin	een arts
un plombier	une plombière / une (femme) plombier	een loodgieter

18 g Seulement féminin

une brute	een brutaal iemand	une idole	een idool
une canaille	een schurk	une personne	een persoon
une connaissance	een kennis	une vedette	een vedette
une crapule	een smeerlap	une victime	een slachtoffer

une baleine → une baleine mâle / femelle — een walvis
une mouche → une mouche mâle / femelle — een vlieg

1.1.2 Les choses, les mots abstraits

a Sont généralement du masculin les mots en

- age*	un voyage / un tatouage	een reis / een tatoeage
- ail	un travail / l'émail	een werk / het glazuur
- aire	un vestiaire / un horaire	een kleedkamer / een uurrooster
- al	un journal / un local	een krant / een lokaal
- asme	l'enthousiasme / un fantasme	de geestdrift / een hersenschim
- at	un résultat / un chocolat	een resultaat / een chocolade
- eau*	un chapeau / un tableau	een hoed / een bord
- eil	le soleil / le sommeil	de zon / de slaap
- en	un moyen / un lien	een middel / een band
- er*	le fer / l'hiver	het ijzer / de winter
- et	un paquet / un billet	een pakje / een kaartje
- eu	un cheveu / un feu	een haar / een vuur
- ier	un calendrier / un papier	een kalender / een papier
- il	un outil / un fil	een werktuig / een draad
- ir	le plaisir / le désir	het plezier / het verlangen
- isme	le cyclisme / le racisme	het wielrennen / het racisme
- ment	un instrument / un vêtement	een instrument / een kledingstuk
- oir	un mouchoir / un trottoir	een zakdoek / een trottoir
- on*	un ballon / un bouton	een bal / een knoop
- ou	un genou / un cou	een knie / een hals

*ATTENTION

sont du féminin
la cage / la page / la plage
la nage / une image / la rage
l'eau / la peau
la mer / la cuiller
la façon / la boisson / la chanson

LET OP

zijn vrouwelijk
de kooi / het blad / het strand
het zwemmen / een prent / de woede
het water / de huid
de zee / de lepel
de wijze / de drank / het lied

b Sont généralement du féminin les mots en

- ade	une pommade / une promenade	een zalf / een wandeling
- agne	une montagne / la campagne	een berg / het platteland
- aille	une bataille / la paille	een gevecht / het stro
- aison	une livraison / une raison	een levering / een reden
- ance	une correspondance / une tendance	een correspondentie / een tendens
- anse	une danse / une anse	een dans / een handvat
- ée*	une année / une soirée	een jaar / een avond
- eille	une bouteille / une oreille	een fles / een oor
- ence*	l'essence / la patience	de benzine / het geduld
- ense	une dépense / la défense	een uitgave / het verbod
- esse	une adresse / la jeunesse	een adres / de jeugd
- ette*	une baguette / des lunettes	een stokbrood / een bril
- ie*	la claustrophobie / l'homophobie	de claustrofobie / de homofobie
	une épicerie / une pâtisserie	een kruidenierszaak / een banketbakkerij
	une infirmerie / une pharmacie	een eerstehulppost / een apotheek
- ique	une boutique / la technique	een winkel / de techniek
- ise	la gourmandise / la franchise	de gulzigheid / de openheid
- sion	une passion / une évasion	een passie / een ontsnapping
- té*	l'humanité / la santé	de mensheid / de gezondheid
- tion	une collection / une récapitulation	een verzameling / een herhaling
	une addiction / une réduction	een verslaving / een korting
- ude	une habitude / l'exactitude	een gewoonte / de stiptheid
- ue	une avenue / la bienvenue	een laan / het welkom
- ure	une voiture / une allure	een auto / een snelheid

*ATTENTION

sont du masculin
un lycée / un musée / un athénée
le silence
un squelette
un incendie / du brie
un été / un comité / un côté / un décolleté

LET OP

zijn mannelijk
een lyceum / een museum / een atheneum
de stilte
een geraamte
een brand / brie (kaassoort)
een zomer / een comité / een zijde / een decolleté

21 **c Les mots en -eur : masculin ou féminin**

un ascenseur	le malheur	een lift	het ongeluk
un aspirateur	un vélomoteur	een stofzuiger	een bromfiets
le bonheur	un marqueur	het geluk	een markeerstift
un ordinateur	un honneur	een computer	een eer
une couleur	une fleur	een kleur	een bloem
une douleur	une odeur	een pijn	een geur
une erreur	la peur	een vergissing	de angst
une bonne humeur	la chaleur	een goed humeur	de warmte

> Beaucoup de substantifs formés à partir d'un adjectif sont du <u>féminin</u>.

Veel zelfstandige naamwoorden afgeleid van een bijvoeglijk naamwoord zijn vrouwelijk.

l'ampleur	la laideur	de omvang	de lelijkheid
l'épaisseur	la largeur	de dikte	de breedte
la fraîcheur	la lenteur	de koelte	de traagheid
la grandeur	la longueur	de grootte	de lengte
la hauteur	la profondeur	de hoogte	de diepte
la douceur	la tiédeur	de zachtheid	de lauwte

22 **d Les noms des langues, des couleurs, des jours, des mois, des saisons sont du masculin.**

le russe / l'allemand / le polonais	het Russisch / het Duits / het Pools
le rouge / le vert / le bleu	het rood / het groen / het blauw
le mardi / le printemps	de dinsdag / de lente
un bel été / un hiver froid	een mooie zomer / een koude winter
le 7 avril	7 april

23 **e Les noms des sciences sont du féminin.**

la biologie	la mathématique	biologie	wiskunde
la chimie	la psychologie	scheikunde	psychologie
l'histoire	l'informatique	geschiedenis	informatica

ATTENTION
le droit

LET OP
het recht, de rechten

24 **f Les pays, les régions, les provinces, les continents**

> Les noms qui se terminent en <u>-e</u> sont généralement du <u>féminin</u>.

De namen die eindigen op -e zijn meestal vrouwelijk.

la Belgique	la France	België	Frankrijk
l'Italie	l'Allemagne	Italië	Duitsland
l'Estonie	la Finlande	Estland	Finland
la Normandie	la Champagne	Normandië	Champagne(streek)
la Flandre	la Wallonie	Vlaanderen	Wallonië
l'Europe	l'Amérique	Europa	Amerika

> Les autres sont du <u>masculin</u>.

De andere zijn mannelijk.

le Portugal	le Maroc	Portugal	Marokko
le Japon	le Pérou	Japan	Peru
le Hainaut	le Languedoc	Henegouwen	Languedoc
le Danemark	les Pays-Bas	Denemarken	Nederland
le Luxembourg	les États-Unis	Luxemburg	de Verenigde Staten

ATTENTION
masculin
le Zimbabwe / le Cambodge
le Mexique / le Mozambique

LET OP

Zimbabwe / Cambodja
Mexico / Mozambique

→ **Les pays toujours avec l'article!**

Landen steeds met lidwoord in 't Frans!

VOIR AUSSI n° 39 (d)

g Deux genres, deux sens différents

un aide	een helper	une aide	een hulp / een helpster
un critique	een criticus	une critique	een kritiek
un livre	een boek	une livre	een pond
un manche	een steel	une manche / la Manche	een mouw / het Kanaal
un mode	een wijze, een manier	la mode	de mode
un mode d'emploi	een gebruiksaanwijzing		
un moule	een gietvorm	une moule	een mossel
un poêle	een kachel	une poêle	een pan
un poste	een ambt / een toestel	la poste	het postkantoor
le physique	het uiterlijk, het voorkomen	la physique	de fysica
un somme	een dutje	une somme	een bedrag
un tour	een beurt, een ronde	une tour	een toren
un voile	een sluier	une voile	een zeil

1.2 Le nombre: singulier ou pluriel

singulier: un ordinateur / une traduction   een computer / een vertaling
            du vin / de l'eau   wijn / water

pluriel: des conseils / des remarques   raadgevingen / opmerkingen

ATTENTION   **LET OP**
des ph<u>o</u>tos / des rad<u>io</u>s   fot<u>o</u>'s / rad<u>io</u>'s

1.2.1 Règle générale

pluriel = singulier + s*   * -s niet uitspreken

le chanteur → les chanteur**s**   de zanger → de zangers
un ado → des ado**s**   een tiener → tieners
un hôtel → des hôtel**s**   een hotel → hotels

1.2.2 Formes spéciales

		Singulier	Pluriel	
1	s → s	un dos	des dos	een rug
	z → z	un bras	des bras	een arm
	x → x	un fils	des fils	een zoon
		un cours	des cours	een les
		un prix	des prix	een prijs
		un nez	des nez	een neus
		une voix	des voix	een stem
2	au → aux	un tuyau	des tuyaux	een buis, een tip
	eau → eaux	un bureau	des bureaux	een bureau
		un couteau	des couteaux	een mes
		un château	des châteaux	een kasteel
		un gâteau	des gâteaux	een taart
		un manteau	des manteaux	een mantel
		un oiseau	des oiseaux	een vogel
		un rideau	des rideaux	een gordijn

3	al → aux (règle)	un animal	des animaux	een dier
		un cheval	des chevaux	een paard
		un journal	des journaux	een dagblad
		un local	des locaux	een lokaal
		un métal	des métaux	een metaal
		un signal	des signaux	een signaal
		un terminal	des terminaux	een terminal
		un total	des totaux	een totaal
		un capital	des capitaux	een kapitaal
	al → als (quelques cas) (enkele gevallen)	un bal	des bals	een bal
		un carnaval	des carnavals	een carnaval
		un chacal	des chacals	een jakhals
		un festival	des festivals	een festival
		un récital	des récitals	een recital
4	ail → ails (règle)	un rail	des rails	een rail
		un détail	des détails	een detail
		un éventail	des éventails	een waaier
		un chandail	des chandails	een trui
	ail → aux (quelques cas)	un travail	des travaux	een werk
		un vitrail	des vitraux	een glas-in-loodraam
5	eu → eux (règle)	un cheveu	des cheveux	een haar
		un feu	des feux	een vuur
		un neveu	des neveux	een neef
		un jeu	des jeux	een spel
	eu → eus (quelques cas)	un pneu	des pneus	een band
		un bleu	des bleus	een blauwe plek
6	ou → ous (règle)	un clou	des clous	een nagel
		un trou	des trous	een gat
		un fou	des fous	een gek
		un sou	des sous	een stuiver, geld
		un bisou	des bisous	een kus
	ou → oux (7 cas)	un bijou	des bijoux	een juweel
		un chou	des choux	een kool
		un caillou	des cailloux	een kei
		un genou	des genoux	een knie
		un joujou	des joujoux	een speeltje (kindertaal)
		un hibou	des hiboux	een uil
		un pou	des poux	een luis
7	ATTENTION	un bœuf [bœf] {prononciation = 9}	des bœufs [bø] {prononciation = 2}	een os
		un œil [œj]	des yeux [zjø]	een oog
		un œuf [œf] {prononciation = 9}	des œufs [zø] {prononciation = 2}	een ei
		un os [ɔs]	des os [zo]	een been / beenderen
		un jeune homme	des jeunes gens	een jongeman / jongelui
		Madame	Mesdames	Mevrouw
		Mademoiselle	Mesdemoiselles	Juffrouw
		Monsieur	Messieurs	Meneer

1.2.3 Cas particuliers

a   Pluriel en français, singulier en néerlandais

les alentours (m) / les environs (m)	de omgeving
les bagages (m)	de bagage
les cheveux (m)	het haar
les ciseaux (m) (sg. une paire de ciseaux)	de schaar
les crudités (f)	rauwkost
les dégâts (m)	de schade
les échecs (m)	het schaakspel
les épinards (m)	de spinazie
les jumelles (f)	de verrekijker
les lunettes (f) (sg. une paire de lunettes)	de bril
les macaronis (m)	de macaroni
les ordures (f)	de afval, het huisvuil
les spaghettis (m)	de spaghetti
les vacances (f)	de vakantie

ATTENTION
Les sommes d'argent au pluriel en français

LET OP
Geldsommen in het meervoud in 't Frans

Tu pourrais me prêter 100 euros?
Ce portable ne coûte que 120 dollars aux États-Unis.

Kun je me 100 euro lenen?
Die gsm kost slechts 120 dollar in de VS.

b   Singulier en français, pluriel en néerlandais

le cerveau	de hersenen
le droit (ex. un docteur en droit)	de rechten (vb. een doctor in de rechten)
la drogue	de drugs
le moyen âge	de middeleeuwen

ATTENTION
speelgoed
een stuk speelgoed
fruit
een vrucht, een stuk fruit

LET OP
= des jouets
= un jouet
= des fruits
= un fruit

c   Pluriel des noms d'origine étrangère*

le mail	les mails	de mail, de mails
le match	les matchs	de match, de matchen
le média	les médias	het massamedium, de massamedia
le minimum	les minimums	het minimum, de minima
le piercing	les piercings	de piercing, de piercings
le scanner	les scanners	de scanner, de scanners
le week-end	les week-ends	het weekend, de weekends

* Nouvelle orthographe n° 382

d   Les noms de marque ou de famille restent invariables en français.

Il achète toujours des Renault.
Les Vandamme sont nombreux en Flandre.
As-tu encore les Paris Match de l'an dernier?

Hij koopt altijd Renaults
De Vandammes zijn talrijk in Vlaanderen.
Heb je nog de Paris Matchen van verleden jaar?

33 e Pluriel des noms composés*

1 adjectif + substantif / substantif + substantif → 2 mots variables

une grand-mère	des grand(s)-mères	een grootmoeder
un grand-père	des grands-pères	een grootvader
une petite-fille	des petites-filles	een kleindochter
un sourd-muet	des sourds-muets	een doofstomme
un court(-)métrage	des courts(-)métrages	een kortfilm
un mot-clé	des mots-clés	een sleutelwoord
un aller-retour	des allers-retours	een retourbiljet
un wagon-lit	des wagons-lits	een slaapwagen
une bande-annonce	des bandes-annonces	een introductiefilmpje, trailer

2 substantif + préposition + substantif complément → complément invariable

un arc-en-ciel	des arcs-en-ciel	een regenboog
un chef-d'œuvre	des chefs-d'œuvre	een meesterwerk
une chambre à coucher	des chambres à coucher	een slaapkamer
un clin d'œil	des clins d'œil	een knipoogje
un demandeur d'asile	des demandeurs d'asile	een asielzoeker
un maillot de bain	des maillots de bain	een badpak
une pièce de théâtre	des pièces de théâtre	een toneelstuk
une pomme de terre	des pommes de terre	een aardappel
un sac à dos	des sacs à dos	een rugzak
une boîte aux lettres	des boîtes aux lettres	een brievenbus
une salle de bains	des salles de bains	een badkamer
un timbre-poste (= de la poste)	des timbres-poste	een postzegel

3 verbe + substantif → verbe invariable

un essuie-main(s)	des essuie-mains	een handdoek
un marque-page	des marque-pages	een bladwijzer
un porte-bagages	des porte-bagages	een bagagerek, bagagedrager
un brise-lames	des brise-lames	een golfbreker
un sèche-cheveux	des sèche-cheveux	een haardroger

4 adverbe + substantif → adverbe invariable

un avant-poste	des avant-postes	een voorpost
un non-voyant	des non-voyants	een blinde
un sous-titrage	des sous-titrages	een ondertiteling

5 cas particuliers

un appareil(-)photo	des appareils(-)photo	een fototoestel
un après-midi	des après-midi	een namiddag
un porte-monnaie	des porte-monnaie	een portemonnee
un haut-parleur	des haut-parleurs	een luidspreker
un long-courrier	les long-courriers	een vliegtuig voor intercontinentale vluchten
un passe-partout	des passe-partout	een loper, een passe-partout
un pique-nique	des pique-nique**s**	een picknick
un sans-abri	des sans-abri	een dakloze

6 les sigles restent invariables.

letterwoorden blijven onveranderlijk in 't Frans.

une BD (bande dessinée)	des BD	strips
un CD	des CD	cd's
un DVD	des DVD	dvd's
un GSM	des GSM	gsm's
un SDF (sans domicile fixe)	des SDF	daklozen
un TGV (Train à Grande Vitesse)	des TGV	HST's, hogesnelheidstreinen
un VTT (vélo tout terrain)	des VTT	mountain bikes

*La nouvelle orthographe a simplifié les règles.   De nieuwe spelling heeft de regels vereenvoudigd.

VOIR AUSSI n° 381

2 L'article

2.1 L'article indéfini

2.1.1 Formes

singulier	masculin	**UN**	EEN	mannelijk enkelvoud
	féminin	**UNE**	EEN	vrouwelijk enkelvoud
pluriel		**DES / DE**	niet vertaald!	meervoud

un téléphone	des téléphones	een telefoon	telefoons
un apéritif	des apéritifs [z]	een aperitief	aperitieven
une photo	des photos	een foto	foto's
une invitation	des invitations [z]	een uitnodiging	uitnodigingen

2.1.2 De (d') devant un adjectif pluriel

une bonne expérience	→ de bonnes expériences	goede ervaringen	
un autre clip vidéo	→ d'autres clips vidéo	andere videoclips	
un énorme danger	→ d'énormes dangers	reusachtige gevaren	

2.1.3 Des devant un substantif composé pluriel

des grands-parents	grootouders
des petits-déjeuners	ontbijten
des jeunes gens	jongeren

MAIS / **MAAR**

de grandes photos	grote foto's
de petites tables	tafeltjes
de jeunes arbres	jonge bomen

2.2 L'article défini

2.2.1 Formes

singulier	masculin	**LE**	DE of HET	mannelijk enkelvoud
	féminin	**LA**	DE of HET	vrouwelijk enkelvoud
	devant voyelle / h muet	**L'**	DE of HET	voor klinker / doffe h
pluriel		**LES**	DE	meervoud

le réseau	les réseaux	het netwerk	de netwerken
l'étudiant	les étudiants [z]	de student	de studenten
l'habitant	les habitants [z]	de inwoner	de inwoners
la clé	les clés	de sleutel	de sleutels
l'affaire	les affaires [z]	de zaak	de zaken
l'habitation	les habitations [z]	de woning	de woningen

2.2.2 L' (masc. ou fém.) devant une voyelle / un h muet

l'oreille	het oor
l'automate	de automaat
l'horreur	de afschuw

VOIR AUSSI n° 3, n°5

2.2.3 Article défini en français

a Devant les noms de langues
Il étudie le chinois.
Elle sait l'espagnol.
Il parle (le) tchèque.

Voor talen
Hij studeert Chinees.
Ze kent Spaans.
Hij spreekt Tsjechisch.

b Devant les parties du corps
J'ai les yeux bruns.
Elle a mal à l'estomac.
Brosse-toi les dents.

Voor lichaamsdelen
Ik heb bruine ogen.
Ze heeft maagpijn.
Poets je tanden.

c Devant les noms de couleurs
J'adore le bleu.
Le vert est beau.
L'orange ne lui va pas.

Voor kleuren
Ik ben dol op blauw.
Groen is mooi.
Oranje staat haar niet.

d Devant les noms géographiques
La Flandre est belle.
On parle beaucoup de l'Asie.
Tu connais les États-Unis?
La Martinique et la Guadeloupe sont des îles françaises.
On a visité la Crète, la Sardaigne et la Sicile.

Voor landen, streken, enz.
Vlaanderen is mooi.
Men spreekt veel over Azië.
Ken je de Verenigde Staten?
Martinique en Guadeloupe zijn Franse eilanden.
We hebben Kreta, Sardinië en Sicilië bezocht.

MAIS
Certaines îles n'ont pas d'article.
Chypre et Malte sont deux îles touristiques.
Cuba et Haïti font partie des Antilles.

MAAR
Sommige eilanden hebben geen lidwoord.
Cyprus en Malta zijn twee toeristische eilanden.
Cuba en Haïti maken deel uit van de Antillen.

→ Consultez un dictionnaire.

→ Raadpleeg een woordenboek.

e Devant une profession, un titre suivi d'un nom propre
le docteur Schweitzer
le pape François
la reine Mathilde

Voor een beroep, een titel + naam
Dokter Schweitzer
Paus Franciscus
Koningin Mathilde

f Devant le nom de certaines fêtes
la Saint-Valentin
le Nouvel An
(la) Noël

Voor sommige feestdagen
Valentijnsdag
Nieuwjaar
Kerstmis

ATTENTION
Pâques

LET OP
Pasen

g Devant la date
le premier mars
le vingt septembre

Voor de datum
één maart
twintig september

h Devant une maladie
Le sida n'a pas disparu.
Elle a la grippe.

Voor een ziekte
Aids is niet verdwenen.
Ze heeft griep.

i Après aimer, adorer, préférer, détester (valeur générale)
Ils aiment les animaux.
Elle déteste la bière.
Nous préférons les chiens aux chats.

Na houden van, dol zijn op, verkiezen, een afkeer hebben van (in het algemeen)
Ze houden van dieren.
Ze heeft een afkeer van bier.
We hebben liever honden dan katten.

j Pour indiquer une idée générale
Le tabac tue.
Les légumes sont bons pour la santé.
Le sport développe les muscles.

Om een algemene waarheid uit te drukken
Tabak is dodelijk.
Groenten zijn goed voor de gezondheid.
Sport ontwikkelt de spieren.

2.3 L'article contracté

2.3.1 Formes

| à + le = **AU** | de + le = **DU** |
| à + les = **AUX** | de + les = **DES** |

Bestaat alleen in het Frans.

VOIR AUSSI La préposition À / DE n° 114, 115, 117, 121, 122, 125

Je vais	**au** garage.	Ik ga	naar de garage.
	aux magasins.		naar de winkels.
J'ai mal	**au** bras.	Ik heb pijn	aan / in mijn arm.
	aux yeux.		aan mijn ogen.

Grande expo **au** musée **du** verre. — Grote tentoonstelling in het glasmuseum.
Le restaurant se trouve en face **du** cinéma. — Het restaurant is rechtover de bioscoop.
La sortie est à gauche **des** bureaux. — De uitgang is links van de bureaus.
Tu as trouvé la solution **du** jeu? — Heb je de oplossing van het spel gevonden?
Voici les adresses **des** sites. — Ziehier de adressen van de sites

2.3.2 «Des» article indéfini ou article contracté

Il a <u>des</u> amis japonais. ⎤ art. indéfini — Hij heeft Japanse vrienden.
Il y a <u>des</u> magasins dans cette rue. ⎦ — Er zijn winkels in die straat.
Voilà la maison <u>des</u> amis. ⎤ art. contracté — Dat is het huis van de vrienden.
La sortie est à gauche <u>des</u> ascenseurs. ⎦ — De uitgang is links van de liften.

2.4 L'article partitif

masculin	**DU**
féminin	**DE LA**
devant voyelle / h muet	**DE L'**

Gebruikt om een onbepaalde hoeveelheid, een deel van een geheel aan te duiden,
of voor zaken die men niet kan tellen.

Bestaat niet in het Nederlands!

Tu télécharges souvent <u>de la</u> musique? — Download je dikwijls muziek?
Il transporte <u>du</u> bois. — Hij vervoert hout.
Je bois <u>de l'</u>eau. — Ik drink water.
Il faut <u>de la</u> patience pour ce jeu. — Er is geduld nodig voor dit spel.
Elle a <u>du</u> courage! — Ze heeft moed!
Il a eu <u>de la</u> chance! — Ze heeft geluk gehad!
Il prend <u>de l'</u>argent au distributeur de billets. — Hij haalt geld af aan de bankautomaat.

2.5 Emploi de «DE» + quantité

On emploie de / d' après une quantité à la place de un(e), des, du, de la, de l'.

Je gebruikt de / d' na een hoeveelheid i.p.v. un(e), des, du, de la, de l'.

100 grammes	de	beurre
assez	de	place
beaucoup	de	choses
peu	d'	argent
trop	de	fautes
un paquet	d'	enveloppes
un kilo	de	fromage
un morceau	de	pain
un verre	de	lait
un tas	de	sable
une bouteille	d'	eau
une cuillerée	de	sucre
une multitude	de	sites
une tablette	de	chocolat
une tranche	de	jambon

100 gram boter
voldoende plaats
veel dingen
weinig geld
te veel fouten
een pakje enveloppen
een kilo kaas
een stuk brood
een glas melk
een hoop zand
een fles water
een lepel suiker
een groot aantal sites
een plak chocolade
een sneetje ham

ATTENTION

la plupart **des** (+ <u>verbe au pluriel</u>)
la plupart **du** temps

LET OP

de meeste, het merendeel van
meestal, doorgaans

La plupart **des** jeunes <u>sont</u> sur les réseaux sociaux.
La plupart **des** touristes <u>voyagent</u> en auto.

De meeste jongeren zitten op de sociale media.
De meeste toeristen reizen met de auto.

La plupart **du** temps, mon frère joue à des jeux vidéo.
La plupart **du** temps, je communique via Snapchat.

Meestal speelt mijn broer videospelletjes.
Meestal communiceer ik via Snapchat.

2.6 L'article dans la phrase négative

| le, la, l', les → le, la, l', les | | Het bepaald lidwoord verandert niet. |

J'aime <u>la</u> musique pop.
Sarah utilise encore <u>l'</u>ordi.
Il regarde <u>les</u> films policiers.

Je n'aime pas <u>le</u> rap.
Arthur n'utilise plus <u>l'</u>ordi.
Il ne regarde jamais <u>les</u> séries.

Ik hou niet van rap.
Arthur gebruikt de computer niet meer.
Hij kijkt nooit naar series.

| un, une, des / du, de la, de l' → | de , d' | ne … pas de
ne … plus de
ne … jamais de | = geen
= geen meer
= nooit |

Elle a un programme.
Elle achète du sucre.
Il veut des œufs.
Achetez de la limonade.
Ils boivent de l'eau.
Vous faites des fautes.

Elle n'a **pas de** programme.
Elle n'achète **pas de** sucre.
Il ne veut **plus d'**œufs.
N'achetez **plus de** limonade.
Ils ne boivent **jamais d'**eau.
Vous ne faites **jamais de** fautes?

Ze heeft geen programma.
Ze koopt geen suiker.
Hij wil geen eieren meer.
Koop geen limonade meer.
Ze drinken nooit water.
Maken jullie nooit fouten?

Après ÊTRE l'article ne change pas.

Na ÊTRE verandert het lidwoord niet.

C'est <u>du</u> vin?
Ce sont <u>des</u> applis utiles?
C'est <u>une</u> photo?

Ce n'est pas **DU** vin, c'est du jus de raisin.
Ce ne sont pas **DES** applis pratiques.
Ce n'est pas **UNE** photo, c'est une image virtuelle.

Het is geen wijn, het is druivensap.
Het zijn geen praktische apps.
Het is geen foto, het is een virtueel beeld.

C'est <u>le</u> chat des voisins?
Ce sont <u>les</u> messages de Brice?

Non, ce n'est pas **LE** chat des voisins.
Non, ce ne sont pas **LES** messages de Brice, mais de Mohamed.

Nee, het is niet de kat van de buren.
Nee, het zijn niet de berichten van Brice, maar van Mohamed.

2.7 Pas d'article en français

2.7.1 Dans quelques expressions

avoir faim / soif	honger / dorst hebben
avoir tort / raison	ongelijk / gelijk hebben
avoir mal / peur	pijn / schrik hebben
avoir froid / chaud	het koud / het warm hebben
avoir envie de	zin hebben om
avoir sommeil	slaap hebben
avoir besoin de	nodig hebben
rendre service à	een dienst bewijzen
rendre visite à	een bezoek brengen
porter plainte	een klacht indienen
par terre	op de grond
à vélo, en auto, en train, à pied	met de fiets, met de auto, met de trein, te voet
en été, en automne, en hiver	in de zomer, in de herfst, in de winter

MAIS
au printemps

MAAR
in de lente

Il a faim / elle a soif.
Elle a tort / tu as raison.
J'ai mal / il a peur.
Ils ont froid / elle a chaud.
Elle a envie de partir.
J'ai sommeil.
Il a besoin d'aide.
Je rends service à mes amis.
Il rend visite à sa copine malade.
Ils ont porté plainte.
Son portable est tombé par terre.

2.7.2 Après sans / ni

du café sans sucre	koffie zonder suiker
du pain sans sel	brood zonder zout
Je ne veux ni café ni thé.	Ik wil koffie noch thee.

VOIR AUSSI n° 158 (Remarque)

2.7.3 Après un nom propre suivi d'un nombre

François Ier (Premier)	Frans de Eerste
Albert II (Deux)	Albert de Tweede
Louis XIV (Quatorze)	Lodewijk de Veertiende
Henri VIII (Huit)	Hendrik de Achtste
Napoléon III (Trois)	Napoleon de Derde

3 L'adjectif qualificatif

L'adjectif a le même genre et le même nombre que le substantif ou le pronom auquel il se rapporte.

Het bijvoeglijk naamwoord komt in genus en getal overeen met het zelfstandig naamwoord of het voornaamwoord waar het bij hoort.

Masculin singulier
du bon beurre

Masculin pluriel
des vêtements originaux

Féminin singulier
une bonne nageuse
elle est grande

Féminin pluriel
des idées originales
elles sont jolies

3.1 Le genre

3.1.1 Règle générale: féminin = masculin + e

Masculin	Féminin	
un festival international	une fête internationale	internationaal
le chanteur français	la chanteuse française	Frans(e)
un vrai ami	une vraie fleur	echt(e)
un test gratuit	une bouteille gratuite	gratis

3.1.2 Règles particulières

		MASCULIN	FÉMININ	
1	M = F	calme	calme	kalm
		jeune	jeune	jong
		sympa(thique)	sympa(thique)	sympathiek
2	er → ère	cher	chère	lief / duur
		dernier	dernière	laatste
		premier	première	eerste
3	eil → eille	pareil	pareille	zelfde
	el → elle	cruel	cruelle	wreed
		virtuel	virtuelle	virtueel
		officiel	officielle	officieel
		artificiel	artificielle	kunstmatig
		universel	universelle	universeel
	il → ille	gentil	gentille	vriendelijk
4	f → ve	sportif	sportive	sportief
		actif	active	actief
		négatif	négative	negatief, ontkennend
		neuf	neuve	nieuw
		passif	passive	passief
		positif	positive	positief, bevestigend
5	x → se	curieux	curieuse	nieuwsgierig, vreemd
		dangereux	dangereuse	gevaarlijk
		heureux	heureuse	gelukkig
		jaloux	jalouse	jaloers
		nerveux	nerveuse	zenuwachtig
		sérieux	sérieuse	ernstig
		chaleureux	chaleureuse	warm, hartelijk
6	t → tte (règle)	coquet	coquette	koket
		muet	muette	stom
		sot	sotte	dom
		violet	violette	paars
7	et → ète (cas spéciaux)	complet	complète	compleet
		concret	concrète	concreet
		discret	discrète	discreet
		inquiet	inquiète	ongerust
		secret	secrète	geheim

kennen

8	s → sse	bas épais gras gros	basse épaisse grasse grosse	laag dik vet dik
9	n → nne	ancien bon moyen quotidien	ancienne bonne moyenne quotidienne	oud goed midden- ,gemiddeld dagelijks
10	eau → elle	beau* nouveau* jumeau	belle nouvelle jumelle	mooi nieuw tweeling-
11	c → que	public turc **MAIS** chic	publique turque chic	publiek, openbaar Turks chic, elegant
12	**formes spéciales** (speciale vormen)	blanc doux faux favori fou frais franc grec long roux sec vieux*	blanche douce fausse favorite folle fraîche franche grecque longue rousse sèche vieille	wit zacht vals favoriet, geliefd gek vers / fris oprecht Grieks (bn.) lang ros droog oud

3.1.3 *Bel / nouvel / vieil: masculin singulier

devant un substantif masculin qui commence par une voyelle ou un h muet	voor een mann. zn. beginnend met een klinker of een doffe h

un **nouvel** appartement
un **vieil** arbitre
un **bel** exemple

een nieuwe flat
een oude scheidsrechter
een mooi voorbeeld

MAIS **MAAR**

Cet homme est vieux.	**Pluriel:**	De vieux hommes [z]	Die man is oud.
Cet album semble nouveau.		De nouveaux albums [z]	Dit album lijkt nieuw.
Cet appareil est beau.		De beaux appareils [z]	Dit apparaat is mooi.

3.1.4 Demi / nu

devant le substantif → **invariable**
                          avec trait d'union
	voor het zn. → **onveranderlijk**
	                      met koppelteken

une demi-heure
un demi-kilo
Il marche nu-pieds.
Elle est sortie nu-tête.

een halfuur
een halve kilo
Hij stapt blootsvoets.
Ze is blootshoofds buitengegaan.

derrière le substantif → **accord** avec le substantif	na het zn. → **overeenkomst** met het zn.

une journée et demie	(journée: fém.)	anderhalve dag
deux heures et demies	(heure: fém.)	halfdrie
un kilo et demi	(kilo: masc.)	anderhalve kilo
minuit et demi	(minuit: masc.)	halfeen (0.30 u)
midi et demi	(midi: masc.)	halfeen (12.30 u)
les bras nus	(bras: masc. pluriel)	met blote armen
les mains nues	(mains: fém. pluriel)	met blote handen

3.2 Le nombre *het getal*

52   3.2.1   Règle générale: pluriel = singulier + s

un site flamand	des sites flamand**s**	een Vlaamse site / Vlaamse sites
la belle proposition	les belle**s** propositions	het mooi voorstel / de mooie voorstellen
une habitude locale	des habitudes locale**s**	een plaatselijke gewoonte / plaatselijke gewoontes
le pantalon bleu	les pantalons bleu**s**	de blauwe broek / de blauwe broeken
une photo digitale	des photos digitale**s**	een digitale foto / digitale foto's

53   3.2.2   Formes spéciales au masculin

		SINGULIER	PLURIEL		
1	**sing. = plur.** **s = s** **x = x**	frais français dangereux heureux sérieux nerveux	frais français dangereux heureux sérieux nerveux	vers Frans gevaarlijk gelukkig ernstig zenuwachtig	
2	**eau → eaux**	beau nouveau	beau**x** nouvea**ux**	mooi nieuw	
3	**al → aux**	électoral local mondial musical normal oral original végétal	élector**aux** loc**aux** mondi**aux** music**aux** norm**aux** or**aux** origin**aux** végét**aux**	verkiezings- plaatselijk mondiaal muzikaal normaal mondeling origineel plantaardig	*kennen*
	al → als (quelques cas)	banal fatal	ban**als** fat**als**	banaal fataal	
4	**ou → ous**	fou	fou**s**	gek	
5	**eu → eus**	bleu	bleu**s**	blauw	

ton copain <u>anglais</u>	tes copains <u>anglais</u>	je Engelse vriend	je Engelse vrienden
un enfant <u>heureux</u>	des enfants <u>heureux</u>	een gelukkig kind	gelukkige kinderen
un <u>bel</u> album	de <u>beaux</u> albums	een mooi album	mooie albums
un film <u>original</u>	des films <u>originaux</u>	een originele film	originele films
un château <u>médiéval</u>	des châteaux <u>médiévaux</u>	een middeleeuws kasteel	middeleeuwse kastelen
un échange <u>commercial</u>	des échanges <u>commerciaux</u>	een handelstransactie	handelstransacties
le réseau <u>social</u>	les réseaux <u>sociaux</u>	het sociaal netwerk	de sociale netwerken
un oreiller <u>mou</u>	des oreillers <u>mous</u>	een zacht hoofdkussen	zachte hoofdkussens
un œil <u>bleu</u>	des yeux <u>bleus</u>	een blauw oog	blauwe ogen

ATTENTION
Certains adjectifs restent invariables.

des gens <u>cool</u>
des t-shirts <u>fluo</u>
des filles <u>sympa</u>(s) (on met aussi au pluriel)

LET OP
Sommige bn. blijven onveranderd.

coole mensen
fluo t-shirts
sympathieke meisjes (men zet dit ook in het meervoud)

3.3 L'adjectif de couleur

3.3.1 Adjectif simple → accord avec le substantif

une jupe verte	een groene rok
un pantalon blanc	een witte broek
des lunettes noires	een zwarte bril
des cheveux bleus	blauw haar
des rayons ultraviolets	ultraviolette stralen
de la toile écrue	natuurkleurig linnen

3.3.2 La couleur est un substantif → invariable

- un fruit (orange, citron, marron …)
- une matière (or, argent, cuivre …)
- un animal (saumon, souris …)
- une substance naturelle (corail, sépia …)

- een vrucht (oranje, citroengeel, kastanjebruin …)
- een materie (goud-, zilver-, koperkleurig …)
- een dier (zalmkleurig, muiskleurig …)
- een natuurlijke materie (koraalrood, sepia …)

une ceinture safran (< le safran)	een safraangele riem
une veste safari (< un safari)	een safarigroene jas
une robe souris (< une souris)	een muisgrijze jurk
des chemises orange (< une orange)	oranje hemden
des yeux marron (< un marron)	kastanjebruine ogen
des shorts citron (< un citron)	citroengele shorts
des murs ocre (< l'ocre)	okerkleurige muren
des collants sable (< le sable)	zandkleurige collants
des cheveux cuivre (< le cuivre)	koperkleurig haar
des meubles acajou (< l'acajou)	mahoniekleurige meubelen
des t-shirts saumon (< un saumon)	zalmroze t-shirts
des photos sépia (< le sépia)	sepiakleurige foto's

ATTENTION
des cheveux châtains

LET OP
kastanjebruin haar

3.3.3 La couleur est composée de deux mots → invariable

des yeux brun foncé	donkerbruine ogen
une veste vert kaki	een kakigroene jas
une chemise jaune clair	een bleekgeel hemd
une nappe bleu ciel	een hemelsblauw tafellaken
des châles vieux rose	oudroze sjaals
une peinture rouge vif	een felrode verf
une perruque blond doré	een goudblonde pruik

3.4 La place de l'adjectif

55 | 3.4.1 Règle générale

En général, l'adjectif se place <u>derrière</u> le substantif.   Meestal staat het bn. <u>achter</u> het zn.

le	commerce	équitable	de eerlijke handel
une	guitare	électrique	een elektrische gitaar
une	présentation	originale	een originele presentatie
un	programme	amusant	een grappig programma
la	bouche	pleine	de mond vol
une	raison	évidente	een vanzelfsprekende reden
les	panneaux	solaires	zonnepanelen
des	haut-parleurs	connectés	draadloze luidsprekers

ATTENTION
<u>Toujours</u> derrière le substantif
- les couleurs   une voiture <u>rouge</u>
                       un scooter <u>vert</u>
- les nationalités   mon amie <u>roumaine</u>
                       des chants <u>russes</u>

LET OP
<u>Altijd</u> achter het zn.
- kleuren   een rode wagen
                       een groene scooter
- nationaliteiten   mijn Roemeese vriendin
                       Russische liederen

56 | 3.4.2 Devant le substantif

beau (belle)	une	belle	prestation	'n mooie prestatie
joli(e)	un	joli	bébé	'n mooie baby
grand(e)	une	grande	voiture	'n grote wagen
petit(e)	un	petit	garçon	'n jongetje
gros (grosse)	une	grosse	vache	'n dikke koe
bon (bonne)	un	bon	joueur	'n goede speler
meilleur(e)	la	meilleure	réponse	het beste antwoord
mauvais (mauvaise)	le	mauvais	temps	het slechte weer
jeune	une	jeune	mère	'n jonge moeder
nouveau (nouvelle)	un	nouveau	CD	'n nieuwe cd
vieux (vieille)	un	vieux	bouquin	'n oud boek
gentil (gentille)	un	gentil	copain	'n lieve vriend
chouette	une	chouette	fille	'n toffe meid
haut(e)	une	haute	façade	een hoge gevel
long (longue)	un	long	détour	een lange omweg

ATTENTION
Les nombres ordinaux <u>toujours</u> devant le substantif

la <u>sixième</u> rue
en <u>première</u> année
la <u>troisième</u> sortie

LET OP
De rangtelwoorden <u>altijd</u> voor het zn.

de zesde straat
in 't eerste jaar
de derde afrit

3.4.3 Devant ou derrière le substantif selon le sens

un ancien élève	een oudstudent
un tableau ancien	een oud schilderij
une certaine Mme Tuffau	een zekere Mevr. Tuffau (er bestaat twijfel)
une accord certain	een zekere / vaststaande afspraak
un curieux roman	een vreemde / eigenaardige roman
un homme curieux	een nieuwsgierig man
différentes possibilités	meerdere mogelijkheden
une réponse différente	een verschillend antwoord
la dernière semaine	de laatste week
la semaine dernière	verleden week
une seule réponse	één enkel antwoord
une femme seule	een alleenstaande vrouw
sa propre histoire	z'n eigen verhaal
un local propre	een net lokaal
un pauvre chien	een ongelukkige hond
des gens pauvres	arme mensen
ma chère sœur	m'n lieve zus
un blouson cher	een dure blouson
un jeune entrepreneur	een jonge ondernemer
un caractère jeune	een jeugdig karakter
un grand homme	een groot / beroemd man
un homme grand	een grote / lange man
un triste état	een jammerlijke toestand
un ami triste	een bedroefde vriend
l'unique adresse que j'ai	het enige adres dat ik heb
une fille unique	een enige dochter
un vrai problème	een echt probleem
une histoire vraie	een waargebeurd verhaal

3.4.4 Place de plusieurs adjectifs

(VOIR les règles précédentes) (Zie de regels hierboven)

un petit garçon triste	een bedroefd jongetje
un grand photographe belge	een beroemde Belgische fotograaf
de hautes bottes noires	hoge zwarte laarzen
une belle jeune fille	een knap meisje
un joli petit chien	een mooi hondje
un premier essai raté	een eerste mislukte poging
un gros collier brillant	een grote schitterende halsketting

3.5 La comparaison de l'adjectif

3.5.1 Le comparatif

Règle générale	= + –	**aussi** **plus** **moins**	adjectif	**que**

Anne est **aussi a**ctive **que** sa sœur.	=	Anne is even actief als haar zus.
Ruben est **plus** paresseux **que** toi.	+	Ruben is luier dan jij.
Cette tâche est **plus** dure **que** vous ne l'imaginez.	+	Die opdracht is moeilijker dan jullie denken.
Tes sœurs sont **moins** drôles **que** mes copines.	–	Je zussen zijn minder leuk dan mijn vriendinnen.

3.5.2 Le superlatif

a

Règle générale	+ +	**LE** PLUS **LA** PLUS **LES** PLUS	adj.	masculin féminin pluriel	substantif	(de)
	– –	**LE** MOINS **LA** MOINS **LES** MOINS	adj.	masculin féminin pluriel	substantif	(de)

Voilà **le plus beau** panorama de la région.	++	Het is het mooiste panorama van de streek.
Où est **la plus grande** discothèque de la ville?	++	Waar is de grootste discotheek van de stad?
Voici **les plus jeunes** gagnants du jeu.	++	Dit zijn de jongste winnaars van het spel.
Tu as choisi **les moins belles** bottes.	– –	Je hebt de minst mooie laarzen gekozen.

ATTENTION
«le, la, les» peuvent être remplacés par un adjectif possessif.

C'était **notre plus belle** victoire.
C'est **mon plus mauvais** souvenir.

LET OP
«le, la, les» kunnen vervangen worden door een bezittelijk voornaamwoord.

Het was onze mooiste overwinning.
Het is mijn slechtste herinnering.

b

Règle générale	+ +	**LE** **LA** **LES**	subst.	**LE** PLUS **LA** PLUS **LES** PLUS	adjectif	masculin féminin pluriel
	– –	**LE** **LA** **LES**	subst.	**LE** MOINS **LA** MOINS **LES** MOINS	adjectif	masculin féminin pluriel

Le lac Baïkal est **le** lac **le plus profond** du monde.	++	Het Baïkalmeer is het diepste meer ter wereld.
C'est **le** chien **le plus triste** de l'asile.	++	Het is de droevigste hond van het asiel.
Elle a **la** coiffure **la plus excentrique**.	++	Ze heeft het meest zonderlinge kapsel.
Ce sont **les** tablettes **les plus rapides**.	++	Het zijn de snelste tablets.
C'est **l'**excursion **la moins intéressante**.	– –	Het is de minst interessante excursie.

VOIR AUSSI La place de l'adjectif, n° 55 à 58

3.5.3 Le comparatif et le superlatif de «bon»

Superlatif (– –)	Comparatif (–)	Adjectif	Comparatif (=)	Comparatif (+)	Superlatif (++)
le moins bon	moins bon	bon	aussi bon	meilleur	le meilleur
la moins bonne	moins bonne	bonne	aussi bonne	meilleure	la meilleure
les moins bons	moins bons	bons	aussi bons	meilleurs	les meilleurs
les moins bonnes	moins bonnes	bonnes	aussi bonnes	meilleures	les meilleures
de/het minst goede	minder goed	goed	even goed	beter	de/het beste

Ces blagues sont **aussi bonnes** que les tiennes.	=	Die grapjes zijn even goed als de jouwe.
Je trouve cette chanson **moins bonne**.	–	Ik vind dit lied minder goed.
Tes idées sont **meilleures** que les miennes.	+	Jouw ideeën zijn beter dan de mijne.
C'est **le meilleur** chanteur de l'année.	++	't Is de beste zanger van het jaar.
Tu as choisi **la meilleure** destination.	++	Je hebt de beste bestemming gekozen.
Quelles sont **les meilleures** chansons de cet album?	++	Wat zijn de beste liedjes van dit album?
Voici **les meilleurs** clips de la semaine.	++	Dit zijn de beste clips van de week.
Je pense que c'est **la moins bonne** proposition.	– –	Ik denk dat dit het minst goede voorstel is.

3.5.4 Le comparatif et le superlatif de «mauvais»

– –	le moins mauvais	de (het) minst slechte
–	moins mauvais	minder slecht
	mauvais	slecht
=	aussi mauvais	even slecht
+	plus mauvais / pire	slechter, erger
++	le plus mauvais / le pire	de (het) slechtste, het ergste

Le film est **plus mauvais** que le feuilleton.	De film is slechter dan het feuilleton.
C'est **le plus mauvais** film de l'année.	Het is de slechtste film van het jaar.
La vie des réfugiés est **pire** que la nôtre.	Het leven van de vluchtelingen is slechter dan het onze.
C'est **la pire** de toutes.	't Is het slechtste van allemaal.

3.5.5 Expressions avec une comparaison

Le Havre est **(l')une des** villes **les plus** modernes de France.	Le Havre is een van de modernste steden van Frankrijk.
Ce jardin est **(l')un des plus** beaux de la région.	Die tuin is een van de mooiste van de streek.
Elle est **plus** rapide **que** tu **(ne)** le penses.	Ze is sneller dan je denkt.
Ce film est **moins** drôle **qu'**on **(ne)** le dit.	Die film is minder grappig dan men zegt.
Ces blousons sont **plus** chers **les uns que les autres**.	Het ene jas is al duurder dan de ander.
Les infos sont **plus** tristes **les unes que les autres**.	Het ene nieuws is al droeviger dan het ander.
Le meilleur et le pire	Lief en leed (= het beste en het slechtste)
Pour le meilleur et pour le pire	Voor goede en kwade dagen / In voor- en tegenspoed

VOIR AUSSI La comparaison de l'adverbe, n° 159 à 164

4 L'adjectif et le pronom possessifs

4.1 L'adjectif possessif

64

je	1re p.	MON	MA	MES	mijn
tu	2e p.	TON	TA	TES	jouw / je
il	3e p.	SON	SA	SES	zijn / haar
nous	1re p.	NOTRE		NOS	ons, onze
vous	2e p.	VOTRE		VOS	jullie / uw
ils	3e p.	LEUR		LEURS	hun

65

L'adjectif possessif a le genre et le nombre du <u>substantif</u> qui suit.

In 't Frans heeft het bezittelijk voornaamwoord het genus en getal van het <u>zelfstandig naamwoord</u> dat volgt.

MON	profil	MIJN	profiel		TON	frère	JOUW / JE	broer
MA	veste	MIJN	jas		TA	sœur	JOUW / JE	zus
MES	copains	MIJN	vrienden		TES	nièces	JOUW / JE	nichten

L'oncle		SON	oncle		HAAR	oom
La mère	**de Lucie**	SA	mère	Lucie	HAAR	moeder
Les copines		SES	copines		HAAR	vriendinnen

Le frère		SON	frère		ZIJN	broer
La femme	**de Cédric**	SA	femme	Cédric	ZIJN	vrouw
Les enfants		SES	enfants		ZIJN	kinderen

Groot verschil met het Nederlands!
Son / sa / ses = zijn of haar, naargelang de bezitter (m / v).

66

ATTENTION

1 Devant un subst. fém. sing. + voyelle / h muet

LET OP
Voor een zelfstandig naamwoord v. enk. + klinker / doffe h

MA petite amie	→ MON **a**mie	/ mon unique amie	mijn (enige) vriendin
TA première activité	→ TON **a**ctivité	/ ton unique activité	jouw (enige) activiteit
SA belle horloge	→ SON **h**orloge	/ son unique horloge	zijn / haar (enige) klok

2 Nicolas <u>z'n</u> grootvader is nog jong → Le grand-père **de** Nicolas est encore jeune.
Moeder <u>haar</u> gezondheid is prima. → La santé **de** maman est excellente.

67

NOTRE	jardin	ONZE	tuin		VOTRE	voyage	JULLIE	reis
	maison	ONS	huis			chambre	JE	slaapkamer
NOS	ordinateurs	ONZE	computers		VOS	questions	UW	vragen

LEUR	retour	HUN	terugkeer
	auto		auto
LEURS	amis	HUN	vrienden

36

4.2 Le pronom possessif

Le pronom possessif remplace un adjectif possessif + substantif.			Het zelfstandig gebruikt bezittelijk vnw. vervangt een bijvoeglijk gebruikt bezittelijk vnw. + zn.		
C'est mon verre?			Is dat mijn glas?		
Oui, c'est **le tien** (= ton verre).			Ja, het is het jouwe (= jouw glas).		

	Adjectif possessif	Pronom possessif	Adjectif possessif	Pronom possessif	
à moi	mon livre	**LE MIEN**	ma radio	**LA MIENNE**	de / het mijne
			mon amie	**LA MIENNE**	
à toi	ton look	**LE TIEN**	ta montre	**LA TIENNE**	de / het jouwe
			ton invitation	**LA TIENNE**	
à lui	son portable	**LE SIEN**	sa voiture	**LA SIENNE**	de (het)zijne /
à elle	son casque	**LE SIEN**	son humeur	**LA SIENNE**	de (het) hare
à nous	notre jardin	**LE NÔTRE**	notre famille	**LA NÔTRE**	de / het onze
à vous	votre travail	**LE VÔTRE**	votre compagnie	**LA VÔTRE**	die / dat van jullie / van u
à eux	leur garage	**LE LEUR**	leur maison	**LA LEUR**	die / dat van hen
à elles	leur village	**LE LEUR**			
à moi	mes gants	**LES MIENS**	mes lunettes	**LES MIENNES**	de mijne
à toi	tes livres	**LES TIENS**	tes chaussettes	**LES TIENNES**	de jouwe
à lui	ses DVD	**LES SIENS**	ses chemises	**LES SIENNES**	de zijne / de hare
à elle	ses t-shirts	**LES SIENS**	ses bottes	**LES SIENNES**	
à nous	nos loisirs	**LES NÔTRES**	nos vacances	**LES NÔTRES**	de onze
à vous	vos voisins	**LES VÔTRES**	vos amies	**LES VÔTRES**	die van jullie / die van u
à eux	leurs résultats	**LES LEURS**	leurs lettres	**LES LEURS**	die van hen
à elles	leurs affaires	**LES LEURS**			

C'est ton stylo? Oui, c'est **le mien**, pas **le tien**.	Is dat jouw vulpen? Ja, 't is de mijne, niet de jouwe.
Prête-lui ton parapluie. Nadia ne trouve pas **le sien**.	Leen haar je paraplu, Nadia vindt de hare niet.
Iris a sa casquette, mais Tom cherche **la sienne**.	Iris heeft haar pet, maar Tom zoekt de zijne.
Adèle met ses gants, mais Anne cherche **les siens**.	Adèle trekt haar handschoenen aan, maar Anne zoekt de hare.
Apporte tes clés. Il a perdu **les siennes**.	Breng je sleutels mee. Hij heeft de zijne verloren.
Ce sont vos photos? Oui, ce sont **les nôtres**, et où sont **les vôtres**?	Zijn dat uw foto's? Ja, het zijn de onze, en waar zijn de uwe / die van jullie?
Ils regardent votre voiture? Ce n'est pas **la nôtre**, c'est **la leur**.	Kijken ze naar uw wagen? Het is de onze niet, het is die van hen (de hunne).

ATTENTION

Préposition à / de + pronom possessif

(**VOIR AUSSI** article contracté, n° 40-41)

à + le = AU
à + les = AUX

au mien, au tien, au sien, au nôtre, au vôtre, au leur
aux miens, aux miennes, aux tiens, aux tiennes, aux siens, aux siennes, aux nôtres, aux vôtres, aux leurs

de + le = DU
de + les = DES

du mien, du tien, du sien, du nôtre, du vôtre, du leur
des miens, des miennes, des tiens, des tiennes, des siens, des siennes, des nôtres, des vôtres, des leurs

Je pense à mes vacances, et toi, tu penses **aux tiennes**?	Ik denk aan mijn vakantie, en jij, denk jij aan de jouwe?
Et vous, pensez-vous **aux vôtres**?	En u, denkt u aan de uwe?
Que fait-il de son argent de poche?	Wat doet hij met zijn zakgeld?
Et toi, que fais-tu **du tien**?	En jij, wat doe jij met het jouwe?
Et tes copains, que font-ils **du leur**?	En je vrienden, wat doen zij met dat van hen (het hunne)?

5 L'adjectif et le pronom interrogatifs

5.1 L'adjectif interrogatif

QUEL?

singulier	masculin	**QUEL**
	féminin	**QUELLE**
pluriel	masculin	**QUELS**
	féminin	**QUELLES**

Quel film préférez-vous?
Quelle veste est à Enzo?
Quels châteaux veux-tu visiter?
Quelles applis vous voulez?

WELKE / WELK?

Welke film verkiest u?
Welke jas is van Enzo?
Welke kastelen wil je bezoeken?
Welke apps wilt u?

Quel menu prenez-vous?
Quel âge tu as?
Quel âge avez-vous?
Quel temps fait-il?
Quelle taille vous avez?
À **quelle** heure commence la représentation?
De **quelle** manière peut-on louer ce studio?
En **quelle** année tu es né?
Sur **quelle** chaîne passe le film policier?

Welke menu nemen jullie?
Hoe oud ben je?
Hoe oud bent u? / Hoe oud zijn jullie?
Welk weer is het?
Welke maat hebt u? (voor kleren)
Hoe laat begint de voorstelling?
Hoe kunnen we deze studio huren?
In welk jaar ben je geboren?
Op welke zender speelt de misdaadfilm?

> **ATTENTION**
> **quel(le)(s) + être**
> **Quel est** le prix d'une place au balcon?
> **Quelle est** ton adresse e-mail?
> **Quelle est** votre pointure?
> **Quelles sont** les meilleures places?

> **LET OP**
> **wat is / wat zijn**
> Wat is de prijs van een plaats op het balkon?
> Wat is jouw e-mailadres?
> Wat is uw maat? (voor schoenen)
> Wat zijn de beste plaatsen?

SAVEZ-VOUS QUEL EST LE POINT COMMUN ENTRE UN ROBOT ET UNE SAUCE NAPOLITAINE

J'OSE À PEINE LE DIRE... TELLEMENT C'EST NUL

...ILS SONT TOUS LES DEUX AUTOMATES

5.2 Le pronom interrogatif

LEQUEL?

singulier	masculin	**LEQUEL**
	féminin	**LAQUELLE**
pluriel	masculin	**LESQUELS**
	féminin	**LESQUELLES**

Voici des magazines.
Lequel est le meilleur?
Voici les photos.
Laquelle tu préfères?
Voici des jeux vidéo.
Lesquels veux-tu?
Douze activités!
Lesquelles choisir?

WELKE / WELK?

Welke is het beste?

Welke verkies je?

Welke wil je?

Welke kiezen?

ATTENTION
formes contractées

~~à + lequel~~	= AUQUEL
~~à + lesquels~~	= AUXQUELS
~~à + lesquelles~~	= AUXQUELLES

Il a fait cinq clips. **Auquel** penses-tu?
Auxquels penses-tu?
Il propose dix adresses. **Auxquelles** écris-tu?

LET OP
samengetrokken vormen

Hij heeft vijf clips gemaakt. Aan welke denk je?

Hij stelt vijf adressen voor. Naar welke schrijf je?

~~de + lequel~~	= DUQUEL
~~de + lesquels~~	= DESQUELS
~~de + lesquelles~~	= DESQUELLES

Il a écrit trois sketches. **Duquel** parles-tu?
Desquels parles-tu?
Il a fait cinq chansons. **Desquelles** parles-tu?

Hij heeft drie sketches geschreven. Over welke spreek je?
Hij heeft vijf liedjes gemaakt. Over welke spreek je?

VOIR AUSSI Traduction de «wie?» «wat», n° 341 à 347.

6 L'adjectif exclamatif

QUEL!

singulier	masculin	**QUEL**	**Quel** copain sympa!
	féminin	**QUELLE**	**Quelle** agréable rencontre!
pluriel	masculin	**QUELS**	**Quels** bons sandwichs!
	féminin	**QUELLES**	**Quelles** nouvelles choquantes!

WAT EEN! ZO'N! ZULK(E)! WELK(E)!

Zo'n sympathieke vriend!
Wat een aangename ontmoeting!
Zulke lekkere sandwiches!
Welk schokkend nieuws!

Quelle drôle d'idée!
Wat een leuk idee!

Quel temps de chien!
Wat een hondenweer!

Quelles aventures incroyables!
Welke ongelooflijke avonturen!

Quel problème!
Wat een probleem!

Quelle fête magnifique!
Wat een prachtig feest!

Quel film ennuyeux!
Wat een vervelende film!

Quelle merveilleuse musique!
Welke hemelse muziek!

Quelle triste nouvelle!
Welk droevig nieuws!

Quels garçons sympas!
Welke sympathieke jongens!

Quel dommage!
Wat jammer!

Quel repas délicieux!
Wat een heerlijke maaltijd!

Quelle joie de te revoir!
Hoe fijn je terug te zien!

Quelle journée énervante!
Wat een zenuwslopende dag!

Quelle série passionnante!
Wat een boeiende reeks!

Quelles belles vacances!
Wat een mooie vakantie!

Quel sport dangereux!
Wat een gevaarlijke sport!

Quelle horreur!
Hoe afschuwelijk!

7 L'adjectif et le pronom démonstratifs

7.1 L'adjectif démonstratif

singulier	masculin	CE matin	
		CET après-midi	(+ voyelle)
		CET horaire	(+ h muet)
	féminin	CETTE maison	
		CETTE adresse	
pluriel		CES exercices [z]	
		CES marques	

deze morgen
deze namiddag (+ klinker)
dit uurrooster (+ doffe h)

dit / dat huis
dit / dat adres

deze / die oefeningen
deze / die merken

ATTENTION

1 Pour accentuer, on ajoute souvent «-ci / -là»

Essayez ce pantalon-ci.
Je voudrais ce blouson-là.
Je n'aime pas ces chaussures-ci.
Tu as vu ces fringues-là? (*vocabulaire familier*)

LET OP

Om te benadrukken, voegt men in 't Nederlands soms «hier / daar» toe

Pas die broek (hier).
Ik zou die jas (daar) willen.
Ik hou niet van die schoenen (hier).
Heb je die kleren (daar) gezien? (omgangstaal)

2 ce → cet devant une voyelle ou un h muet

Nous logeons dans ce grand hôtel.
Cet hôtel a été rénové.

Ce jeune inventeur est belge.
Cet inventeur est génial.

Ce bel appartement est à louer.
Cet appartement coûte cher.

Ce nouvel appareil est en panne.
Cet appareil ne marche plus.

Ce charmant ami est anglais.
Cet ami vient de Londres.

Ce drôle d'accent nous fait rire.
Cet accent est bizarre.

Ce vieil Algérien vit à Marseille.
Cet Algérien chante en français.

Elle a photographié ce bel arc-en-ciel.
Cet arc-en-ciel est magnifique.

Ce grand avion part bientôt.
Cet avion revient de Calcutta.

Ce hall est grand.

VOIR h de non-liaison, n°4

«cet» voor een klinker of een doffe h

We logeren in dit grote hotel.
Dit hotel is gerenoveerd.

Die jonge uitvinder is een Belg.
Die uitvinder is geniaal.

Die mooie flat is te huur.
Die flat kost veel.

Dit nieuwe toestel is defect.
Dit toestel werkt niet meer.

Die aardige vriend is een Engelsman.
Die vriend komt uit Londen.

Die eigenaardige uitspraak doet ons lachen.
Die uitspraak is vreemd.

Deze oude Algerijn woont in Marseille.
Deze Algerijn zingt in 't Frans.

Ze heeft deze mooie regenboog gefotografeerd.
Deze regenboog is prachtig.

Dit grote vliegtuig vertrekt binnenkort.
Dit vliegtuig komt van Calcutta.

Die hal is groot.

7.2 Le pronom démonstratif

7.2.1 Ce / c' + être

C'est difficile.	't Is moeilijk.
Ce n'est pas vrai.	't Is niet waar.
Ce sont des copains marrants.	't Zijn leuke kameraden.
C'est combien, cette console de jeu?	Hoeveel kost die spelconsole?
C'est demain, la fête?	Is het feest morgen?
Comment est-**ce** possible?	Hoe is het mogelijk?

VOIR AUSSI Le verbe impersonnel, n° 269, 273

7.2.2 Ce + pronom relatif

ce que (= COD)	**wat** (= LV)
ce qui (= sujet) + verbe 3e pers. singulier	**wat** (= onderwerp) + ww. 3e pers. enk.

Sais-tu **ce qui** s'est passé? S	Weet je wat er gebeurd is?
Je n'ai pas vu **ce qui** est arrivé. S	Ik weet niet wat er gebeurd is.
Ce qui est terrible, c'est que le chauffeur avait trop bu. S	Wat verschrikkelijk is, is dat de chauffeur te veel gedronken had.
Tu as mangé **ce qui** se trouvait dans le réfrigérateur? S	Heb je gegeten wat er in de koelkast stond?
Je vais te dire **ce qui** me ferait plaisir. S	Ik ga je zeggen wat me plezier zou doen.
Raconte-moi **ce que** tu as vu. COD	Vertel me wat je gezien hebt.
Ce qu'il ne comprend pas, c'est qu'il perd son temps. COD	Wat hij niet begrijpt, is dat hij zijn tijd verliest.
Je n'ai pas entendu **ce que** vous avez demandé. COD	Ik heb niet gehoord wat u gevraagd hebt.
J'aimerais savoir **ce que** vous avez comme projets. COD	Ik zou willen weten welke plannen u hebt.
Sais-tu **ce qu'**il a lu dans le mode d'emploi? COD	Weet je wat hij in de gebruiksaanwijzing gelezen heeft?

VOIR AUSSI Le pronom relatif, n° 171, La question indirecte, n° 351

7.2.3 Ceci / cela / ça *(langue parlée familière)*

Écoute bien **ceci**: je n'aime pas le bruit.	Luister hier goed naar: ik hou niet van lawaai.
Je n'aime pas le bruit: **cela** / **ça** m'énerve.	Ik hou niet van lawaai: dat maakt me zenuwachtig.
Ça va.	Het gaat.
Ça alors!	Wel, wel, verdorie!
Ça y est!	Het is zover!
Ça fait combien?	Hoeveel is het?
Ça ne vous dérange pas?	Stoort dat niet?
Et avec ça, je vous sers quoi?	Wat zal ik u hierbij opdienen?
Au total, ça fait 89,64 euros.	Dat maakt 89,64 euro in totaal.
Ça dure combien de temps au juste?	Hoe lang duurt dat precies?

7.2.4 Celui, celle, ceux, celles (-ci, -là)

	singulier		pluriel	
masculin	CELUI …	CELUI-CI CELUI-LÀ	CEUX …	CEUX-CI CEUX-LÀ
féminin	CELLE …	CELLE-CI CELLE-LÀ	CELLES …	CELLES-CI CELLES-LÀ

Quel foulard voulez-vous? Celui-ci ou celui-là?

Welke sjaal wil je: deze hier of die daar?

Quelle couleur désirez-vous?
Celle-ci ou celle-là?

Welke kleur wenst u?
Deze hier of die daar?

Quels chips aime-t-elle?
Ceux-ci ou ceux-là?

Welke chips lust ze?
Deze hier of die daar?

Quelles chaussures voulez-vous essayer?
Celles-ci ou celles-là?

Welke schoenen wilt u passen?
Deze hier of die daar?

Voilà mon sac de sport et voilà celui de Clara.
C'est sa planche à voile et voilà celle de mes voisins.

Dat is mijn sportzak en deze daar is van Clara.
Dat is zijn surfplank en die daar is van mijn buren.

Tu as tes lunettes? Non, ce sont celles de Léon.
Ah oui, celles qui sont si spéciales.
Ce sont celles du champion olympique.

Heb je je bril? Neen, het is die van Léon.
Ach ja, deze die zo speciaal is.
Het is die van de olympisch kampioen.

Tu veux les CD des Beatles?
Non, je veux ceux des Rolling Stones.
J'aime ceux que tu détestes.

Wil je de cd's van de Beatles?
Neen, ik wil die van de Rolling Stones.
Ik hou van deze, die jij niet graag hoort.

ATTENTION

Ceux, celles (pour des personnes)

LET OP

Zij / degenen (voor personen)

Ceux qui ont trop bu,
  ne peuvent plus conduire.

Zij die teveel gedronken hebben
  mogen niet meer rijden.

Ceux qui n'ont pas de place réservée
  font la queue au guichet.

Zij die geen voorbehouden plaats hebben
  staan in de rij bij het loket.

De toutes ces infirmières,
  j'admire surtout **celles** qui ont de la patience.

Van alle verpleegkundigen bewonder ik vooral
  zij die geduld hebben.

8 L'adjectif et le pronom indéfinis

78   8.1   L'adjectif indéfini

	masculin	féminin
singulier	**TOUT**	**TOUTE**
pluriel	**TOUS**	**TOUTES**

Vergelijk het Frans met het Nederlands!

ATTENTION

tout   + article   + SUBSTANTIF
toute   ou adj.possessif
tous   ou adj. démonstratif
toutes

TOUT, TOUTE (singulier)

Il rêve **toute** la journée.
Voilà **toute** ma collection.
Je travaille **tout** le mois. { **tou** }
Vous avez **tout** ce texte. { **tou** }

heel, hele

Hij droomt de hele dag.
Dat is heel mijn verzameling.
Ik werk heel de maand.
Jullie hebben heel die tekst.

TOUS, TOUTES (pluriel)

Tous les invités sont là. { **tou** }
Tous ces rollers sont chers. { **tou** }
Toutes ses copines viennent.
Ce sont **toutes** tes idées?

al, alle

Alle genodigden zijn daar.
Al die rollerskates zijn duur.
Al zijn vriendinnen komen.
Zijn dit al jouw ideeën?

VOIR AUSSI «tout» adverbe, n° 156-157

79   AUTRE(S)

Je bois un **autre** jus.
Elle veut une **autre** coupe.
Vous avez d'**autres** modèles?
Oui, nous avons d'**autres** propositions.

ander(e)

Ik drink een ander sap.
Ze wil een ander kapsel.
Hebt u andere modellen?
Ja, we hebben andere voorstellen.

VOIR AUSSI l'article indéfini, n° 35

Tu prends l'**autre** bus?
Il ne comprend pas l'**autre** explication.
Je préfère les **autres** couleurs.

Neem je de andere bus?
Hij begrijpt de andere uitleg niet.
Ik verkies de andere kleuren.

80   MÊME(S)

J'ai le **même** modèle.
Voilà la **même** taille.

(de / het)zelfde

Ik heb hetzelfde model.
Daar heb je dezelfde maat.

Ce sont les **mêmes** prix.
Elles ont les **mêmes** jeans.
Ils font les **mêmes** études.

Het zijn dezelfde prijzen.
Ze hebben dezelfde jeans.
Ze doen dezelfde studies.

MÊME(S)

Tu as fait ça toi-**même**?
Il va répondre lui-**même**.
Nous l'avons entendu nous-**mêmes**.
Ma mère elle-**même** l'a dit.
Les ministres **mêmes** vont venir.
Mes frères ont réparé la moto eux-**mêmes**.

zelf

Heb je dat zelf gedaan?
Hij zal zelf antwoorden
We hebben het zelf gehoord.
Mijn moeder heeft het zelf gezegd.
De ministers zullen zelf komen.
Mijn broers hebben zelf de motor hersteld.

ATTENTION

trait d'union derrière un pronom personnel
moi-**même**, toi-**même**, lui-**même**, elle-**même**, nous-**mêmes**,
vous-**mêmes**, eux-**mêmes**, elles-**mêmes**

LET OP

Koppelteken na persoonlijk vnw.

8.2 Le pronom indéfini

	masculin	féminin
singulier	**TOUT**	
pluriel	**TOUS**	**TOUTES**

TOUT

T**out** pour les ados. { **tou** }
C'est **tout**? { **tou** }
Tout est fini. **Tout** s'explique.

alles

Alles voor de jongeren.
Is dat alles?
Alles is gedaan. Alles wordt duidelijk.

TOU**S**, TOUTES

Mes copines viennent **toutes**.
Elles sont **toutes** là?
Mes cousins sont **tous** là? { **tous** }
Tu les connais **tous**? { **tous** }

allen / allemaal

Mijn vriendinnen komen allemaal.
Zijn ze er allen?
Zijn mijn neven er allemaal?
Ken jij ze allemaal?

> **ATTENTION**
> prononcez le s de tou**s** (pronom)

TOUT LE MONDE

Tout le monde rêve de vacances.
Tout le monde peut découvrir le monde entier par Internet.

iedereen

Iedereen droomt van vakantie.
Iedereen kan de hele wereld ontdekken via internet.

> **ATTENTION**
> tout le monde + verbe 3e pers. singulier

ww. 3ᵉ pers. enk.

… AUTRE(S)

Il a perdu sa carte bancaire,
  et maintenant il en a **une autre**.
Tu aimes ce tatouage?
Non, je préfère **l'autre**.
Elle a donné une réponse
  mais il y en a encore **d'autres**.

… ander(e)

Hij is zijn bankkaart verloren,
  en nu heeft hij een andere.
Zie je die tattoo graag?
Nee, ik verkies die andere.
Ze heeft een antwoord gegeven
  maar er zijn er nog andere.

L'UN(E) L'AUTRE, LES UN(E)S LES AUTRES

Ils s'aident **l'un l'autre**.
Elles se téléphonent **l'une à l'autre**.
Il faut se supporter **les uns les autres**.
Elles se regardent **les unes les autres**.

elkaar

Ze helpen mekaar.
Ze telefoneren naar mekaar.
We moeten elkaar verdragen.
Ze bekijken elkaar.

AUTRE CHOSE

Tu veux faire ce job?
Non, je voudrais faire **autre chose**.

iets anders

Wil je die job doen?
Nee, ik zou iets anders willen doen.

LE / LA MÊME, LES MÊMES

Tu as vu son blouson?
Oui, le rappeur a **le même**.
Il a une grande affiche.
C'est **la même** que celle-là.
Vous achetez ces lunettes?
Son frère a **les mêmes**.

hetzelfde, dezelfde

Heb je zijn jas gezien?
Ja, de rapper heeft dezelfde.
Hij heeft een grote affiche.
Het is dezelfde als die daar.
Koopt u die bril?
Zijn broer heeft dezelfde.

LA MÊME CHOSE

C'est toujours **la même chose**: tu arrives en retard.
Ton patron est sévère?
Chez moi, c'est **la même chose**.

hetzelfde

't Is altijd hetzelfde: je komt te laat.
Is je baas streng?
Bij mij is het hetzelfde.

L'adjectif indéfini

84 NE … AUCUN(E) (singulier) — geen enkel(e)

Elle **n'**a fait **aucune** remarque.
Ils **ne** savent **aucun** prix.

Ze maakte geen enkele opmerking.
Ze kennen geen enkele prijs.

ATTENTION / **LET OP**

ne (n') toujours devant le verbe
ne (n') altijd voor het ww.

AUCUN(E) … NE (sujet)

Aucun enfant **ne** fait cela.
Aucune réponse **n'**est bonne.

Geen enkel kind doet dat.
Geen enkel antwoord is goed.

85 CERTAIN(E) — zeker(e), tamelijk(e)

Il a été absent pendant un **certain** temps.
Elle a un **certain** âge.
Il roulait à **une certaine** vitesse.

Hij is 'n zekere tijd afwezig geweest.
Ze heeft een zekere leeftijd.
Hij reed tegen een tamelijke snelheid.

CERTAIN(E)S — sommige, bepaalde

Certaines sorties sont fermées.
Certains sites sont intéressants.

Sommige uitgangen zijn gesloten.
Sommige sites zijn interessant.

ATTENTION / **LET OP**

«certain» derrière le substantif est adj. qualificatif et a une autre signification
Elle me donne une preuve **certaine**.

«certain» na het zn. is bn. en heeft een andere betekenis
Ze geeft me een doorslaand bewijs.

86 CHAQUE (singulier) — elk(e)

Elle surfe **chaque** jour.
Chaque année, ils font un job de vacances.

Ze surft elke dag.
Elk jaar doen ze een vakantiejob.

87 QUELQUES (pluriel) — enkele

Voici **quelques** nouveaux sports.
Il suit **quelques** activités.

Hier heb je enkele nieuwe sporten.
Hij volgt enkele activiteiten.

88 PLUSIEURS (pluriel) — meerdere, veel

Il a gagné **plusieurs** prix.
Elle chante **plusieurs** chansons.

Hij heeft meerdere prijzen gewonnen.
Ze zingt meerdere liedjes.

DIFFÉRENT(E)S (pluriel) — meerdere, verschillende

Elle a joué **différents** rôles.
Il y a **différentes** solutions.

Ze heeft meerdere rollen gespeeld.
Er zijn meerdere oplossingen.

ATTENTION / **LET OP**

différent peut aussi être adjectif qualificatif
Il se place alors après le substantif.

Is bn. na het zn. en betekent
niet gelijk, anders, verschillend

Il a donné deux réponses **différentes**.
Voilà des photos très **différentes**.
Il a dessiné un plan **différent**.
Ta sœur est vraiment **différente** de toi.

Hij gaf twee verschillende antwoorden.
Dat zijn heel verschillende foto's.
Hij heeft een ander plan getekend.
Je zus is echt anders dan jou.

89 N'IMPORTE QUEL(S) / QUELLE(S) — om het even welk(e)

Choisis **n'importe quel** mot-clé.
Clique sur **n'importe quelle** icône.
N'importe quelles plantes poussent bien ici.
Il regarde **n'importe quels** programmes.

Kies om het even welk sleutelwoord.
Klik op om het even welk pictogram.
Om het even welke planten groeien hier goed.
Hij kijkt naar om het even welke programma's.

Le pronom indéfini

NE ... AUCUN(E)

Tu fais ces mots croisés?
Non, je **n'**en fais **aucun**.
Vous avez lu nos réactions?
Non, je **n'**en ai lu **aucune**.
Laquelle de ces affiches aimes-tu?
Aucune.

geen enkel(e), geen een | 90

Maak je dit kruiswoordraadsel?
Nee, ik maak er geen enkel.
Heb je onze reacties gelezen?
Nee, ik heb er geen enkele gelezen.
Welke affiche vind je mooi?
Geen enkele.

AUCUN(E) NE ... (sujet)

Tu suis ces feuilletons?
Non, **aucun n'**est passionnant.

Volg je die feuilletons?
Nee, geen enkel is boeiend.

ATTENTION
aucun(e) ne (= SUJET) → verbe 3e personne SINGULIER

LET OP
ww. 3ᵉ pers. enkelvoud

CERTAINS, CERTAINES

Les actrices jouaient bien?
Oui, **certaines** étaient super.
Tu connais ces footballeurs?
J'en connais **certains**.

sommigen | 91

Speelden de actrices goed?
Ja, sommige waren super.
Ken je die voetbalspelers?
Ik ken sommige.

CHACUN, CHACUNE

Les actrices ont reçu des fleurs?
Oui, **chacune** a reçu un bouquet.
Vous faites attention à l'environnement?
Oui, **chacun** de nous trie ses déchets.

elk, ieder, iedereen | 92

Hebben de actrices bloemen gekregen?
Ja, elk heeft een ruiker gekregen.
Letten jullie op het milieu?
Ja, ieder van ons sorteert z'n afval.

QUELQUES-UNS, QUELQUES-UNES

Je copie ces chansons?
Oui, copies-en **quelques-unes**. [z]
Ton frère a ces CD?
Oui, il en a **quelques-uns**. [z]

enkele | 93

Kopieer ik die liedjes?
Ja, kopieer er enkele.
Heeft je broer die cd's?
Ja, hij heeft er enkele.

PLUSIEURS

Elle a reçu des messages?
Oui, **plusieurs**.
Vous avez des commandes?
Oui, **plusieurs**.

verscheidene | 94

Heeft ze berichten ontvangen?
Ja, verscheidene.
Hebben jullie bestellingen?
Ja, verscheidene.

N'IMPORTE LEQUEL, LAQUELLE, LESQUELS, LESQUELLES

Quel petit boulot fait-il?
N'importe lequel.
Tu as ajouté des herbes?
Oui, mais pas **n'importe lesquelles**.

om het even welk(e) | 95

Welk karweitje doet hij?
Om het even welk.
Heb je er kruiden aan toegevoegd?
Ja, maar niet om het even welke.

N'IMPORTE QUI

Ne te confie pas à **n'importe qui**.

om het even wie

Neem niet om het even wie in vertrouwen.

N'IMPORTE QUOI

Ils regardent **n'importe quoi** à la télé.

om het even wat

Ze kijken naar om het even wat op tv.

Le pronom indéfini

96 **QUELQU'UN** — iemand

Il y a **quelqu'un** devant la porte? — Staat er iemand voor de deur?
Non, il **n'**y a **personne**. — Nee, er is niemand.

97 **NE … PERSONNE** — niemand

Je **ne** vois **personne**. — Ik zie niemand.
Il **n'**écoute **personne**. — Hij luistert naar niemand.
Elle a parlé <u>à</u> **quelqu'un**? — Heeft ze met iemand gesproken?
Non, elle n'a parlé <u>à</u> **personne**. — Nee, ze heeft met niemand gesproken.

PERSONNE NE … (sujet) — niemand

Personne n'est blessé. — Niemand is gewond.
Personne ne va téléphoner. — Er zal niemand bellen.

ATTENTION / **LET OP**
personne ne (= SUJET) → verbe 3e personne SINGULIER
ww. 3ᵉ pers. enkelvoud

98 **QUELQUE CHOSE** — iets

Tu veux **quelque chose**? — Wil je iets?
Je **ne** veux **rien**, merci. — Ik wil niets, dankjewel.

99 **NE … RIEN** — niets

Je **n'**ai **rien** compris. — Ik heb niets begrepen.
Tu m'en veux <u>pour</u> **quelque chose**? — Neem je me iets kwalijk?
Non, je **ne** t'en veux <u>pour</u> **rien**. — Nee, ik verwijt je niets.

RIEN NE … (sujet) — niets

Rien n'est cassé, quelle chance! — Niets is gebroken, gelukkig!
Rien ne marche. Zut alors! — Niets werkt. Verdorie!

ATTENTION / **LET OP**
rien ne (= SUJET) → verbe 3e personne SINGULIER
ww. 3ᵉ pers. enkelvoud

QUAND CELUI QUI N'A RIEN DONNE TOUT CE QU'IL A

IL DONNE INFINIMENT PLUS

QUE CELUI QUI A TOUT ET QUI NE DONNE RIEN

Tableau / Tabel

		Adjectifs indéfinis	Pronoms indéfinis
1	AUCUN	Elle **n'**a **aucun** abonnement. Il **ne** donne **aucune** explication. **Aucun** garçon **ne** comprend cela. **Aucune** fille **n'**aime ça.	Elle **n'**en a **aucun**. Il **n'**en donne **aucune**. **Aucun ne** comprend cela. **Aucune n'**aime ça.
2	AUTRE	Il veut un **autre** portable. Tu écoutes une **autre** chanson. Il écrit d'**autres** paroles.	Il en veut un **autre**. Tu en écoutes une **autre**. Il en écrit d'**autres**.
3	CHAQUE	**Chaque** garçon est invité. **Chaque** fille est invitée.	**CHACUN** des garçons est invité. **CHACUNE** des filles est invitée.
4	CERTAIN	**Certains** garçons ont protesté. **Certaines** filles sont venues.	**Certains** ont protesté. **Certaines** sont venues.

5	MÊME	C'est le **même** texte.
		    la **même** mélodie.
		    les **mêmes** paroles.
			C'est le **même**.
			    la **même**.
			    les **mêmes**.

6	N'IMPORTE QUEL	Prends **n'importe quel** programme.
		    n'importe quelle chambre.
		    n'importe quels bulletins.
		    n'importe quelles fleurs.
			Prends **n'importe lequel**.
			    laquelle.
			    lesquels.
			    lesquelles.

7	PLUSIEURS	Elle a **plusieurs** comptes et **plusieurs** cartes de banque.	Elle en a **plusieurs**.
8	QUELQUES	Il a **quelques** billets. Ils ont **quelques** difficultés.	Il en a **quelques-uns**. Ils en ont **quelques-unes**.
9	TOUT	**tout** le temps **toute** la journée **tous** les gars **toutes** les invitées	**Tout** est fini. **Tous** sont venus. **Toutes** sont venues.

ATTENTION / **LET OP**

Quelque chose + <u>de</u> + adjectif	=	iets + bijvoeglijk naamwoord

C'est quelque chose   **de** facile.
    de bon.
    de grand.
		Het is iets gemakkelijks.
		    lekkers.
		    groots.

Quelqu'un + <u>de</u> + adjectif	=	een + bijvoeglijk naamwoord + iemand

Voilà quelqu'un   **d'**important
    de gentil
    de célèbre
		Daar heb je een belangrijk iemand.
		    vriendelijk iemand.
		    beroemd iemand.

9 L'adjectif numéral

9.1 Les nombres cardinaux

102

0	zéro	15	quinze	40	quarante
1	un, une	16	seize	41	quarante **et** un(e)
2	deux	17	dix-sept [sɛt]	42	quarante-deux
3	trois	18	dix-huit	…	
4	quatre	19	dix-neuf	50	cinquante
5	cinq°			51	cinquante **et** un(e)
6	six°	20	vingt	52	cinquante-deux
7	sept [sɛt]	21	vingt **et** un(e)	…	
8	huit°	22	vingt-deux	60	soixante
9	neuf	…		61	soixante **et** un(e)
10	dix°	30	trente	62	soixante-deux
11	onze	31	trente **et** un(e)	…	
12	douze	32	trente-deux	80 = 4 x 20	quatre-vingts
13	treize	…		81	**quatre-vingt-un(e)**
14	quatorze			82	quatre-vingt-deux

° Prononciation devant un nom qui commence par une consonne: cin~~q~~ livres, si~~x~~ pages, hui~~t~~ CD, di~~x~~ photos

103

FRANCE		BELGIQUE / SUISSE
70 = 60 + 10	soixante-dix	septante
71 = 60 + 11	soixante **et** onze	septante **et** un
72 = 60 + 12	soixante-douze	septante-deux
73 = 60 + 13	soixante-treize	septante-trois
90 = 80 + 10	quatre-vingt-dix	nonante
91 = 80 + 11	quatre-vingt-onze	nonante **et** un
92 = 80 + 12	quatre-vingt-douze	nonante-deux
93 = 80 + 13	quatre-vingt-treize	nonante-trois

104

100	cent	200	deux cents
101	**cent un(e)**	249	deux cent quarante-neuf
179	cent soixante-dix-neuf	508	cinq cent huit
1 000	mille [mil]	2 000	deux mille
1 001	**mille un(e)**	2004	deux mille quatre
1 100	mille cent / onze cents	14 000	quatorze mille

1780	mille sept cent quatre-vingts / dix-sept cent quatre-vingts
1800	mille huit cents / dix-huit cents
1992	mille neuf cent quatre-vingt-douze / dix-neuf cent quatre-vingt-douze
2010	deux mille dix

1 000 000	un million [miljɔ̃]	9 600 000	neuf millions six cent mille
1 000 000 000	un milliard [miljaʁ]	3 200 000 000	trois milliards deux cent millions

ATTENTION

deux <u>millions</u> **d'**euros
cinq <u>millions</u> et demi **de** voyageurs
six <u>milliards</u> **d'**habitants sur terre
= **substantifs** (peuvent avoir un pluriel)

LET OP

twee <u>miljoen</u> euro
vijf en een half <u>miljoen</u> reizigers
zes <u>miljard</u> inwoners op aarde
= zelfstandige naamwoorden in 't Frans.
(kunnen in het meervoud staan)

VOIR AUSSI demi, n° 51

RÈGLES

1 Emploi du trait d'union*

→ sous 100
→ pas avec «et»

vingt-deux, quarante-cinq,
quatre-vingts
deux cent soixante-dix-sept
vingt et un, trente et un

Gebruik van het koppelteken

→ alleen onder de 100
→ niet met «et»

2 Devant un substantif féminin

Il y a vingt et **une** photos dans cet album.
Elle a posé trente et **une** questions à l'accusé.
C'est un petit livre de **cent une** pages.

Voor een vrouwelijk zn.

Er staan 21 foto's in dit album.
Ze heeft 31 vragen gesteld aan de beschuldigde.
Het is een boekje van 101 bladzijden.

3 Vingt et cent
+ s quand 20 ou 100 sont - multipliés **et**
                          - à la fin du nombre

+ s indien vermenigvuldigd **en**
op het einde van het telwoord

24	vingt-quatre	120 cent vingt
80 (= 4 x 20)	quatre-vingt**s**	200 deux cent**s**
83	quatre-vingt-trois	539 cinq cent trente-neuf

4 Million et milliard
au pluriel, on ajoute un s: ce sont des substantifs.

+ s in het meervoud: het zijn zelfstandige naamwoorden.

un million, deux million**s** six cent mille
des million**s**, deux milliard**s**

*Nouvelle orthographe, n° 379

9.2 Les nombres ordinaux

9.2.1 Formation

nombre cardinal + ième		cas particuliers		
2ᵉ	deuxième	4ᵉ	(quatre)	→ quatrième
3ᵉ	troisième	11ᵉ	(onze)	→ onzième
6ᵉ	sixième	30ᵉ	(trente)	→ trentième
7ᵉ	septième [sɛt]			
8ᵉ	huitième	5ᵉ	(cin**q**)	→ cin**qu**ième
10ᵉ	di**x**ième	9ᵉ	(neu**f**)	→ neu**v**ième
20ᵉ	vingtième	21ᵉ	(vingt et un)	→ vingt et un**ième** (prononcez {**une**})
100ᵉ	centième	29ᵉ	(vingt-neu**f**)	→ vingt-neu**v**ième

ATTENTION

			LET OP
1ᵉʳ	**premier** (+ masculin)	au premier rond-point	aan de eerste rotonde
1ʳᵉ	**première** (+ féminin)	la première rue à gauche	de eerste straat links
2ᵉ	**deuxième**	au deuxième étage	op de tweede verdieping
	second(e)	à la seconde rangée	op de tweede rij
les **trois premiers** coureurs		← verschil! →	de <u>eerste drie</u> wielrenners

9.2.2 La date

le **premier** mars
le deux septembre   ← verschil! →
le vingt mai

de <u>eerste</u> maart
de <u>tweede</u> september
de <u>twintigste</u> mei

107 | 9.3 Les collectifs (= substantifs)

une dizaine	een tiental	des dizaines de chiens	tientallen mensen
une douzaine	een dozijn	trois douzaines d'œufs	drie dozijn eieren
une centaine	een honderdtal	des centaines d'arbres	honderden bomen
un millier	een duizendtal	des milliers de voitures	duizenden auto's
un million	een miljoen	des millions d'enfants	miljoenen kinderen
un milliard	een miljard	des milliards de pauvres	miljarden armen

108 | 9.4 Les fractions

1/2	un(e) demi- la moitié	een halve de helft	1/2 kg J'ai vu la moitié du film.	un demi-kilo	een halve kilo Ik heb de helft van de film gezien
1/3	un tiers	één derde	1/3 l	un tiers de litre	één derde liter
2/3	deux tiers	twee derde			
1/4	un quart	één vierde	1/4 h	un quart d'heure	een kwartier
3/4	trois quarts	drie kwart			
1/5	un cinquième	één vijfde	4/5	quatre cinquièmes (pluriel)	vier vijfde
1/10	un dixième	één tiende	6/10	six dixièmes (pluriel)	zes tiende
1/100	un centième	één honderdste	20/100	vingt centièmes (pluriel)	twintig honderdste

ATTENTION Anderhalve kilo = un kilo et demi
VOIR AUSSI Les nombres ordinaux, n° 106, demi, n° 51

109 | 9.5 L'heure

Il est … / à … / vers …		Het is … / om … / omstreeks …
une heure	1 h 00	une heure du matin (één uur in de ochtend)
deux heures	2 h 00	deux heures pile (precies twee uur)
deux heures cinq	2 h 05	
trois heures dix	3 h 10	
quatre heures quinze	4 h 15	quatre heures et quart (kwart over vier)
cinq heures vingt	5 h 20	
six heures vingt-cinq	6 h 25	
sept heures trente	7 h 30	sept heures et demie (halfacht)
huit heures trente-cinq	8 h 35	neuf heures moins vingt-cinq
dix heures quarante	10 h 40	onze heures moins vingt
onze heures quarante-cinq	11 h 45	midi moins le quart
douze heures	12 h	midi (middag)
douze heures cinquante	12 h 50	une heure moins dix (de l'après-midi)
quatorze heures cinquante-cinq	14 h 55	trois heures moins cinq (de l'après-midi)
dix-neuf heures	19 h	sept heures du soir
vingt heures	20 h	huit heures du soir
vingt-deux heures	22 h	dix heures du soir
zéro heure	0 h	minuit (middernacht)
Pour un horaire précis (programme, train, bus, avion …) on emploie de préférence les nombres exacts.		Dans le langage de tous les jours on emploie les expressions courantes.
Voor een precieze tijdsmelding (programma, trein, bus, vliegtuig …) gebruiken we bij voorkeur de exacte getallen.		In de dagelijkse omgangstaal gebruiken we de courante uitdrukkingen.

ATTENTION
«heure», «minute» sont du féminin

01 h 30	une heure et **demie**	halftwee	03 h 01	trois heures **une**	
10 h 30	dix heures et **demie**	halfelf	21 h	vingt et **une** heures	
12 h 30	midi et **demi**	halfeen	05 h 41	cinq heures quarante et **une**	
0 h 30	minuit et demi	halfeen	08 h 31	huit heures trente et **une**	

VOIR AUSSI l'accord de «demi», n° 51 (2)

10 La préposition

10.1 Du français au néerlandais

de	Nicolas	van	Nicolas
sur	Internet	op	Internet
sous	le pont	onder	de brug
devant	la porte	voor	de deur
derrière	la tente	achter	de tent
dans	la vallée	in	de vallei
entre	les arbres	tussen	de bomen
contre	le mur	tegen	de muur
à gauche de	la forteresse	links van	de burcht
à droite de	la boulangerie	rechts van	de bakkerij
à côté de	la bibliothèque	naast	de bibliotheek
près de	la discothèque	bij	de discotheek
loin de	la fête	ver van	het feest
en face de	la boutique	rechtover	de winkel
au coin de	l'avenue	op de hoek van	de laan
au bout de	la rue	op het einde van	de straat
au milieu de	l'océan	in het midden van	de oceaan
au fond de	la galerie	achteraan (in)	de galerij
dès / à partir de	29 euros	vanaf	29 euro
dès	mon retour	(onmiddellijk) na	mijn terugkeer
depuis	dimanche	sinds	zondag

AVEC — met

Je pars **avec** ma voisine.
Elle va à la fête **avec** Fabien.
Ils bavardent **avec** les touristes.
J'ai cassé ça **avec** le marteau.
Il achète un scooter **avec** son argent de poche.
Elle s'est mariée **avec** son ami d'enfance.
Nous allons à une fête **avec** nos copains.

Ik ga weg met mijn buurvrouw.
Ze gaat naar het feest met Fabien.
Ze praten met de toeristen.
Ik heb dat gebroken met de hamer.
Hij koopt een scooter met zijn zakgeld.
Ze is getrouwd met haar jeugdvriend.
We gaan naar een feestje met onze vrienden.

POUR — voor / om te

Voilà le cadeau **pour** Julien.
Je n'ai rien **pour** écrire.
Elle reste **pour** quelque temps.
Elle achète un nounours **pour** sa petite-fille.
C'est un label spécial **pour** les fruits bio.

Dat is het geschenk voor Julien.
Ik heb niets om te schrijven.
Ze blijft voor een tijdje.
Ze koopt een beertje voor haar kleindochter.
Het is een speciaal label voor biologisch fruit.

AVANT — vóór (tijd)
APRÈS — na
PENDANT — tijdens (in)
VERS — omstreeks

Il va venir **avant** Halloween.
Elle téléphone **pendant** la pause.
Laissez un message **après** le signal sonore.
Nous serons là **vers** trois heures.

Hij zal komen vóór Halloween.
Ze telefoneert in de pauze.
Laat een bericht achter na de bieptoon.
We zullen daar omstreeks drie uur zijn.

À — naar, aan, met, te, in, om

Elle habite à la mer? Non, **à** la campagne.
Tu as mal à la jambe ou **au** genou?
J'arrive **au** lycée à 8 h 20.
Ce site est consacré **à** la chanson française.

Woont ze aan zee? Nee, op het platteland.
Heb je pijn aan je been of aan je knie?
Ik kom op school om 8 u 20.
Die site is gewijd aan het Franse chanson.

| 115 | **AUX** | **niet vertaald in sommige uitdrukkingen** |

la foire **aux** vins — de wijnbeurs
le marché **aux** légumes — de groentenmarkt
le marché **aux** puces — de vlooienmarkt
la bourse **aux** plantes — de plantenbeurs
la bourse **aux** loisirs — de vrijetijdsbeurs

| 116 | **DE** | **van / uit / …** |

un an **de** recherches — één jaar opzoekingswerk
le disque dur **de** l'ordinateur — de harde schijf van de computer
la leçon **de** ski — de skiles
le cours **d'**informatique — de cursus informatica
le prof **de** grec — de leraar Grieks
la ville **de** Reims — de stad Reims
un programme **de** protection de l'eau — een programma voor waterbescherming
Je vous remercie **de** votre attention. — Dank voor jullie aandacht.
Le train **de** Berlin a du retard. — De trein uit Berlijn heeft vertraging.

| 117 | **ATTENTION** | **LET OP** |

Pour indiquer le pays d'origine:
- **pays féminin** → «de»
- **pays commençant par une voyelle** → «d'»

Om het land van oorsprong aan te duiden:
- **vrouwelijk land**
- **land dat begint met een klinker**

Ce riz vient **de** France. — Deze rijst komt uit Frankrijk.
Je préfère les vins **d'**Italie. — Ik verkies Italiaanse wijnen.
Ces voyageurs reviennent **de** Finlande. — Deze reizigers komen terug uit Finland.
Ce tapis vient **d'**Iran. — Dit tapijt komt uit Iran.

- **pays masculin commençant par une consonne** → «du»
- **pays pluriel** → «des»

- **mannelijk land dat begint met een medeklinker**
- **land in het meervoud**

Voilà le vin **du** Chili. — Dat is de wijn van Chili.
Nous rentrons **du** Danemark. — We komen terug thuis uit Denemarken.
Cette mode arrive **des** États-Unis. — Deze mode komt uit de Verenigde Staten.

VOIR AUSSI Le genre, n° 24

54

10.2 Du néerlandais au français

| IN + | maand
(leer)jaar
seizoen | EN + | le mois
l'année (scolaire)
la saison | 118 |

in juni, in 2020
in het zesde jaar
in de zomer, in de herfst, in de winter
in de lente

en juin, **en** 2020
en sixième année
en été, **en** automne, **en** hiver
au printemps

IN + eeuw

AU + siècle

in de XVIe eeuw

au XVIe siècle (seizième)

IN + tijdsduur

EN + durée   119

Ik lees dat boek in één dag.
Hij kon zwemmen in drie weken.
Wij ontbijten in 10 minuten.

Je lis ce livre **en** un jour.
Il savait nager **en** trois semaines.
Nous déjeunons **en** dix minutes.

IN + een vak, een wetenschap

EN + une branche, une science   120

Ze is sterk in wiskunde.
Hij is gespecialiseerd in ecologie.

Elle est forte **en** maths.
Il est spécialisé **en** écologie.

IN / NAAR + een stad, een dorp

À + une ville, un village   121

Ik logeer in Beaune op weg naar het Zuiden.
Gaan jullie naar Riga?
Woon jij in Namen?
We vertrekken naar Stockholm.

Je loge **à** Beaune en route vers le Midi.
Vous allez **à** Riga?
Tu habites **à** Namur?
Nous partons **à** Stockholm.

IN / NAAR + een land / werelddeel

Devant un pays / un continent   122

voor een vrouwelijke naam
Ze woont in Polen.
Ze gaan naar Afrika.

EN devant un nom féminin
Elle habite **en** Pologne.
Ils vont **en** Afrique.

voor een mannelijke naam die begint met een klinker
De journalist gaat naar Irak.
Woont hij in Israël?

EN devant un nom masculin qui commence par une voyelle
Le journaliste va **en** Irak.
Il habite **en** Israël?

voor een mannelijke naam die begint met een medeklinker
Stuur je dat pakje naar Portugal?
Ze wonen in Congo.

AU devant un nom masculin qui commence par une consonne
Tu envoies ce paquet **au** Portugal?
Ils habitent **au** Congo.

voor een naam in het meervoud
Ze vertrekt naar de Verenigde Staten
Ze wonen in Nederland.

AUX devant un nom pluriel
Elle part **aux** États-Unis.
Ils habitent **aux** Pays-Bas.

VOIR AUSSI Le genre, n° 24
L'article défini en français, n° 39 (d)

| 123 | IN / NAAR + Frans departement + Belgische provincie | Devant un département français une province belge |

- voor een vr. samengestelde naam met ET

De natuur is mooi in Saône-et-Loire.
Er zijn overstromingen in Indre-et-Loire.

- EN + nom féminin composé avec ET

La nature est belle **en** Saône-et-Loire.
Il y a des inondations **en** Indre-et-Loire

- in de andere gevallen

Ze heeft een rondrit gemaakt in de Hérault.
Zijn vakantiewoning ligt in de Lot-et-Garonne.
We hebben verbleven in de Bouches-du-Rhône.
Grignan ligt in de Drôme.
Er zijn prachtige meren in Henegouwen.
De buren hebben een chalet in Luxemburg.

- dans les autres cas: DANS + article + nom

Elle a fait un tour **dans l'**Hérault.
Sa maison de vacances est **dans le** Lot-et-Garonne.
On a séjourné **dans les** Bouches-du-Rhône.
Grignan se trouve **dans la** Drôme.
Il y a des lacs magnifiques **dans le** Hainaut.
Les voisins ont un chalet **dans la province de** Luxembourg.

| 124 | IN / NAAR + regio | Devant un nom de région |

Praktische regel:

«EN» + vrouwelijke naam

We hebben veel familie in Wallonië.
Chablis ligt in Bourgondië.

Règle pratique:

EN + nom féminin

Nous avons beaucoup de famille **en** Wallonie.
Chablis est située **en** Bourgogne.

DANS LE(S) + mannelijke naam

George Sand heeft in de Berry gewoond.
We brengen ons verlof door in de Languedoc.
Ben je al in de Pays de la Loire geweest?

DANS LE(S) + nom masculin

George Sand a vécu **dans le** Berry.
Nous passons nos vacances **dans le** Languedoc.
Tu as déjà été **dans les** Pays de la Loire?

| 125 | IN / NAAR / OP + een eiland / eilandengroep | Devant une île / un archipel |

- voor een eiland met lidwoord

Ze droomt van een huis in Sicilië.
Ze gaat nu naar Corsica.
Ze wonen op Sri Lanka.

EN / AU + nom d'une île avec article (comme pour les pays)

Elle rêve d'une maison **en** Sicile. (< la Sicile)
Elle va **en** Corse maintenant. (< la Corse)
Ils habitent **au** Sri Lanka. (< le Sri Lanka)

- voor een eiland zonder lidwoord

Hij heeft een zus in Cuba.
We vertrekken morgen naar Malta.
Wanneer begint de zomer op Madagaskar?

À + nom d'une île sans article

Il a une sœur **à** Cuba. (< Cuba)
Nous partons demain **à** Malte. (<Malte)
Quand commence l'été **à** Madagascar? (< Madagascar)

- voor een eilandengroep (meervoud)

Op de Caraïben in het 25 graden in december.
Er zijn overstromingen op de Filippijnen.
We zullen een cruise doen naar de Bahamas.

AUX + nom d'un archipel au pluriel

Aux Caraïbes, il fait 25 degrés en décembre. (< les Caraïbes)
Il y a des inondations **aux** Philippines. (< les Philippines)
Nous ferons une croisière **aux** Bahamas. (> les Bahamas)

VOIR AUSSI L'article défini en français, n° 39 (d)

NAAR + plaats

Ik ga naar de kruidenierswinkel.
Ik ga naar huis.
De weg naar de bioscoop, a.u.b.?
We nemen de trein naar Aarlen.
We rijden naar het noorden. (in de richting van)

NAAR / BIJ + personen

Ik ga naar de bakker.
Ik ga naar mijn vriend.
Ze woont bij grootmoeder.
Ik ben om zes uur thuis.
Kom je bij ons thuis?
Ben je morgenavond thuis?

BIJ + bedrijven

Hij werkt bij IBM.
Er is een staking bij VW.
Je vindt dat bij Bio-Planet.

IN bij uitdrukkingen

Ze gelooft nog in Sinterklaas.
Geloof je in God?
Ik heb vertrouwen in je.
in één woord, in vier letters

MET + transportmiddel

Transportmiddel waarin men plaatsneemt: «en».
Ze gaan er met de TGV of met de wagen heen.
We zullen met de trein komen.
We verplaatsen ons met de step.
Komt ze met de fiets of met de motor?

MET : aan de telefoon

Hallo, met Marc Duroc.
Hallo, met Anne?
Kan ik met Magali spreken?

LET OP
MET + uitdrukkingen

Proficiat met je score!
Het begint met een gedicht.
Het eindigt met een liedje.
Zie je dat meisje met kort haar?
We zijn met z'n vieren.
De stappenteller is verbonden met de GSM.
Ben je tevreden met dat resultaat?
Hij is belast met de renovatie van haar huis.

À LA / À L' / AU / POUR / VERS + lieu — 126

Je vais à l'épicerie.
Je vais à la maison.
Le chemin pour aller au ciné, s'il vous plaît?
On prend le train pour Arlon.
Nous roulons vers le nord.

CHEZ + des personnes — 127

Je vais chez le boulanger.
Je vais chez mon copain.
Elle habite chez grand-mère.
Je suis chez moi à six heures.
Tu viens chez nous?
Tu es chez toi demain soir?

CHEZ + des entreprises — 128

Il travaille chez IBM.
Il y a une grève chez VW.
Tu trouves cela chez Bio-Planet.

À / EN dans des expressions — 129

Elle croit encore à saint Nicolas.
Tu crois en Dieu?
J'ai confiance en toi.
en un mot, en quatre lettres

À / EN + moyen de transport — 130

Moyen de transport dans lequel on prend place: «en».
Ils y vont en TGV ou en voiture.
Nous viendrons en train.
Nous nous déplaçons à trottinette.
Elle vient à vélo ou à moto?

Au téléphone — 131

Allô, ici Marc Duroc.
Allô, c'est Anne?
Puis-je parler à Magali?

ATTENTION
Des expressions

Bravo pour ton score!
Ça commence par un poème.
Ça finit par une chanson.
Tu vois cette fillette aux cheveux courts?
Nous sommes (à) quatre.
Le podomètre est connecté au portable.
Tu es content de ce résultat?
Il est chargé de la rénovation de sa maison.

132 OP | À, DANS, EN …

Hoe laat kom je op school aan?	À quelle heure arrives-tu à l'école?
Ze koopt boter op de hoeve.	Elle achète du beurre à la ferme.
Die koffer staat op zolder.	Ce coffre est dans le grenier.
Ze woont op de hoek van de straat.	Elle habite au coin de la rue.
Het restaurant is op het einde van de laan.	Le restaurant est au bout de l'avenue.
Ze komen op tijd aan.	Ils arrivent à l'heure.
Laten we drinken op je gezondheid!	Buvons à ta santé!
Antwoord op die vraag.	Réponds à cette question.
We gaan niet op reis.	Nous n'allons pas en voyage.
Dat woord eindigt op een t.	Ce mot finit par un t.
Hij is verliefd op Nancy.	Il est amoureux de Nancy.
Je mag fier zijn op jouw inzet.	Tu peux être fière de ton engagement.
Vincent is geboren op 14 januari.	Vincent est né le 14 janvier.

133 OVER (inhoud) | SUR

Het is een uitzending over Antarctica.	C'est une émission sur l'Antarctique.
Ik lees een boek over de watervervuiling.	Je lis un livre sur la pollution de l'eau.
Hij schrijft een artikel over drugs.	Il écrit un article sur la drogue.

134 TOT (bij afscheid) | À (quand on se quitte)

tot straks, tot vanavond	à tout à l'heure, à ce soir
tot morgen, tot zondag	à demain, à dimanche
tot volgende week	à la semaine prochaine
tot ziens, tot genoegen	au revoir, au plaisir

135 TOT (AAN) (afstand / duur) | JUSQUE / JUSQU' + préposition / adverbe (distance, durée)

Hij fietst tot aan de bank.	Il va à vélo jusqu'à la banque.
Ga tot aan de lichten.	Allez jusqu'aux feux.
We zijn tot aan het kruispunt geweest.	Nous avons été jusqu'au carrefour.
Ze heeft vrij tot woensdag.	Elle est libre jusqu'à mercredi.
Hij werkt tot vanavond.	Il travaille jusqu'à ce soir.
Ze slapen tot 9 uur.	Ils dorment jusqu'à 9 heures.
Die trein rijdt tot in Hongarije.	Ce train va jusqu'en Hongrie.
Je mag parkeren tot voor de post.	On peut stationner jusque devant la poste.
Ze gaat tot bij haar nicht.	Elle va jusque chez sa cousine.
Tot waar rijden ze? Tot Dijon.	Jusqu'où roulent-ils? Jusqu'à Dijon.
Ik kort je rok in, tot hier of tot daar?	Je raccourcis ta jupe jusqu'ici ou jusque-là?
Tot dan is ze afwezig geweest.	Elle a été absente jusqu'alors.

136 BINNEN / OVER (tijd) | DANS (temps)

Kom binnen een uur terug.	Reviens dans une heure.
Hij heeft verlof binnen veertien dagen.	Il a congé dans quinze jours.
We zullen binnen een maand vertrekken.	Nous partirons dans un mois.
Over enkele weken krijg ik het antwoord.	Je reçois la réponse dans quelques semaines.
Stuur je reactie binnen de 48 uur.	Envoie ta réaction dans les 48 heures.

VOOR / NA (tijd , rangorde)

Ze zien mekaar voor het concert.
Doe het voor vanavond.
Ze is voor mij aangekomen.

De film komt na het nieuws.
Na 10 uur is ze moe.
Na 100 meter kom je aan het toerismebureau.
Het ongeluk is gebeurd na zijn vertrek.

VOOR / ACHTER (plaats)

Parkeer niet voor de ingang.
Esteban zit voor zijn vriend.

Haar hond loopt achter het huis.
Je ticket is achter de kast gevallen.

UIT

Hij drinkt niet uit een glas, maar uit de fles.
Ik zal die datum niet uit het oog verliezen.
Doe dat uit vriendschap voor haar.
Hij neemt zijn portefeuille uit de lade.
Niet uit het raam leunen.

VOIR AUSSI pour indiquer le pays d'origine, n° 117

AVANT / APRÈS (temps, ordre) — 137

Ils se voient **avant** le concert.
Fais-le **avant** ce soir.
Elle est arrivée **avant** moi.

Le film passe **après** les nouvelles.
Après 10 heures, elle est fatiguée.
Après 100 mètres, tu arrives à l'office de tourisme.
L'accident est arrivé **après** son départ.

DEVANT / DERRIÈRE (place) — 138

Ne te gare pas **devant** l'entrée.
Esteban est assis **devant** son copain.

Son chien court **derrière** la maison.
Ton billet est tombé **derrière** l'armoire.

DANS, DE, PAR … — 139

Il ne boit pas **dans** un verre, mais **à** la bouteille.
Je ne vais pas perdre **de** vue cette date.
Fais-le **par** amitié pour elle.
Il prend son portefeuille **dans** le tiroir.
Ne pas se pencher **par** la fenêtre.

QUAND CE JOURNALISTE M'A DIT QU'IL VOULAIT ÉCRIRE UN ARTICLE SUR MOI

. J'AVAIS IMAGINÉ AUTRE CHOSE

10.3 Verbes avec préposition fixe

10.3.1 Verbe + quelque chose + à quelqu'un
quelqu'un   à quelque chose

adresser	quelque chose	à quelqu'un	iets	sturen naar iemand
annoncer	…	à …		melden aan iemand
apporter	…	à …		brengen naar
apprendre	…	à …		leren aan
avouer	…	à …		bekennen aan
cacher	…	à …		verbergen voor
confier	…	à …		toevertrouwen aan
connecter	…	à …		verbinden
demander	…	à …		vragen aan
dire	…	à …		zeggen aan
donner	…	à …		geven aan
écrire	…	à …		schrijven naar
envoyer	…	à …		sturen naar
expliquer	…	à …		uitleggen aan
montrer	…	à …		tonen aan
offrir	…	à …		schenken aan
permettre	…	à …		toelaten aan
prêter	…	à …		lenen aan
promettre	…	à …		beloven aan
raconter	…	à …		vertellen aan
refuser	…	à …		weigeren
rendre	…	à …		teruggeven aan
répondre	…	à …		antwoorden aan
servir	…	à …		opdienen aan
souhaiter	…	à …		wensen aan
téléphoner	…	à …		bellen naar
vendre	…	à …		verkopen aan
ajouter	quelque chose	à quelque chose	iets	toevoegen aan iets
préférer	quelque chose	à quelque chose	iets	verkiezen boven iets
	quelqu'un	à quelqu'un	iemand	verkiezen boven iemand
comparer	quelque chose	à quelque chose	iets	vergelijken met iets
	quelqu'un	à quelqu'un	iemand	vergelijken met iemand

10.3.2 Verbe + à quelque chose / quelqu'un

		quelque chose	/ quelqu'un	
assister	à	x		iets bijwonen
avoir recours*	à	x	x	zijn toevlucht nemen tot
avoir affaire*	à	x	x	te maken hebben met iets / iemand
faire appel*	à	x	x	een beroep doen op
faire attention*	à	x	x	letten op
jouer	à (un jeu)	x	x	spelen (een spel)
parler	à		x	praten met
participer	à	x		deelnemen aan
penser*	à	x	x	denken aan
plaire	à		x	in de smaak vallen van
recourir*	à	x	x	zijn toevlucht nemen tot
réfléchir	à	x		over iets nadenken
renoncer	à	x		afzien van
ressembler	à	x	x	gelijken op
s'abonner	à	x		zich abonneren op
s'adresser*	à	x	x	zich wenden tot

		quelque chose	/ quelqu'un	
se connecter	à	x		zich verbinden met, inloggen op
se présenter*	à	x	x	zich voorstellen aan
s'habituer*	à	x	x	wennen aan
s'intéresser*	à	x	x	belangstelling hebben voor
s'inscrire	à	x		zich inschrijven voor
servir	à	x	x	dienen tot / voor
sourire	à		x	glimlachen naar
succéder	à	x	x	volgen op, opvolgen
tenir*	à	x	x	houden aan, eraan houden dat

*VOIR AUSSI Verbes avec la forme tonique du pronom personnel, n° 185

10.3.3 Verbe + à + infinitif   142

aider	à faire	quelque chose		helpen om iets te doen
apprendre	à	x		iets leren doen
arriver	à	x		erin slagen om iets te doen
avoir	à	x		iets te doen hebben
commencer	à	x		iets beginnen te doen
continuer	à	x		doorgaan met iets
hésiter	à	x		aarzelen om iets te doen
réussir	à	x		erin slagen om iets te doen
s'habituer	à	x		gewoon worden iets te doen
se mettre	à	x		iets beginnen te doen

10.3.4 Verbe + de quelque chose / de quelqu'un   143

avoir peur	de	quelque chose	/ quelqu'un	bang zijn voor iets / iemand
avoir envie	de	x	x	zin hebben in
avoir pitié	de	x	x	medelijden hebben met
avoir besoin	de	x	x	nodig hebben
descendre	de	x	x	uitstappen / afstammen van
discuter	de	x		discussiëren over
douter	de	x	x	twijfelen aan
faire la connaissance	de	x	x	kennis maken met
faire	de (sport)	x		(een sport) beoefenen
jouer	de (instrument)	x		(een instrument) spelen
parler	de	x	x	spreken over
rentrer	de (lieu)	x		thuiskomen van
revenir	de (lieu)	x		terugkomen van
rêver	de	x	x	dromen van
rire	de	x	x	lachen met / om
s'approcher	de	x	x	naar iemand / iets toegaan
s'étonner	de	x	x	zich verwonderen over
s'excuser	de	x		zich verontschuldigen voor
s'occuper	de	x	x	zorgen voor, zich bezighouden met
se plaindre	de	x	x	klagen over
se moquer	de	x	x	spotten met
se tromper	de	x	x	zich vergissen van / in
se rendre compte	de	x		zich rekenschap geven van
se souvenir	de	x	x	zich herinneren
sortir	de (lieu)	x		komen uit
souffrir	de	x		lijden aan
tenir compte	de	x	x	rekening houden met

144   10.3.5   Verbe + de + infinitif

accepter	de	faire quelque chose	aanvaarden om iets te doen
arrêter	de	x	ophouden met
avoir horreur	de	x	een hekel hebben aan
avoir peur	de	x	bang zijn om
avoir le temps	de	x	tijd hebben om
avoir l'occasion	de	x	de gelegenheid hebben om
décider	de	x	beslissen om
demander	de	x	vragen om
dire	de	x	zeggen te
essayer	de	x	proberen / pogen om
il s'agit	de	x	het gaat erom / erover
il suffit	de	x	het volstaat om
offrir	de	x	aanbieden om
regretter	de	x	het jammer vinden om
refuser	de	x	weigeren te
risquer	de	x	riskeren / gevaar lopen te

145   10.3.6   Verbes sans préposition en français

a   VERBE + COMPLÉMENT D'OBJET DIRECT (COD)   **Werkwoord + voorzetsel (in het Nederlands)**

écouter	(une chanson)	luisteren naar	(een liedje)
regarder	(une émission)	kijken naar	(een uitzending)
aimer	(la nature)	houden van	(de natuur)
adorer	(la musique)	dol zijn op	(muziek)
attendre	(un bus, une amie)	wachten op	(een bus, een vriendin)

b   VERBE + INFINITIF   **Werkwoord + te + infinitief (in het Nederlands)**

détester	(se lever tôt)	haten	(vroeg op te staan)
préférer	(dormir)	verkiezen	(te slapen)
souhaiter	(manger)	wensen	(te eten)
désirer	(sortir)	verlangen	(uit te gaan)
il vaut mieux	(se taire)	het is beter	(om te zwijgen)

11 La conjonction

alors que	terwijl	lorsque	toen, wanneer
après que	nadat	mais	maar
assez pour	… genoeg om	ou	of
au cas où	ingeval	parce que	omdat
car	want	pendant que	terwijl
comme, puisque	aangezien	quand	wanneer / als
depuis que	sinds, sedert	que	dat
de sorte que	zodat	si*	indien / als
dès que, aussitôt que	zodra	sinon	anders
donc	dus	tandis que	terwijl
et	en		

*si → **s'**il / **s'**ils

VOIR AUSSI Conjonctions + subjonctif, n° 303.
L'expression de …, n° 367 à 376.

EXEMPLES

Nadia est toujours en forme, **alors que** son frère est toujours malade.
Il part **après que** le facteur est venu.
Il est **assez** intelligent **pour** comprendre.
Téléphone-moi, **au cas où** il y aurait un problème.
Pars à temps, **car** le train n'attend pas.
Comme / **Puisque** le train était en panne, ils sont venus en bus.

Depuis qu'il fait beau, nous allons au boulot à vélo.

Il est parti à l'heure, **de sorte qu'**il est arrivé à temps au rendez-vous.

Dès qu'il neige, la circulation est perturbée.
Partons, **aussitôt que** nous aurons l'adresse.
Il y a un problème, cherchons **donc** une solution.
Il achète une planche à roulettes **et** les accessoires.
Lorsqu'il viendra, je lui dirai tout.
Moi, j'aime les frites, **mais** sans sel.
Tu bois de l'eau **ou** de la bière?
Elle ne fume pas, **parce que** c'est mauvais.
Elle lit **pendant que** je regarde la télé.
Quand je dis non, c'est non.
Je crois **que** son père est mort.
Si tu viens, je serai très contente.
Tu dois t'arrêter au feu rouge, **sinon** tu risques une amende.

Tandis qu'elle travaillait à l'ordinateur, son mari lisait un roman.

Nadia is altijd in vorm, terwijl haar broer vaak ziek is.
Hij vertrekt nadat de postbode gekomen is.
Hij is knap genoeg om het te begrijpen.
Telefoneer me, ingeval er een probleem zou zijn.
Vertrek op tijd, want de trein wacht niet.
Aangezien de trein pech had, zijn ze met de bus gekomen.
Sinds het mooi weer is, gaan we met de fiets naar het werk.
Hij is stipt vertrokken, zodat hij tijdig op de afspraak was.
Zodra het sneeuwt, is het verkeer in de war.
Laten we vertrekken, zodra we het adres hebben.
Er is een probleem, laat ons dus een oplossing zoeken.
Hij koopt een skateboard en het toebehoren.
Als hij komt, zal ik hem alles zeggen.
Ik hou van frieten, maar zonder zout.
Drink je water of bier?
Ze rookt niet, omdat het slecht is.
Ze leest terwijl ik TV kijk.
Als ik nee zeg, is het nee.
Ik denk dat zijn vader dood is.
Als je komt, zal ik heel blij zijn.
Je moet stoppen aan het rood licht, anders riskeer je een boete.
Terwijl ze met de computer werkte, las haar man een boek.

12 L'adverbe

12.1 Adjectif ou adverbe?

a

| Avec un substantif: un ADJECTIF (variable) Avec un verbe / un adjectif / un adverbe → un ADVERBE (toujours invariable) | Bij een zelfstandig nw: een bijvoeglijk nw. (veranderlijk) Bij een ww., een bn., een bw.: een bijwoord (altijd onveranderlijk) |

ADJECTIF

Elle a une voiture **lente**.
J'ai un copain **sérieux**.
Ce sont des phrases **claires**.
Voilà un **bon** nageur.
Nadine est une **mauvaise** danseuse.

ADVERBE

Elle roule **lentement**.
Il répond **sérieusement**.
Parlez **clairement**.
Jean nage **bien**.
Elle danse **mal**.

ADVERBE

Elle est **vraiment** lente.
Il est **très** sérieux.
Vous parlez **trop** vite.
Il nage **assez** bien.
Elle danse **plutôt** mal.

b

| Avec être, paraître, sembler, rester, devenir (= verbes copules) → un ADJECTIF (est attribut dans la phrase) | Bij zijn, lijken, blijken, blijven, worden (= koppelwerkwoorden) → een BIJVOEGLIJK NAAMWOORD (is naamwoordelijk deel van het gezegde in de zin) |

Cette femme est **nerveuse**.
Ce chien paraît **docile**.
Cette vendeuse semble **gentille**.
Ces arbres deviennent **grands**.

Die vrouw is zenuwachtig.
Die hond lijkt volgzaam.
Die verkoopster lijkt vriendelijk.
Die bomen worden groot.

c

| Avec rendre, trouver, croire quelqu'un / quelque chose → UN ADJECTIF | Bij maken, vinden, geloven (in uitdrukkingen) → een BIJVOEGLIJK NAAMWOORD |

Cette musique rend Laila **heureuse**.
Je trouve ces exercices **difficiles**.
Je crois ces garçons **intelligents**.

Die muziek maakt Laila gelukkig.
Ik vind die oefeningen moeilijk.
Ik geloof dat die jongens verstandig zijn.

12.2 Adverbes de manière

12.2.1 L'adverbe en –ment

a

| Règle générale pour former l'adverbe: féminin de l'adjectif + ment = adverbe | vrouwelijke vorm van bn. + ment = bijwoord |

adj. masc.	→	adj. fém.	→	adverbe (invariable)	
doux	→	douce	→	**doucement**	zacht
habituel	→	habituelle	→	**habituellement**	gewoon(lijk)
actif	→	active	→	**activement**	actief
gratuit	→	gratuite	→	**gratuitement**	gratis

Ce robot est **particulièrement** pratique.
Il vous permettra d'être **parfaitement** organisé.
C'est un prix **exceptionnellement** bas.
Récupérez **rapidement** le montant du prix d'achat.
Vous recevrez ces magazines **gratuitement** pendant deux mois.

Deze robot is bijzonder praktisch.
Hij zal u toelaten perfect georganiseerd te zijn.
Dit is een uitzonderlijk lage prijs.
Krijg snel het aankoopbedrag terug.
U zult deze tijdschriften gratis ontvangen gedurende twee maanden.

b

| Adjectif en -ent → adverbe en -emment |||| Bn. dat eindigt op -ent → bw. op -emment |
| -ant → adverbe en -amment |||| -ant → bw. op -amment |

adjectif masculin -ent → emment [am]				adjectif masculin -ant → amment	
évident	→ évidemment	natuurlijk, vanzelfsprekend	abondant	→ abondamment	overvloedig
prudent	→ prudemment	voorzichtig	brillant	→ brillamment	schitterend
récent	→ récemment	onlangs	constant	→ constamment	voortdurend
violent	→ violemment	hevig	courant	→ couramment	vlot
			suffisant	→ suffisamment	voldoende

MAIS
lent(e) → lentement

MAAR
traag

c

| Adjectif qui se termine par une VOYELLE: | Het bijvoeglijk naamwoord dat eindigt op een KLINKER: |
| → adjectif masculin + ment = adverbe | → mannelijke vorm van bn. + ment |

absolu	→ absolument	absoluut
poli	→ poliment	beleefd
vrai	→ vraiment	echt
décidé	→ décidément	beslist
résolu	→ résolument	vastberaden
forcé	→ forcément	noodgedwongen

ATTENTION
Adverbes qui suivent la règle générale
fou → follement
gai → gaiement*

LET OP
Volgens de algemene regel
gek, dol
vrolijk

* Nouvelle orthographe, n° 390

d

Formes spéciales		Speciale vormen
bref	→ brièvement	kort
grave	→ gravement	ernstig
	grièvement blessé	ernstig gewond
gentil	→ gentiment	vriendelijk
journalier	→ journellement	dagelijks
aveugle	→ aveuglément	blind
énorme	→ énormément	enorm
intense	→ intensément	intens
précis(e)	→ précisément	precies
profond(e)	→ profondément	diep

ATTENTION
On ne peut pas former un
adverbe en -ment avec tous les adjectifs.

LET OP
Je kan niet met alle bijvoeglijke nw. een
bijwoord op -ment vormen.

intéressant → Il l'explique **de manière** intéressante.
distingué → Il s'habille **de façon** distinguée.

Hij legt het op een interessante manier uit.
Hij kleedt zich voornaam.

12.2.2 Autres adverbes de manière

ainsi	zo, op die manier	plutôt	liever, eerder
bien, mieux	goed, beter	tout à fait	helemaal
ensemble	samen	vite	snel
mal	slecht	volontiers	graag

Il conduit **plutôt** dangereusement.
Ainsi finit leur aventure.
Il travaille **vite**. Mais est-ce qu'il travaille **bien**?

Hij rijdt eerder gevaarlijk.
Zo eindigt hun avontuur.
Hij werkt snel. Maar werkt hij goed?

150   12.2.3   Emplois particuliers

a   Parfois un adjectif est employé comme adverbe. Il est alors invariable (= masculin singulier).

Soms gebruik je een bn. als bijwoord. Het is dan onveranderlijk (= mannelijk enkelvoud).

bas	parler bas	stil spreken		**frais**	sentir frais	fris / vers ruiken
	tomber bas	laag vallen		**fort**	frapper fort	hard kloppen / slaan
	voler bas	laag vliegen			crier fort	hard roepen
bon	sentir bon	lekker ruiken			chanter fort	luid zingen
	il fait bon	het is goed weer / het is gezellig			sentir fort	fel ruiken
					tousser fort	fel hoesten
cher	tenir bon	volhouden		**haut**	parler haut	luid spreken
	coûter cher	veel kosten			voler haut	hoog vliegen
	payer cher	duur betalen		**juste**	chanter juste	juist zingen
clair	voir clair	helder / klaar zien			deviner juste	juist raden
court	couper court	het kort maken			voir juste	klaar zien (in iets)
droit	aller droit	rechtdoor gaan		**lourd**	peser lourd	veel wegen
	écrire droit	recht schrijven		**mauvais**	sentir mauvais	slecht ruiken
dur	travailler dur	hard werken			il fait mauvais	het is slecht weer
faux	chanter faux	vals zingen		**net**	s'arrêter net	plots stoppen

151

b   BIEN, MAL, MIEUX sont parfois employés comme adjectifs.
Je connais son patron. C'est un type **bien**.
Cette jeune actrice n'est pas **mal**.
Ces émissions sont vraiment **bien**, tu sais.
On est **bien** ici, hein?
Oui, nous sommes **mieux** ici que là.

BIEN, MAL, MIEUX worden soms als bn. gebruikt.
Hij is goed / eerlijk / betrouwbaar …
Zij is aardig / tof / knap …
Deze uitzendingen zijn echt tof …
We zitten hier goed / gezellig, nietwaar?
Ja, 't is hier gezelliger dan daar.

ATTENTION
se sentir mal / bien (= adverbe invariable)
Elle se sent **bien** en ta compagnie.
Tu te sens **mal**? Non, je me sens **bien**.

LET OP
zich goed / slecht voelen (= bijwoord)
Zij voelt zich goed bij jou.
Voel je je slecht? Nee, ik voel me goed.

MAIS
Se sentir + adjectif
Elle se sent **seule** aujourd'hui.
Nous nous sentons **tristes** ce soir.
Tu te sens **fatiguée**?
Oui, et je me sens **stressée**.

MAAR
zich … voelen of zijn (+ bn.)
Ze voelt zich eenzaam vandaag.
We zijn droevig vanavond.
Ben je vermoeid?
Ja, en ik ben gespannen.

152   12.3   Adverbes de lieu

ici	hier	**loin**	ver
là (là-bas)	daar	**plus loin**	verder
à droite	rechts	**dehors**	buiten
à gauche	links	**à l'extérieur**	buiten
en haut	boven	**à l'intérieur**	binnen
en bas	beneden	**dedans**	erin
à côté	ernaast	**derrière**	achteraan / erachter
en face	aan de overkant	**devant**	vooraan / ervoor
au milieu	in 't midden	**dessous**	onderaan / eronder
au fond	achteraan	**dessus**	bovenaan / erboven
au coin	op de hoek	**autour**	errond
au bout	op het einde	**partout**	overal
près	dichtbij	**çà et là**	hier en daar
tout près	vlakbij	**par-ci, par-là**	hier en daar
plus près	dichter		

L'ascenseur est **ici**. **Là**, c'est l'escalier.
En haut, vous trouverez la salle de bains.
À côté, ce sont les toilettes.
En face, c'est la salle à manger.
L'escalator est **au fond**.
L'arrêt du bus est **au coin**.
La mer est **tout près**. Le port n'est pas **loin**.

De lift is hier. Daar is de trap.
Boven vinden jullie de badkamer.
Ernaast zijn de toiletten.
Aan de overkant is de eetkamer.
De roltrap is achteraan.
De bushalte is op de hoek.
De zee is vlakbij. De haven is niet ver.

12.4 Adverbes de temps — 153

hier	gisteren	**tout d'abord**	eerst en vooral
avant-hier	eergisteren	**d'abord**	eerst
aujourd'hui	vandaag	**puis**	dan, daarna
demain	morgen	**alors**	dan
après-demain	overmorgen	**ensuite**	vervolgens
enfin	eindelijk	**tantôt**	straks
après	daarna	**bientôt**	binnenkort
avant	eerder	**tout à l'heure**	straks
tout de suite	onmiddellijk	**déjà**	al
immédiatement	meteen	**encore**	nog
longtemps	lang	**tantôt**	daarnet, zoëven
de temps en temps	nu en dan	**autrefois**	vroeger
parfois	soms	**depuis**	sindsdien
souvent	dikwijls	**maintenant**	nu
toujours	altijd	**à présent**	nu
tout le temps	voortdurend	**tôt / plus tôt**	vroeg / vroeger
ne … jamais	nooit	**tard / plus tard**	laat / later

Hier, il a neigé. **Aujourd'hui**, il gèle.
D'abord sonner, **puis** entrer.
Parfois, il y a du soleil. Il pleut **souvent**.
Ils finissent **bientôt**. Il est déjà **tard**.
Nous partons **maintenant**, reviens **plus tard**.
Je te vois **tout à l'heure**. Nous dînons **après**.
Réponds-moi **tout de suite**. Il n'est pas trop **tôt**.
Ils dorment **longtemps**. Ils se lèvent **tard**.

Gisteren heeft het gesneeuwd. Vandaag vriest het.
Eerst bellen, daarna binnengaan.
Soms is er zon. Het regent vaak.
Ze stoppen weldra. Het is al laat.
We vertrekken nu, kom later terug.
Ik zie je straks. We eten daarna.
Antwoord me onmiddellijk. Het is niet te vroeg.
Ze slapen lang. Ze staan laat op.

12.5 Adverbes de quantité — 154

combien	hoeveel	**si peu**	zo weinig
beaucoup	veel	**vraiment peu**	heel weinig
trop	te (veel)	**tout à fait**	helemaal
tant	zoveel	**au moins**	tenminste
autant	evenveel	**ne … que**	slechts, maar
tellement, si	zoveel, zodanig, zo	**moins**	minder
plus	meer	**en plus**	bovendien
assez	genoeg	**à peine**	nauwelijks
peu	weinig	**davantage**	meer, langer
trop peu	te weinig	**plus ou moins**	min of meer

Elle a vendu **beaucoup** ce matin.
Elle soupire **beaucoup**.
On voyage **très peu**.
Combien ça fait? 250 euros.
Tu rêves **trop**, agis **davantage**.
J'en ai **assez**.
Il y a **plus** d'accidents le week-end.
On reçoit **très peu** d'échantillons gratuits.
Combien d'exemplaires voulez-vous?

Ze heeft veel verkocht deze morgen.
Ze zucht veel.
We reizen heel weinig.
Hoeveel is dat? € 250
Je droomt te veel, kom meer in actie.
Ik heb er genoeg van.
Er zijn meer ongevallen in het weekend.
We krijgen heel weinig gratis staaltjes.
Hoeveel exemplaren willen jullie?

ATTENTION			LET OP
tant / **autant** + un verbe			zoveel / evenveel (met een werkwoord)
tant de / **autant de** + un substantif			zoveel / evenveel (met een zelfstandig nw.)
si / **aussi** + un adjectif			zo … / even … (met een bijvoeglijk nw.)

J'ai **tant** nagé hier!
Elle a **autant** nagé **que** moi.   = vergelijking

Ik heb gisteren zoveel gezwommen!
Ze heeft evenveel gezwommen als ik.

Ce réfugié a **tant de** soucis!
Il a **autant de** problèmes **que** son voisin.   = vergelijking

Die vluchteling heeft zoveel zorgen!
Hij heeft evenveel problemen als zijn buurman.

Cette chambre d'hôte est **si** spacieuse!
Elle est **aussi** belle **que** sur la photo.   = vergelijking

Die gastenkamer is zo ruim!
Ze is even mooi als op de foto.

12.6 Adverbes variés

alors	welnu , wel	de nouveau	opnieuw, nog eens
au fond	eigenlijk	du moins	tenminste
aussi	ook, even	par conséquent	bijgevolg
bien sûr	natuurlijk, zeker	pourtant	toch, nochtans
cependant	echter, daarentegen	peut-être	misschien
d'ailleurs	bovendien, trouwens	surtout	vooral
de loin	veruit	tout de même	toch

Nous vous présentons **de nouveau** un smartphone.
Cher, oui, mais, **au fond**, il a d'énormes possibilités.

We stellen u opnieuw een smartphone voor.
Duur, ja, maar eigenlijk heeft hij heel veel mogelijkheden.

La calculatrice scientifique sera utile, **surtout** pour les étudiants.

De wetenschappelijke rekenmachine zal nuttig zijn, vooral voor de studenten.

Bien sûr, l'écran possède un réglage de contraste.

Natuurlijk beschikt het scherm over een contrast-regeling.

Par conséquent, il est très lisible.
Sa taille est **tout de même** assez grande: 7 sur 14 cm.
Alors, essayez-le.
Vous le constaterez, ce smartphone est, **de loin**, le meilleur.

Vandaar dat het heel leesbaar is.
Hij is toch tamelijk groot: 7 op 14 cm.
Dus, probeer hem.
U zult het vaststellen, deze smartphone is veruit de beste!

12.7 Les adverbes tout / même

a

MÊME

Même son copain a compris.
Ils vont **même** t'aider.
Même leur chien est malade.

ZELFS

Zelfs haar vriend heeft 't begrepen.
Ze zullen je zelfs helpen.
Zelfs hun hond is ziek.

ATTENTION
«MÊME» adverbe est invariable

LET OP
«MÊME» als bijwoord is onveranderlijk

b

TOUT

Ce costume est **tout** démodé.
Ils sont **tout** bronzés.
Elle est **tout** étonnée.
Elles sont **tout** heureuses.

HEEL, ERG

Dit pak is erg ouderwets.
Ze zijn heel bruin.
Ze is heel erg verbaasd.
Ze zijn erg gelukkig.

> **ATTENTION**
>
> «TOUT» adverbe est invariable
> sauf devant un adj. fém. qui commence par une consonne /
> un h aspiré.

Elle sera **toute** surprise en te voyant.
Nous sommes **toutes** choquées.
Elle est **toute** honteuse.

c Expressions

Tu ne vas pas partir **tout de même**?
Il est **quand même** arrivé.
Il viendra **de toute façon**.
Après tout, c'est le plus simple.
En tout cas, je vais te téléphoner.
Elle ne sait **rien du tout**.
Je ne comprends **pas du tout** pourquoi il fait ça.
Ils regardent **tout le temps** leur portable.
Je vais t'aider **tout de suite**.
Il peut pleuvoir **à tout moment**.

VOIR AUSSI L'adjectif indéfini (tout), n° 78, le pronom indéfini (tout), n° 81

> **LET OP**
>
> «Tout» als bijwoord is onveranderlijk
> behalve voor een vrouwelijk bn. dat begint met
> een medeklinker / aangeblazen h.

Ze zal heel verbaasd zijn als ze jou ziet.
We zijn erg gechoqueerd.
Ze schaamt zich heel erg.

Je zal toch niet weggaan?
Hij is toch aangekomen.
Hij zal in ieder geval komen.
Alles bij elkaar is dat het eenvoudigste.
In elk geval zal ik je opbellen.
Ze weet helemaal niets.
Ik begrijp helemaal niet waarom hij dat doet.
Ze kijken voortdurend naar hun GSM.
Ik ga je dadelijk helpen.
Het kan elk ogenblik gaan regenen.

12.8 Adverbes de négation

ne … pas (de)	niet / geen	ne … jamais	nooit
ne … pas du tout	helemaal niet	ne … plus jamais	nooit meer
ne … pas non plus	ook niet	ne … plus rien	niets meer
ne … pas encore (de)	nog niet / nog geen	ne … toujours pas	nog steeds (altijd) niet
ne … plus	niet meer	ne … plus du tout	helemaal niet meer
ne … ni … ni	noch / niet … noch	ne … jamais rien	nooit iets
	niet … of / niet … en ook niet	ne … jamais personne	nooit iemand

Tu **n'**as **pas encore** décidé?
Il **n'**a **plus rien** ajouté.
Ce centenaire **ne** se promène **plus**.
Il **ne** marche **plus du tout**.
Je **ne** le trouve **toujours pas**.

Je **ne** mange cette viande **ni** chaude **ni** froide.
Il **ne** trouve son canif **ni** dans son blouson
  ni dans son sac à dos.
Ces enfants **ne** savent **ni** lire **ni** écrire.
Nous **n'**aimons **ni** la musique classique **ni** le jazz.

> **REMARQUE**
>
> Avec «ni … ni» on n'emploie pas d'article indéfini ou partitif
> devant le substantif.

Ils **ne** mangent **ni** viande **ni** poisson.
Ils **n'**achètent **ni** bière **ni** cigarettes.

> **ATTENTION**
>
> Elle **ne** dit **jamais rien**.
> On **ne** sait **jamais rien** d'elle.
> Cette vieille dame **ne** voit **jamais personne**.

VOIR AUSSI le pronom indéfini (ne aucun, ne personne, ne rien), n° 90, 97, 99
l'adjectif indéfini (ne aucun), n° 84
la phrase négative, n° 325 à 331

Heb je nog niet beslist?
Hij heeft niets meer toegevoegd.
Die 100-jarige wandelt niet meer.
Hij stapt helemaal niet meer.
Ik vind het nog steeds niet.

Ik eet dit vlees, noch warm noch koud.
Hij vindt zijn zakmes niet in zijn jas,
  en ook niet in zijn rugzak.
Die kinderen kunnen niet lezen of schrijven.
We houden noch van klassieke muziek noch van jazz.

> **OPMERKING**
>
> Met «ni … ni» gebruiken we geen onbepaald of
> deelaangevend lidwoord voor het zelfstandig
> naamwoord.
> Ze eten noch vlees noch vis.
> Ze kopen bier noch sigaretten.

> **LET OP**
>
> Ze zegt nooit iets.
> Men weet nooit iets van haar.
> Die oude dame ziet nooit iemand.

12.9 La comparaison de l'adverbe

12.9.1 Le comparatif

Règle générale	=	AUSSI	adverbe	que
	+	PLUS		que
	−	MOINS		que

Le robot D1 marche **aussi** rapidement **que** le robot D2. = even snel als
Le robot D2 nettoie **plus** proprement **que** le robot D1. + netter dan
Le robot D1 nettoie **moins** efficacement **que** le robot D3. − minder efficiënt dan

12.9.2 Le superlatif

Règle générale	+ +	LE PLUS	adverbe	(de)
	− −	LE MOINS		

het meest
het minst

Le robot D3 nettoie **le plus** vite de tous. + + het snelst
Le robot D1 nettoie **le moins** efficacement de la série D. − − het minst efficiënt.

12.9.3 Formes spéciales

a Le comparatif et le superlatif de BIEN

superlatif (− −)	comparatif (−)	adverbe (=)	comparatif (=)	comparatif (+)	superlatif (++)
LE MOINS BIEN	**MOINS BIEN**	**BIEN**	**AUSSI BIEN**	**MIEUX**	**LE MIEUX**
het minst goed	minder goed	goed	even goed	beter	het best

Tu danses **aussi bien que** la danseuse étoile. = Je danst even goed als de sterdanseres.
Ils nagent **moins bien que** toi. − Ze zwemmen minder goed dan jij.
Vous dessinez **mieux que** moi. + Jullie tekenen beter dan ik.

Elle patine **le mieux** de tous les participants. + + Ze schaatst het best van alle deelnemers.
Il jongle **le moins bien** du groupe. − − Hij jongleert het minst goed van de groep.
La chorale de Bruges chante **le mieux**. + + Het koor van Brugge zingt het best.

b Le comparatif et le superlatif de MAL

comparatif (−)	adverbe	comparatif (=)	comparatif (+)	superlatif (++)
MOINS MAL	**MAL**	**AUSSI MAL**	**PLUS MAL**	**LE PLUS MAL**
minder slecht	slecht	even slecht	slechter	het slechtst

Avec ce bruit, je comprends **mal** ce que dit le présentateur. Met dit lawaai, begrijp ik slecht wat de presentator zegt.

Tu le comprends **aussi mal** que moi? = Begrijp jij hem even slecht als ik?
Derrière nous, on le comprend encore **plus mal**. + Achter ons begrijpt men hem nog slechter.
Au fond de la salle, on le comprend **le plus mal**. + + Achter in de zaal begrijpt men hem het slechtst.
Il écrit **moins mal** que l'année dernière. − Hij schrijft minder slecht dan verleden jaar.

Forme spéciale «PIS» dans quelques expressions   **Speciale vorm «PIS» in enkele uitdrukkingen**
Tant pis!   Jammer, niets aan te doen!
De mal en pis.   Van kwaad tot erger.

c Le comparatif et le superlatif de BEAUCOUP 〔163〕

adverbe	comparatif (=)	comparatif (+)	superlatif (+ +)
BEAUCOUP	**AUTANT**	**PLUS**	**LE PLUS**
veel	evenveel	meer	het meest

Il surfe **beaucoup** sur le Web.			Hij surft veel op het Web.
Mathieu surfe **autant qu'**Alice.	=		Mathieu surft evenveel als Alice.
Son ami surfe **plus que** lui.	+		Zijn vriend surft meer dan hij.
Dimitri surfe **le plus**.	+ +		Dimitri surft het meest.
Nous avons **beaucoup** travaillé.			We hebben veel gewerkt.
Elle a **autant** bossé **que** nous.	=		Ze heeft evenveel gewerkt als wij.
Sarah a **plus** cherché **que** toi.	+		Sarah heeft meer gezocht dan jij.
Étienne a **le plus** réfléchi.	+ +		Étienne heeft het meest nagedacht.

d Le comparatif et le superlatif de PEU 〔164〕

adverbe	comparatif (=)	comparatif (+)	superlatif (+ +)
PEU	**AUSSI PEU**	**MOINS**	**LE MOINS**
weinig	even weinig	minder	het minst

Tu parles **peu**.			Jij praat weinig.
Je parle **aussi peu que** toi.	=		Ik praat even weinig als jij.
Martine parle **moins que** moi.	−		Martine praat minder dan ik.
Sa sœur parle **le moins**.	− −		Haar zus praat het minst.
Nous achetons **peu**.			We kopen weinig.
moins que Serge.	−		minder dan Serge.
aussi peu que Julie.	=		even weinig als Julie.
le moins.	− −		het minst.

e Expressions avec PLUS et MOINS

Elle regarde **le moins possible** la télé.   Ze kijkt zo weinig mogelijk tv.
Elle emploie **de plus en plus** le smartphone.   Ze gebruikt steeds meer de smartphone.
Malheureusement, on se voit **de moins en moins**.   Spijtig genoeg zien we mekaar steeds minder.
Plus on est de fous, **plus** on rit.   Hoe meer zielen, hoe meer vreugd.
Moins on se parle, **moins** on se comprend.   Hoe minder we met elkaar spreken, hoe minder we elkaar begrijpen.

Moins on mange le soir, **mieux** on dort.   Hoe minder je 's avonds eet, hoe beter je slaapt.
Plus on vieillit, **moins** on bouge.   Hoe ouder men wordt, hoe minder men beweegt.

VOIR AUSSI La comparaison de l'adjectif, n° 59 à 63.

13 Le pronom relatif

On emploie un pronom relatif pour relier deux phrases.	**Je gebruikt een betrekkelijk vnw. om twee zinnen te verbinden.**
Voilà le guide. Il nous accompagnera. = 2 phrases	Dat is de gids. Hij zal ons vergezellen. = 2 zinnen
Voilà le guide **qui** nous accompagnera. = 1 phrase	Dat is de gids die ons zal vergezellen. = 1 zin
Un pronom relatif renvoie toujours à un autre mot. Ce mot s'appelle l'antécédent.	**Een betrekkelijk vn. verwijst altijd naar een ander woord. Dat woord heet het antecedent.**
Le pronom relatif remplace l'antécédent dans la proposition relative.	**Het betrekkelijk vn. vervangt het antecedent in de betrekkelijke bijzin.**

Voilà le copain — **qui** nous aidera.
    antécédent   proposition relative

Daar heb je de vriend die ons zal helpen.

Tu as lu le mail — **que** nous avons reçu?
    antécédent   proposition relative

Heb je de mail gelezen die we gekregen hebben?

Je ne trouve plus le site — **dont** tu as parlé.
    antécédent   proposition relative

Ik vind de site waar je over gesproken hebt niet meer.

13.1 Qui

a

QUI - est sujet. - remplace une personne / une chose.	- is onderwerp. - vervangt een persoon of een zaak.
Où est la monitrice **qui** donne des leçons de ski?	Waar is de monitrice die skiles geeft?
Donne-moi les paquets **qui** sont arrivés ce matin.	Geef me de pakjes die vanmorgen toegekomen zijn.
Le coureur **qui** est champion de France, est blessé.	De renner die kampioen van Frankrijk is, is gewond.

b

QUI remplace une personne après une préposition.	WIE vervangt een persoon na een voorzetsel
Mon amie **à qui** j'ai téléphoné, avait oublié son portefeuille.	Mijn vriendin naar wie ik getelefoneerd heb, was haar portefeuille vergeten.
Tu connais le copain **avec qui** elle est allée au ciné?	Ken je de vriend met wie ze naar de bioscoop gegaan is?
Je te présente Ahmed, un voisin **sur qui** on peut compter.	Ik stel je Ahmed voor, een buur op wie je kunt rekenen.
Fanny **pour qui** j'avais acheté ce cadeau, a déménagé.	Fanny voor wie ik dit geschenk gekocht had, is verhuisd.

13.2 Que (qu')

QUE - est COD (complément d'objet direct) - remplace une personne ou une chose.	- is lijdend vw. - vervangt een persoon of een zaak.
Voici les baskets **que** je viens d'acheter.	Dit zijn de sneakers die ik zopas gekocht heb.
Si on regardait le film **qu'**on a enregistré hier?	Als we nu eens de film bekeken die we gisteren opgenomen hebben?
Arnaud **que** j'ai quitté, est désespéré.	Arnaud die ik verlaten heb is radeloos.

13.3 Dont | 169

| DONT remplace de + une chose. | vervangt de + een zaak |
| de + une personne. | de + een persoon |

Le rêve **dont** je t'ai parlé était bizarre.   De droom waarover ik je gesproken heb, was vreemd.
(je t'ai parlé de ce rêve)

Ce sont les chiens perdus **dont** elle s'occupe.   Het zijn de verloren honden waarvoor ze zorgt.
(elle s'occupe de ces chiens perdus)

Le plombier **dont** j'ai besoin, n'est pas venu.   De loodgieter die ik nodig heb, is niet gekomen.
(j'ai besoin de ce plombier)

VOIR AUSSI Verbes + de, n° 143

13.4 Où | 170

| OÙ indique le temps ou le lieu. | OÙ duidt tijd of plaats aan. |

Je pense au jour **où** notre équipe est devenue championne.   Ik denk aan de dag waarop onze ploeg kampioen geworden is.

Voilà la maison **où** ils aimeraient habiter.   Dat is het huis waarin ze zouden willen wonen.

13.5 Ce qui / ce que / ce dont | 171

Je ne sais pas ce **qui** est arrivé.   (ce qui SUJET = *wat*)   Ik weet niet wat er gebeurd is.
Dis-moi ce **que** tu veux.   (ce que COD = *wat*)   Zeg me wat je wilt.
Montre-nous ce **dont** tu es capable.   (être capable de → dont)   Toon ons waar je toe in staat bent.

VOIR AUSSI ce + pronom relatif, n° 75 et La question indirecte, n° 351

13.6 Lequel + formes variables | 172

	singulier	pluriel
masculin	**LEQUEL**	**LESQUELS**
féminin	**LAQUELLE**	**LESQUELLES**

Emploi   Gebruik

pour des CHOSES après une préposition   **voor DINGEN na een voorzetsel**

(sauf *de*: **VOIR** DONT, n° 169)   (behalve de: zie DONT)

Voilà le scooter pour **lequel** il épargne tous les mois.   Dat is de scooter waar hij elke maand voor spaart.
L'icône sur **laquelle** tu dois cliquer est à droite de l'écran.   Het pictogram waar je op moet klikken bevindt zich rechts van het scherm.

173 ATTENTION
Contraction avec la préposition À + LEQUEL

	singulier	pluriel
masculin	**AUQUEL**	**AUXQUELS**
féminin	À LAQUELLE*	**AUXQUELLES**

* pas de contraction!

Nous avons reçu le magazine **auquel** nous nous sommes abonnés.
(s'abonner à)
Il ne retrouve pas les mails **auxquels** il veut répondre.
(répondre à)
Suis-tu les émissions **auxquelles** je m'intéresse?
(s'intéresser à)
C'est une situation à laquelle je m'habitue lentement.
(s'habituer à)

LET OP
Samentrekking met voorzetsel À + LEQUEL

geen samentrekking!

We hebben het tijdschrift gekregen waar we ons op geabonneerd hebben.

Hij vindt de mails niet terug waarop hij wil antwoorden.

Volg je de uitzendingen waarvoor ik belangstelling heb?

Het is een situatie waar ik stilaan aan wen.

174 — 13.7 Remarques

1 Après PARMI / ENTRE, toujours une forme de LEQUEL (pluriel), même pour des personnes.

Voici les joueurs entre **lesquels** il y a un tricheur.
Il y a trois candidates parmi **lesquelles** on doit choisir.
Voici les liens parmi **lesquels** tu dois choisir.
Il y a deux bornes entre **lesquelles** tu dois passer.

Na PARMI / ENTRE altijd een vorm van LEQUEL (mv.) zelfs voor personen.

Dit zijn de spelers onder wie er één bedrieger is.
Er zijn drie kandidaten tussen wie men moet kiezen.
Dit zijn de links waartussen je moet kiezen.
Er zijn twee paaltjes waar je tussen moet rijden.

2 QUOI
- après une préposition, pour une chose
- après voici / voilà / sans antécédent.

Voilà à **quoi** tu passes ton temps!
Il ne sait pas sur **quoi** il est tombé.
Tu as de **quoi** t'occuper ce soir?

QUOI
- na een voorzetsel, voor een ding, een zaak
- na voici / voilà / zonder antecedent.

Waar jij je mee bezighoudt!
Hij weet niet waar hij op gevallen is.
Heb je iets om je mee bezig te houden vanavond?

3 Accord du verbe avec le sujet QUI: le verbe s'accorde avec l'antécédent.

C'est toi **qui as** fait ça?

C'est moi **qui ai** fait cela.

C'est lui et moi **qui** l'**avons** fait. (= nous)

C'est vous **qui** l'**avez** fait. (= vous)

Overeenkomst van het ww. met QUI onderwerp: het ww. komt overeen met het antecedent.

Ben jij het die dat gedaan heeft?

Ik ben het die dat gedaan heeft.

Wij zijn het die dat gedaan hebben.

Jullie zijn het die dat gedaan hebben.

VOIR AUSSI L'accord du verbe avec le sujet, n° 319 (c, d)

14 Le pronom personnel

14.1 Le pronom personnel sujet

175

	singulier		pluriel	
		enkelvoud		meervoud
Première personne	JE	ik	NOUS	wij
Deuxième personne	TU	jij / je	VOUS	jullie
	VOUS	u		u
Troisième personne	IL	hij / het	ILS	zij / ze (mannelijk)
	ELLE	zij / ze	ELLES	zij / ze (vrouwelijk)
	ON	men		

Le pronom personnel ils remplace - des mots masculins
                                             - des mots masculins **et** féminins

David et Alain bavardent. Ils bavardent.
Dorothée et Serge rient. Ils rient.

David et Alain praten. Ze praten.
Dorothée en Serge lachen. Ze lachen.

14.1.1 La traduction de ON

176

a

ON est impersonnel

men, je, ze

On ne sait pas ce qui peut arriver.
On ne peut pas tout savoir.
On dit qu'il y aura une tempête.

Je weet niet wat er kan gebeuren.
Men kan niet alles weten.
Ze zeggen dat er storm op komst is.

b

ON peut remplacer un pronom personnel sujet dans le langage familier.

ON kan een pers. vn. onderwerp vervangen in de omgangtaal.

Qu'est-ce qu'**on** va faire?   (= NOUS)
On s'en va?   (= NOUS)
Alors, **on** a compris?   (= TU / VOUS)

Wat gaan we doen?
Gaan we weg?
Wel, heb je / hebben jullie het begrepen?

REMARQUE
- le verbe se met à la 3e personne singulier
- le participe passé ou l'adjectif peuvent rester invariables ou s'accorder avec NOUS

OPMERKING
- het ww. staat in de 3e persoon enkelvoud
- het bn. of het voltooid deelw. kunnen onveranderlijk blijven of overeenkomen met NOUS

On s'est vu(es) souvent. (NOUS = fém. pluriel)
On s'est bien amusé(s)! (NOUS = masc. pluriel)
On a beaucoup couru et on est fatigué(s). (NOUS = masc. pl.)

We hebben elkaar vaak gezien.
We hebben ons goed geamuseerd!
We hebben veel gelopen en we zijn moe.

14.1.2 La place du pronom personnel sujet

177

a

Dans la phrase affirmative: DEVANT le verbe

In de bevestigende zin: VOOR het ww.

Demain, **il** vient à vélo.
Vous allez visiter Paris.
Autrefois, **tu** lisais beaucoup.

Morgen komt hij met de fiets.
Jullie gaan Parijs bezoeken.
Vroeger las je veel.

b

Dans la question avec inversion:
- **DERRIÈRE le verbe conjugué ou l'auxiliaire**
- **avec trait d'union**

In de inversievraag:
- **ACHTER het vervoegd ww. of hulpww.**
- **met liggend streepje**

Où allez-**vous** manger?
As-**tu** beaucoup lu?
Pourquoi va-t-**elle** déménager?

Waar gaan jullie eten?
Heb je veel gelezen?
Waarom gaat ze verhuizen?

178 — 14.2 Le pronom personnel réfléchi

ME (M')	me	NOUS	ons
TE (T') / TOI	je	VOUS	je / u
SE (S')	zich	SE (S')	zich

Je **me** suis branchée sur Internet.	Ik heb me aangesloten op Internet.
Tu ne **t'**assieds pas là?	Ga je daar niet zitten?
Elle **se** promène souvent sur la plage.	Ze wandelt vaak op het strand.
Nous ne **nous** disputons pas souvent.	We maken niet vaak ruzie.
Vous **vous** engagez pour l'environnement?	Zetten jullie je in voor het milieu?
Ils **se** moquent de ce chanteur.	Ze spotten met die zanger.
Repose-**toi** bien.	Rust goed uit.
Procurez-**vous** la mise à jour de ce programme anti-virus.	Zorg voor de update van dit antivirusprogramma.

REMARQUE / **OPMERKING**

Certains verbes ont un pronom réfléchi en français, mais pas en néerlandais.

Sommige ww. hebben een wederkerend vn. in 't Frans, maar niet in 't Nederlands.

VOIR AUSSI Le verbe pronominal, n° 260 à 265

179 — 14.3 Le pronom personnel complément d'objet direct (COD)

ME / M'	mij / me	NOUS	ons
TE / T'	jou / je	VOUS	jullie / u
LE / L'	hem / het	LES	hen / ze
LA / L'	haar / ze		

14.3.1 Qui? → ME | TE | NOUS | VOUS = des personnes

Elle **te** photographie?	Oui, elle **me** photographie.	Ja ze fotografeert me.
Il **nous** regarde?	Oui, il **vous** regarde.	Ja, hij kijkt naar u.
Vous **m'**écoutez?	Oui, je **t'**écoute.	Ja, ik luister naar je.
Tu **m'**appelles demain?	Oui, je **t'**appelle vers midi.	Ja, ik bel je op rond de middag.

14.3.2 Qui? → LE | LA | L' | LES = des personnes
Quoi? = des choses

Tu comprends Sandrine.	Je begrijpt Sandrine.	Tu **la** comprends.	Je begrijpt haar.
Tu comprends la question.	Je begrijpt de vraag.		Je begrijpt ze.
Elle cherche Matisse.	Ze zoekt Matisse.	Elle **le** cherche.	Ze zoekt hem.
Elle cherche le mot exact.	Ze zoekt het juiste woord.		Ze zoekt het.
J'adore ce chanteur.	Ik ben gek op die zanger.	Je **l'**adore.	Ik ben gek op hem.
J'adore cette mélodie.	Ik ben gek op die melodie.		Ik ben er gek op.
Vous connaissez nos voisins?	Kennen jullie onze buren?	Vous **les** connaissez?	Kennen jullie ze?
Vous connaissez ces chansons?	Kennen jullie die liedjes?		Kennen jullie ze?

14.3.3 Qui? Quoi? → EN = des personnes = des choses

Quand le COD commence par …			
du, de la, de l', des	de	un, une	une quantité

… on le remplace par EN

J'offre <u>des</u> fleurs.	J'**en** offre.
Ils font <u>du</u> squash.	Ils **en** font.
Tu veux <u>du</u> lait?	Oui, j'**en** veux.
Il demande <u>de la</u> bière.	Il **en** demande.
Elle a <u>de l'</u> eau?	Oui, elle **en** a.
Tu n'as <u>pas de</u> copies?	Non, je n'**en** ai pas.

… et on rappelle UN / UNE / la quantité

Il veut <u>un</u> chat.	Il **en** veut <u>un</u>.
Vous cherchez <u>une</u> solution?	Vous **en** cherchez <u>une</u>.
Nous achetons <u>un kilo de</u> noix.	Nous **en** achetons <u>un kilo</u>.
Ils font <u>beaucoup de</u> copies.	Ils **en** font <u>beaucoup</u>.
Je filme <u>trois</u> chiens.	J'**en** filme <u>trois</u>.
Elle a <u>peu</u> d'amis.	Elle **en** a <u>peu</u>.
Il veut <u>une</u> réponse?	Oui, il **en** veut <u>une</u>.

Als het LV begint met …
een hoeveelheid

… dan vervang je het door «EN»

Ik geef er.
Ze spelen het.
Ja, ik wil er.
Hij vraagt er.
Ja, ze heeft er.
Nee, ik heb er geen.

… en je herhaalt UN / UNE / de hoeveelheid

Hij wil er een.
Zoek je er een?
We kopen er een kilo van.
Ze maken er veel.
Ik film er drie.
Ze heeft er weinig.
Ja, hij wil er een.

REMARQUES

1 Verbes avec COD en français, pas en néerlandais

aimer	Elle aime bien <u>cette danse</u>.
	Elle <u>l'</u>aime bien.
adorer	Ils adorent <u>les bêtes</u>.
	Ils <u>les</u> adorent.
détester	Je déteste <u>le café</u>.
	Je <u>le</u> déteste.
regarder	Nous regardons <u>les vidéoclips</u>.
	Nous <u>les</u> regardons.
écouter	Vous écoutez <u>des podcasts</u>?
	Vous <u>en</u> écoutez?
attendre	Tu attends <u>le bus</u>?
	Tu <u>l'</u>attends?

OPMERKINGEN

Werkwoorden die gevolgd worden door een LV in 't Frans, door <u>een voorzetsel</u> in 't Nederlands.

houden van, graag zien, graag horen …

dol zijn op

een hekel hebben aan

kijken naar

luisteren naar

wachten op

2 Pour remplacer un infinitif ou une proposition COD: LE en français

Il dit <u>qu'il a compris</u>. (Il dit quoi?) Il **le** dit.
Elle a essayé <u>de répondre</u>. (Elle a essayé quoi?) Elle **l'**a essayé.

Om een infinitief of een zinsdeel (LV) te vervangen: HET in het Nederlands

Hij zegt dat hij het begrepen heeft. Hij zegt **het.**
Ze heeft geprobeerd te antwoorden. Ze heeft **het** geprobeerd.

3 «Iemand missen»

Ik mis <u>haar</u>.	Elle **me** manque.	(haar → elle, ik → me)
Zij mist <u>hem</u>.	Il **lui** manque.	(hem → il, zij → lui)
Ik mis <u>je</u>.	Tu **me** manques.	(je → tu, ik → me)
Hij mist <u>ons</u>.	Nous **lui** manquons.	(ons → nous, hij → lui)

182 | 14.4 Le pronom personnel complément d'objet indirect (COI)

ME / M'	mij / me	**NOUS**	ons
TE / T'	jou / je	**VOUS**	jullie / u
LUI	hem / haar	**LEUR**	hen / hun

14.4.1 À qui? Pour qui? → ME | TE | NOUS | VOUS = des personnes

Il t'annonce la nouvelle?	Oui, il m'annonce la nouvelle.	Ja, hij meldt ons het nieuws.
Elle vous dit oui?	Oui, elle **nous** / **me** dit oui.	Ja, ze zegt ons / me ja.
Elles me sourient?	Oui, elles **vous** / **te** sourient.	Ja, ze lachen jullie / u / je toe.
Il vous offre cela?	Oui, il **nous** / **m'**offre cela.	Ja, hij biedt ons / me dit aan.

14.4.2 À qui? Pour qui? → LUI | LEUR = des personnes

Je dis bonjour à Mégane.	Je **lui** dis bonjour.	Ik zeg haar goeiedag.
Il écrit à son client.	Il **lui** écrit.	Hij schrijft hem.
J'achète un cadeau pour mes amies.	Je **leur** achète un cadeau.	Ik koop hun een geschenk.
Tu réponds à tes correspondants.	Tu **leur** réponds.	Je antwoordt hun.

183 | Quelques verbes suivis d'un COI

Enkele ww. gevolgd door een meewerkend vw.

acheter **pour**	kopen voor
annoncer à	melden aan
demander à	vragen aan
offrir à	schenken, geven aan
parler à	spreken met
plaire à	bevallen

ATTENTION Après quelques verbes suivis de « à » on emploie la forme tonique.

VOIR n° 185
VOIR AUSSI Verbes + à quelqu'un, n° 140-141

184 | 14.5 Le pronom personnel forme tonique = des personnes

MOI	ik / mij	**NOUS**	wij / ons
TOI	jij / jou	**VOUS**	jullie / u
LUI	hij / hem	**EUX**	zij / ze
ELLE	zij / haar	**ELLES**	zij / ze
SOI	zich		

ATTENTION
toi et moi	= nous
lui et moi	= nous
elle et moi	= nous
toi et elle	= vous
toi et lui	= vous

EMPLOI / **GEBRUIK**

1 Pour accentuer le sujet / Om het onderwerp te benadrukken

Moi, je suis contente.	Ik! Ik ben tevreden.
Toi, tu viens aussi ce soir?	Jij? Kom je ook vanavond?
Virginie danse bien, **elle**.	Virginie! Zij danst goed!
Elie chante beaucoup, **lui**.	Elie! Hij zingt veel.
Nous aimons la musique, **nous**.	Wij! We houden van muziek.
Vous faites du sport, **vous**?	Jullie? Doen jullie aan sport?
Eux, ils détestent la fumée.	Zij! Ze hebben een hekel aan rook.
Elles adorent nager, **elles**.	Zij! Ze zijn dol op zwemmen.

2 Après c'est / ce n'est pas / ce sont / ce ne sont pas

Na c'est / ce n'est pas / ce sont / ce ne sont pas

C'est **toi** qui as fait cela?	Heb JIJ dat gedaan?
Non, ce n'est pas **moi**, c'est **lui**.	Nee, ik ben het niet, HIJ is het.
C'est ta cousine, là?	Is dat je niet, daar?
Non, ce n'est pas **elle**.	Nee, zij is het niet.
Ce sont tes parents?	Zijn dat je ouders?
Oui, ce sont **eux**.	Ja, zij zijn het.

3 Dans une phrase sans verbe

Qui vient avec nous? **Moi**!
Il a bien compris. Et **toi**?

4 Après une préposition

Vous venez avec **moi**?
Elle se moque de **lui**.
Il est content de **nous**.
Je cours vers **eux**.
Voilà une surprise pour **vous**.
Chacun pour **soi**.

5 Après «chez»

Je suis **chez moi**.
Tu es **chez toi**?
Il est **chez lui**.
Elle est **chez elle**.
Nous allons **chez nous**.
Vous allez **chez vous**.
Ils vont **chez eux**.
Elles vont **chez elles**.
On aime être **chez soi**.

6 Après un impératif affirmatif: me → moi
te → toi

Renseignez-**moi**.
Téléphone-**moi**.
Assieds-**toi** là et détends-**toi**.

7 Devant -MÊME, AUSSI

Je l'ai vu **moi-même**.
Ils viennent **eux-mêmes**.
Lui aussi a tout entendu.
Est-ce que tu viens, **toi** aussi?

8 Avec ET, OU, NI

Mon frère et **moi**, nous y allons.
Qui a gagné, Serge ou **toi**?
Ni **lui**, ni **elle** ne parlent espagnol.

9 Quelques verbes avec à + forme tonique:

avoir affaire à	Tu auras affaire à **elle**.
avoir recours à	Tu as recours à **lui**?
faire appel à	On peut faire appel à **lui**.
faire attention à	Je vais faire attention à **eux**.
penser à	Je pense à **toi**.
s'adresser à	Adresse-toi à **eux**.
s'habituer à	On ne s'habitue pas à **elles**.
s'intéresser à	Elle s'intéresse à **moi**?
se présenter à	Je me présenterai à **lui**.
recourir à	Il va recourir à **elle**.
tenir à	Il tient à **vous**.

VOIR AUSSI Expressions avec la forme tonique du pronom personnel, n° 141*, 196 (3)

In een zin zonder werkwoord

Wie komt er mee met ons? Ik!
Hij heeft het goed begrepen. En jij?

Na een voorzetsel

Komen jullie met mij mee?
Ze spot met hem.
Hij is tevreden over ons.
Ik loop naar hen.
Dit is een verrassing voor jullie.
Elk voor zich.

Vertaling van «thuis»

Ik ben thuis.
Ben je thuis?
Hij is thuis.
Ze is thuis.
We gaan naar huis.
Jullie gaan naar huis.
Ze gaan naar huis.
Ze gaan naar huis.
We zijn graag thuis.

Na bevestigende imperatief

Geef me inlichtingen.
Telefoneer me.
Ga daar zitten en ontspan je.

Voor -MÊME, AUSSI (= zelf, ook)

Ik heb het zelf gezien.
Ze komen zelf.
Hij heeft ook alles gehoord.
Kom jij ook?

Met ET, OU, NI (= en, of, noch)

Mijn broer en ik, we gaan er heen.
Wie heeft gewonnen? Serge of jij?
Hij noch zij spreekt Spaans.

185

Je zult met haar te maken hebben.
Neem je je toevlucht tot hem?
We mogen een beroep op hem doen.
Ik zal op hen letten.
Ik denk aan jou.
Wend je tot hen.
We wennen niet aan hen.
Interesseert ze zich voor mij?
Ik zal me aan hem voorstellen.
Hij zal zijn toevlucht tot haar nemen.
Hij is gehecht aan jullie.

14.6 Le pronom personnel «en»

186

| Verbe + DE + un lieu | Werkwoord + DE + een plaats |
| Verbe + DE + une chose | Werkwoord + DE + een zaak |

D'où? De quoi?	→ EN		
Elle descend de l'avion.	Elle **en** descend.	Ze stapt eruit.
Ils sortent du cinéma.	Ils **en** sortent.	Ze komen eruit.
Nous revenons de Bruxelles.	Nous **en** revenons.	We komen ervan.
Je suis contente de cet album.	J'**en** suis contente.	Ik ben er tevreden over.
Elle a besoin d'un stylo vert.	Elle **en** a besoin.	Ze heeft er een nodig.
Nous parlons de nos projets.	Nous **en** parlons.	We spreken erover.
Ils font du badminton.	Ils **en** font.	Ze spelen het.
Tu rêves déjà des vacances?	Tu **en** rêves déjà?	Droom je er al van?
Vous vous occupez de vos chats?	Vous vous **en** occupez?	Zorg je ervoor?

187 QUELQUES verbes suivis de la préposition de — Enkele werkwoorden + de + zaak

avoir besoin de	nodig hebben
avoir envie de	zin hebben in
être content de	tevreden zijn met
s'étonner de	zich verwonderen over
s'occuper de	zorgen voor
se moquer de	spotten met

VOIR AUSSI Verbe + de quelque chose, n° 143

14.7 Le pronom personnel «y»

188

| Verbe + À, DANS, SUR … + un lieu | Werkwoord + À, DANS, SUR … + een plaats |
| Verbe + À + une chose | + À + een zaak |

Où? À quoi?		→ Y	
Il va à l'université.	Hij gaat naar de universiteit.	Il **y** va.	Hij gaat er naartoe.
Ils jouent dans le jardin.	Ze spelen in de tuin.	Ils **y** jouent.	Ze spelen er.
Nous travaillons à Bruges.	We werken in Brugge.	Nous **y** travaillons.	We werken er.
Ils vivent sur un bateau.	Ze wonen op een boot.	Ils **y** vivent.	Ze wonen er.
Je m'intéresse aux plantes.	Ik heb interesse voor planten.	Je m'**y** intéresse.	Ik heb er interesse voor.
Ils pensent à tes paroles.	Ze denken aan jouw woorden.	Ils **y** pensent.	Ze denken eraan.
Elle s'inscrit à un cours de danse.	Ze schrijft zich in voor een danscursus.	Elle s'**y** inscrit.	Ze schrijft er zich voor in.
Nous nous abonnons à ce magazine.	We abonneren ons op dit tijdschrift.	Nous nous **y** abonnons.	We abonneren er ons op.

VOIR AUSSI Verbe + à quelque chose, n° 141

REMARQUES		OPMERKINGEN	

1 Pour les personnes, on n'emploie pas EN / Y mais la forme tonique du pronom personnel.

Voor personen gebruik je niet EN / Y maar de benadrukte vorm van het pers. vn.   **189**

Elle pense <u>à son voyage</u>. Elle **y** pense.
Elle pense <u>à ses amis</u>. Elle pense <u>à</u> **eux**.
Je m'adresse <u>à ce bureau</u>. Je m'**y** adresse.
Je m'adresse <u>à cet employé</u>. Je m'adresse <u>à</u> **lui**.
Vous avez besoin <u>de repos</u>. Vous **en** avez besoin.
Vous avez besoin <u>des infirmières</u>. Vous avez besoin <u>d'</u>**elles**.
Je suis contente <u>de cette imprimante</u>. J'**en** suis contente.

Je suis contente <u>du vendeur</u>. Je suis contente <u>de</u> **lui**.

Ze denkt aan haar reis. Ze denkt eraan.
Ze denkt aan haar vrienden. Ze denkt aan hen.
Ik wend me tot dit kantoor. Ik wend we ertoe.
Ik wend me tot die bediende. Ik wend me tot hem.
Je hebt rust nodig. Je hebt er nodig.
Je hebt de verpleegkundigen nodig. Je hebt ze nodig.
Ik ben tevreden met deze printer. Ik ben er tevreden over.
Ik ben tevreden over die verkoper. Ik ben tevreden over hem.

2 EN / Y remplacent un infinitif ou une proposition après <u>de</u> / <u>à</u>.

EN / Y vervangen een infinitief of een bijzin na <u>de</u> / <u>à</u>.   **190**

Il a envie <u>de</u> partir. Il **en** a envie. (avoir envie <u>de</u>)
Pensez <u>à lui téléphoner</u>. Pensez-**y**. (penser <u>à</u>)
Nous doutons <u>d'arriver à l'heure</u>. Nous **en** doutons. (douter <u>de</u>)

Elle tient <u>à aller elle-même au commissariat</u>. Elle **y** tient. (tenir <u>à</u>)

Ils renoncent <u>à travailler ensemble</u>. Ils **y** renoncent. (renoncer <u>à</u>)

Hij heeft zin om te vertrekken. Hij heeft er zin in.
Denk eraan hem op te bellen. Denk eraan.
We twijfelen eraan of we op tijd aankomen. We twijfelen eraan.
Ze staat erop zelf naar het politiebureau te gaan. Ze staat erop.
Ze geven het op om samen te werken. Ze geven het op.

VOIR AUSSI Verbes + à / de: n° 141 à 144

14.8 La place d'un pronom personnel COD / COI / en / y

14.8.1 Un pronom complément d'un verbe conjugué   **191**

a	**temps simple:**	devant le verbe conjugué	voor het vervoegd ww.
b	**temps composé:**	devant l'auxiliaire	voor het hulpww.
c	**impératif négatif:**	devant l'impératif	voor de ontkennende imperatief
d	**impératif affirmatif:**	derrière l'impératif (avec trait d'union)	na de bevestigende imperatief (met koppelteken)

Exemples

a Elle **te** <u>regardait</u>.
  Je **lui** <u>téléphone</u>.
  Elle ne **les** <u>prend</u> pas.

Ze keek naar jou.
Ik telefoneer naar hem / haar.
Ze neemt ze niet.

b Elle **y** <u>est</u> allée.
  Tu **en** <u>as</u> acheté.
  Ils ne **m'**<u>ont</u> pas écrit.

Ze is erheen gegaan.
Je hebt er gekocht.
Ze hebben me niet geschreven.

c N'**y** <u>va</u> pas!
  Ne **les** <u>prends</u> pas!
  Ne **leur** <u>envoie</u> pas ce message!

Ga er niet heen!
Neem ze niet!
Stuur hun dit bericht niet!

d <u>Prends</u>-**les!**
  <u>Tais</u>-**toi.** <u>Écoute</u>-**moi.**

Neem ze!
Zwijg. Luister naar me.

REMARQUE

Impératif singulier sur **-e** ou **-a**: on ajoute **s** et on fait la liaison [**z**] devant EN ou Y.

LET OP

Imperatief enkelvoud op **-e** of **-a**: je voegt **s** toe en je maakt de verbinding [**z**] met EN of Y.

Donne**s-en** trois.
Achète**s-en** deux kilos.
Va**s-y**!

Geef er drie.
Koop er twee kilo van.
Ga erheen! Vooruit maar!

192 **14.8.2 Un pronom avec un verbe conjugué et un infinitif**

a

Le plus souvent devant l'infinitif	Meestal voor de infinitief

Elle veut **y** aller. — Ze wil erheen gaan.
N'allez pas **les** chercher. — Ga ze niet zoeken.
Je ne veux pas **lui** dire cela. — Ik wil hem / haar dat niet zeggen.
Ils n'ont pas osé **y** entrer. — Ze zijn er niet durven binnengaan.
Venez **nous** aider. — Kom ons helpen.

b

MAIS près du verbe conjugué	MAAR bij het vervoegd ww.
si ce verbe est:	als het één van de volgende is:
voir / regarder / entendre / écouter / sentir / faire / laisser / envoyer	**zien / kijken / horen / luisteren / voelen / doen / laten / zenden**

ATTENTION — **LET OP**
Mêmes règles qu'au n° 191 — **zelfde regels als in n° 191**

Il **m'**envoie chercher les billets. — Hij stuurt me om de tickets.
Je ne **les** vois pas jouer. — Ik zie ze niet spelen.
Elle **l'**a entendu crier. — Ze heeft hem horen roepen.
Tu ne **l'**as pas laissé rentrer. — Je hebt haar / hem niet binnen gelaten.
Ne **les** regarde pas se disputer. — Kijk niet hoe ze ruzie maken.
Écoutons-**les** chanter. — Laten we luisteren hoe ze zingen.

193 **14.8.3 La place d'un pronom personnel dans une question avec inversion**

VOIR Règles générales n° 191 (a,b), 192

Les achètes-tu? — Koop je ze?
En donnerez-vous? — Zult u er geven?

Y es-tu allée seule? — Ben je er alleen naartoe gegaan?
L'avez-vous revu? — Hebben jullie hem weergezien?
Leur ont-ils écrit? — Hebben ze hun geschreven?

Voulez-vous **leur** dire cela? — Wilt u hun dat zeggen?
La vois-tu arriver? — Zie je haar komen?

14.9 La place de deux pronoms personnels COD / COI / en / y

REMARQUE
Cet emploi est peu fréquent!

OPMERKING
Dit wordt weinig gebruikt!

14.9.1 Dans toutes les phrases (sauf dans la phrase impérative affirmative)

1	2	3	4	**ATTENTION**
me te nous vous	le la les	lui leur	en y	1 + 3 impossible

1 + 2	Il **me l'**a donné. Je ne **te les** demande pas. Il va **vous la** commander.		Hij heeft het me gegeven. Ik vraag ze je niet. Hij zal ze bij u bestellen.
1 + 4	Ne **m'en** offre pas. Je **t'y** conduis.		Geef me er geen. Ik breng je erheen.
2 + 3	Je **le lui** souhaite. Vous **la leur** apporterez demain?		Ik wens het hem / haar. Zul je ze morgen naar hen brengen?
2 + 4	Ne **les y** dépose pas.		Zet ze er niet.
3 + 4	Je **lui en** ai parlé.		Ik heb erover gesproken met hem / haar.

ATTENTION

4 + 4	Il **y en** a deux ou trois.		**LET OP** Er zijn er twee of drie.

14.9.2 Dans la phrase impérative affirmative

	1	2	3	4	**ATTENTION**
Verbe -	le - la - les -	moi - toi - nous - vous -	lui - leur -	en y	• 2 + 4 m'en / t'en / m'y • 2 + 3 impossible • Trait d'union derrière le verbe et entre les deux pronoms

Donnez-**moi** ce livre.	1 + 2	Donnez-**le-moi**.	Geef het me.
Achète ces jeux pour tes enfants.	1 + 3	Achète-**les-leur**.	Koop ze voor hen.
Conduisez vos amis à la gare.	1 + 4	Conduisez-**les-y**.	Breng ze erheen.
Offrez-**moi** des pralines.	2 + 4	Offrez-**m'en**.	Geef me er.
Accompagne-**moi** au club.	2 + 4	Accompagne-**m'y**.	Vergezel me daarheen.
Envoyons des textos à nos copains.	3 + 4	Envoyons-**leur-en**.	Laten we er hun sturen.

Souvent employé
Va-t'en
Allons-nous-en
Allez-vous-en

Veel gebruikt
Ga weg.
Laten we weggaan.
Ga weg.

14.10 La traduction de «hem», «haar»

1 QUI?	2 À QUI? Pour QUI?	3 À QUI? De QUI? Avec QUI? Sur QUI?…
HEM = LE, L' **HAAR = LA, L'**	**HEM of HAAR = LUI**	**HEM = LUI** **HAAR = ELLE**
adorer aimer attendre détester écouter entendre regarder …	acheter (pour) donner (à) écrire (à) envoyer (à) montrer (à) offrir (à) parler (à) raconter (à) souhaiter (à) téléphoner (à) …	**Expressions avec forme tonique** aller chez avoir besoin de compter sur être content de faire appel à parler de penser à rêver de rire de s'adresser à s'intéresser à s'occuper de sortir avec …
→ VOIR n° 145	→ VOIR n° 140	→ VOIR n° 141*, 143
Mélanie Je **la** regarde. Il **l'**a entendue. Écoute-**la**. *Stephan* Ils vont **l'**attendre. Ne **le** photographie pas.	*à Coralie* Elle **lui** souhaite bonne chance. Nous **lui** avons téléphoné. *à Olivier* Ils vont **lui** écrire à Pâques. Offre-**lui** un verre. Ne **lui** raconte pas ça.	*Kate* Il sort <u>avec</u> **elle**. J'ai fait ça <u>pour</u> **elle**. Tu comptes <u>sur</u> **elle**? *Frédéric* Elles vont partir <u>avec</u> **lui**. Je me suis occupée <u>de</u> **lui**. Nous pensons <u>à</u> **lui**.
Pronom personnel COD	Pronom personnel COI	Pronom personnel forme tonique
→ VOIR n° 179	→ VOIR n° 182, 183	→ VOIR n° 184, 185

14.11 Aperçu: les pronoms personnels

Sujet
onderwerp

Je	sais.
J'	apprends.
Tu	comprends.
Il	part en voyage.
Elle	reste à la maison.
On	est content.
Nous	parlons.
Vous	écoutez.
Ils	jouent très bien.
Elles	félicitent les joueurs.

Complément d'objet direct
lijdend voorwerp

Il	me	suit.
Elle	m'	aime beaucoup.
Je	te	vois.
Elle	t'	écoute.
Nous	le	prenons.
Tu	la	connais.
Vous	l'	aidez.
Je	les	appelle.
Ils	nous	regardent.
Elles	vous	attendent.
Je	les	veux.

Complément d'objet indirect
meewerkend voorwerp

Tu	me	téléphoneras?
Vous	m'	écrirez?
Il	te	plaît?
Ils	t'	expliqueront.
Je	lui	parle souvent. (à Tom)
Nous	lui	téléphonons. (à Anne)
Ils	nous	envoient un mail.
Elle	vous	sert le dîner.
Nous	leur	offrons ce cadeau.

Pronom réfléchi
COD / COI / sans fonction
wederkerend voornaamwoord
LV / MV / zonder functie

Je	me	rappelle tout.
	m'	amuse bien.
Tu	te	plais ici?
	t'	en vas déjà?
Il	se	fâche trop.
Elle	s'	excuse déjà.
Nous	nous	parlons souvent.
Vous	vous	arrêtez déjà?
Ils	se	battent.
Elles	s'	ennuient.

Formes toniques
beklemtoonde vormen

Moi,	j'	ai raison.
Toi,	tu	as tort.
Lui,	il	parle trop.
Elle,	elle	se tait.
Nous,	nous	partons.
Nous,	on	attend.
Vous,	vous	restez.
Eux,	ils	dorment.
Elles,	elles	travaillent.

En / Y

Elle	en	parle. (du match)
J'	en	veux. (des pommes)
On	en	sort. (du train)
Il	y	pense. (aux vacances)
Ils	y	vont. (au cinéma)
Nous	y	restons. (en France)

15 Le verbe

APERÇU GÉNÉRAL　　　　　　　　　　　　　　　**ALGEMEEN OVERZICHT**

198

15.1 La conjugaison des verbes types　　　　　　199 à 221

15.1.1 Groupe 1: verbes en - er
A type: penser　　　　　　　　　　　199
B type: oublier　　　　　　　　　　　200
C formes spéciales: -ger, -cer, -e …er,　　201 à 207
　　　　　-eler, -eter, -yer, é …er

15.1.2 Groupe 2: verbes en - ir
A type: finir　　　　　　　　　　　　208-209
B type: partir　　　　　　　　　　　210-211
C type: ouvrir　　　　　　　　　　　212-213

15.1.3 Groupe 3: verbes en -re
A type: conduire　　　　　　　　　　214-215
B type: attendre　　　　　　　　　　216-217
C type: peindre　　　　　　　　　　218-219

15.1.4 Verbes auxiliaires: avoir, être　　220-221

15.2 La formation des temps et des modes　　　　　　222 à 256

Schéma de la formation des temps et des modes		Schema van de vorming van tijden en wijzen
- indicatif présent et dérivés	222	- tegenwoordige tijd en afgeleide vormen
- infinitif et dérivés	223	- infinitief en afgeleide vormen
- participe passé et dérivés	224	- voltooid deelwoord en afgeleide vormen

15.2.1 Formes dérivées de l'indicatif présent　　　Vormen afgeleid van de ind. prés.
A L'impératif　　　　　　　　　　　225-226　　De gebiedende wijs
B L' imparfait　　　　　　　　　　　227-228　　De onvoltooid verleden tijd
C Le participe présent et le gérondif　229 à 232　Het onvoltooid deelwoord en de 'gérondif'
D Le subjonctif présent　　　　　　　233-234　　De conjunctief

15.2.2 Formes dérivées de l'infinitif　　　　　　Vormen afgeleid van de infinitief
A Le futur simple　　　　　　　　　　235-237　　De toekomende tijd
B Le conditionnel présent　　　　　　　236-237　　De voorwaardelijke wijs
C Futur simple et conditionnel présent des verbes　238　Toekomende tijd en voorwaardelijke wijs van de
　 irréguliers　　　　　　　　　　　　　　　　　onregelmatige ww.
D Le futur proche　　　　　　　　　　239-240　　De nabije toekomst
E Le passé récent　　　　　　　　　　241-242　　Het nabije verleden

15.2.3 Formation du participe passé　　　243　　Vorming van het voltooid deelwoord

15.2.4 Formation des temps composés　　　　　Vorming van de samengestelde tijden
A Aperçu général　　　　　　　　　　244　　　Algemeen overzicht
B La formation du passé composé　　　245 à 249　De vorming van de voltooid tegenw. tijd

15.2.5 L'accord du participe passé　　250 à 256　De overeenkomst van het voltooid deelwoord
A Règles générales　　　　　　　　　　251 à 253　Algemene regels
B Règles particulières　　　　　　　　　254 à 256　Speciale regels

15.3 Tableau des verbes irréguliers　　　　　　　　257

15.4	**Liste pratique de verbes fréquents**		258-259
15.4.1	Liste de verbes	258	Lijst van werkwoorden
15.4.2	Où trouvez-vous la conjugaison des verbes?	259	Waar vind je de vervoeging van de werkwoorden?

15.5	**Emploi des temps et des modes**		260 à 315
15.5.1	Conjugaison et emploi du verbe pronominal	260 à 265	Vervoeging en gebruik van het wederkerig ww.
15.5.2	Emploi des verbes impersonnels	266 à 275	Gebruik van de onpersoonlijke ww.
15.5.3	Les semi-auxiliaires	276 à 281	De hulpwerkwoorden van wijze
15.5.4	Emploi de l'infinitif	282	Gebruik van de infinitief
15.5.5	Emploi de l'impératif	283	Gebruik van de gebiedende wijs
15.5.6	Emploi du futur simple / du futur proche	284	Gebruik van de toekomende tijd / de nabije toekomst
15.5.7	Emploi du passé récent	285	Gebruik van het nabije verleden
15.5.8	Emploi du participe présent et du gérondif	286 à 290	Gebruik van het onvoltooid deelwoord
15.5.9	Emploi de l'imparfait et du passé composé	291	Gebruik van de o.v.t. en de v.t.t.
15.5.10	Emploi du participe passé	292	Gebruik van het voltooid deelwoord
15.5.11	Emploi du conditionnel	293	Gebruik van de voorwaardelijke wijs
15.5.12	Emploi de si	294 à 297	Gebruik van als, indien
15.5.13	Emploi du subjonctif	298 à 307	Gebruik van de conjunctief
15.5.14	Formes et emploi du passé simple	308-309	Vormen en gebruik van de 'passé simple'
15.5.15	La forme active et passive	310 à 315	De actieve en de passieve vorm

15.1 La conjugaison des verbes types

199 ### 15.1.1 Groupe 1: verbes en -er

A Type: PENSER (denken)

L'INDICATIF			
présent ik denk		**passé composé** ik heb gedacht	
je pens**e** tu pens**es** il pens**e** nous pens**ons** vous pens**ez** ils pens**ent**		j'ai pensé tu as pensé il a pensé nous avons pensé vous avez pensé ils ont pensé	
imparfait ik dacht		**plus-que-parfait** ik had gedacht	
je pensais tu pensais il pensait nous pensions vous pensiez ils pensaient		j'avais pensé tu avais pensé il avait pensé nous avions pensé vous aviez pensé ils avaient pensé	
passé simple ik dacht / ik heb gedacht			
je pensai tu pensas il pensa nous pensâmes vous pensâtes ils pensèrent			
futur simple ik zal denken		**futur antérieur** ik zal gedacht hebben	
je penserai tu penseras il pensera nous penserons vous penserez ils penseront		j'aurai pensé tu auras pensé il aura pensé nous aurons pensé vous aurez pensé ils auront pensé	

LE SUBJONCTIF	
présent dat ik denk	**passé** dat ik gedacht heb
que je pense que tu penses qu'il pense que nous pensions que vous pensiez qu'ils pensent	que j'aie pensé que tu aies pensé qu'il ait pensé que nous ayons pensé que vous ayez pensé qu'ils aient pensé

L'IMPÉRATIF	
pense pensons pensez	denk laat ons denken denk

LE PARTICIPE	
présent denkend	**passé** gedacht
pensant	pensé

L'INFINITIF	
présent denken	**passé** gedacht hebben
penser	avoir pensé

LE CONDITIONNEL	
présent ik zou denken	**passé** ik zou gedacht hebben
je penserais tu penserais il penserait nous penserions vous penseriez ils penseraient	j'aurais pensé tu aurais pensé il aurait pensé nous aurions pensé vous auriez pensé ils auraient pensé

200 #### B Type: OUBLIER (vergeten) – Verbes en -IER

L'INDICATIF	
présent	**imparfait**
j'oublie	j'oubliais
nous oublions	nous oubliions
vous oubliez	vous oubliiez

ATTENTION
 Ne pas oublier le «i» !

LET OP
 De «i» niet vergeten!

Même conjugaison

apprécier	waarderen	crier	roepen	remercier	bedanken
confier	toevertrouwen	publier	publiceren	vérifier	controleren

C Formes spéciales

a Verbes en –GER 201

MANGER eten	indicatif présent ik eet	impératif eet	imparfait ik at	participe présent etend
ATTENTION g**e** devant a o	je mange tu manges il mange nous mang**e**ons vous mangez ils mangent	mange mang**e**ons mangez	je mang**e**ais tu mang**e**ais il mang**e**ait nous mangions vous mangiez ils mang**e**aient	mang**e**ant

Même conjugaison

changer	veranderen	encourager	aanmoedigen	neiger	sneeuwen
se changer	zich omkleden	exiger	eisen	partager	delen
corriger	verbeteren	mélanger	mengen	protéger	beschermen
déménager	verhuizen	nager	zwemmen	ranger	ordenen

b Verbes en -CER 202

AVANCER vooruitgaan	indicatif présent ik ga vooruit	impératif ga vooruit	imparfait ik ging vooruit	participe présent vooruitgaand
ATTENTION **ç** devant a o	j'avance tu avances il avance nous avan**ç**ons vous avancez ils avancent	avance avan**ç**ons avancez	j'avan**ç**ais tu avan**ç**ais il avan**ç**ait nous avancions vous avanciez ils avan**ç**aient	avan**ç**ant

Même conjugaison

annoncer	aankondigen	effacer	uitwissen	menacer	bedreigen
commencer	beginnen	s'exercer	zich oefenen	placer	plaatsen
(se) déplacer	(zich) verplaatsen	lancer	werpen	prononcer	uitspreken

c Verbes en -E …ER 203

ACHETER kopen	indicatif présent ik koop	impératif koop	imparfait ik kocht	participe présent kopend
ATTENTION e → **è** + syllabe muette (voor een doffe lettergreep)	j'ach**è**te tu ach**è**tes il ach**è**te nous achetons vous achetez ils ach**è**tent	ach**è**te achetons achetez	j'achetais tu achetais il achetait nous achetions vous achetiez ils achetaient	achetant
	futur simple ik zal kopen	conditionnel présent ik zou kopen	passé composé ik heb gekocht	
VOIR n° 237	j'ach**è**terai tu ach**è**teras il ach**è**tera nous ach**è**terons vous ach**è**terez ils ach**è**teront	j'ach**è**terais tu ach**è**terais il ach**è**terait nous ach**è**terions vous ach**è**teriez ils ach**è**teraient	j'ai acheté	

Même conjugaison

achever	beëindigen	se lever	opstaan	peser	wegen
amener	meebrengen	mener	leiden	se promener	wandelen
emmener	meenemen	geler	vriezen	semer	zaaien
lever	opheffen	peler	pellen		

d Verbes en -ELER / -ETER*

204 APPELER
roepen

	indicatif présent ik roep	impératif roep	imparfait ik riep	participe présent roepend
ATTENTION l → ll + e muet -elle prononciation {Isabelle}	j'appelle tu appelles il appelle nous appelons vous appelez ils appellent	appelle appelons appelez	j'appelais tu appelais il appelait nous appelions vous appeliez ils appelaient	appelant
	futur simple	**conditionnel présent**	**passé composé**	
VOIR n° 237	j'appellerai	j'appellerais	j'ai appelé	

Même conjugaison

| s'appeler | heten | (se) rappeler | (zich) herinneren | renouveler | vernieuwen |

205 JETER
werpen

	indicatif présent ik werp	impératif werp	imparfait ik wierp	participe présent werpend
ATTENTION t → tt + e muet -ette prononciation {Antoinette}	je jette tu jettes il jette nous jetons vous jetez ils jettent	jette jetons jetez	je jetais tu jetais il jetait nous jetions vous jetiez ils jetaient	jetant
	futur simple	**conditionnel présent**	**passé composé**	
VOIR n° 237	je jetterai	je jetterais	j'ai jeté	

Même conjugaison

| feuilleter | doorbladeren | projeter | projecteren | rejeter | verwerpen |

* Nouvelle orthographe, n° 384

e Verbes en –YER

206

APPUYER steunen	indicatif présent ik steun	impératif steun	imparfait ik steunde	participe présent steunend
ATTENTION y → i + e muet	j'appuie tu appuies il appuie nous appuyons vous appuyez ils appuient	appuie appuyons appuyez	j'appuyais tu appuyais il appuyait nous appuyions vous appuyiez ils appuyaient	appuyant
	futur simple ik zal steunen	**conditionnel présent** ik zou steunen	**passé composé** ik heb gesteund	
VOIR n° 237	j'appuierai	j'appuierais	j'ai appuyé	

Même conjugaison

aboyer	blaffen	(s')ennuyer	(zich) vervelen	nettoyer	schoonmaken
effrayer	doen schrikken	essayer	proberen / passen	se noyer	verdrinken
employer	gebruiken	(s')essuyer	(zich) afdrogen	payer	betalen

ATTENTION
envoyer (opsturen): **VOIR** n° 257

f Verbes en -É …ER*

207

ESPÉRER hopen	indicatif présent ik hoop	impératif hoop	imparfait ik hoopte	participe présent hopend
ATTENTION é → è + syllabe muette (voor een doffe lettergreep)	j'espère tu espères il espère nous espérons vous espérez ils espèrent	espère espérons espérez	j'espérais tu espérais il espérait nous espérions vous espériez ils espéraient	espérant
	futur simple	**conditionnel présent**	**passé composé**	
VOIR n° 237	j'espèrerai	j'espèrerais	j'ai espéré	

Même conjugaison

compléter	vervolledigen	pénétrer	indringen	répéter	herhalen
exagérer	overdrijven	précéder	voorafgaan	révéler	openbaren
(s')inquiéter	verontrusten, zich zorgen maken	préférer protéger	verkiezen beschermen	sécher succéder à	drogen opvolgen

* Nouvelle orthographe, n° 384

15.1.2 Groupe 2: verbes en -ir

A Type: FINIR (eindigen)

L'INDICATIF

présent ik eindig	**passé composé** ik heb geëindigd
je fin**is**	j'ai fini
tu fin**is**	tu as fini
il fin**it**	il a fini
nous fin**issons**	nous avons fini
vous fin**issez**	vous avez fini
ils fin**issent**	ils ont fini

imparfait ik eindigde	**plus-que-parfait** ik had geëindigd
je finissais	j'avais fini
tu finissais	tu avais fini
il finissait	il avait fini
nous finissions	nous avions fini
vous finissiez	vous aviez fini
ils finissaient	ils avaient fini

passé simple ik eindigde / ik heb geëindigd	
je finis	
tu finis	
il finit	
nous finîmes	
vous finîtes	
ils finirent	

futur simple ik zal eindigen	**futur antérieur** ik zal geëindigd hebben
je finirai	j'aurai fini
tu finiras	tu auras fini
il finira	il aura fini
nous finirons	nous aurons fini
vous finirez	vous aurez fini
ils finiront	ils auront fini

LE SUBJONCTIF

présent dat ik eindig	**passé** dat ik geëindigd heb
que je finisse	que j'aie fini
que tu finisses	que tu aies fini
qu'il finisse	qu'il ait fini
que nous finissions	que nous ayons fini
que vous finissiez	que vous ayez fini
qu'ils finissent	qu'ils aient fini

L'IMPÉRATIF

finis	eindig
finissons	laten we eindigen
finissez	eindig

LE PARTICIPE

présent eindigend	**passé** geëindigd
finissant	fini

L'INFINITIF

présent eindigen	**passé** geëindigd hebben
finir	avoir fini

LE CONDITIONNEL

présent ik zou eindigen	**passé** ik zou geëindigd hebben
je finirais	j'aurais fini
tu finirais	tu aurais fini
il finirait	il aurait fini
nous finirions	nous aurions fini
vous finiriez	vous auriez fini
ils finiraient	ils auraient fini

209 Comme FINIR

tous les verbes en -IR <u>sauf</u> les verbes du groupe PARTIR, VOIR n° 210-211
les verbes du groupe OUVRIR, VOIR n° 212-213
les verbes irréguliers, VOIR n° 257 (courir, cueillir, mourir, tenir, venir)

Exemples

affaiblir	verzwakken	grandir	groeien	réfléchir	nadenken
applaudir	toejuichen	grossir	verzwaren	refroidir	afkoelen
avertir	verwittigen	investir	investeren	réussir	slagen, lukken
bondir	springen	maigrir	vermageren	rôtir	braden
convertir	converteren	pâlir	bleek worden	rougir	blozen
définir	bepalen	rajeunir	verjongen	salir	vuil maken
				vieillir	verouderen

B Type: PARTIR (vertrekken)

L'INDICATIF

présent ik vertrek	passé composé ik ben vertrokken
je pars	je suis parti(e)
tu pars	tu es parti(e)
il part	il / elle est parti(e)
nous partons	nous sommes parti(e)s
vous partez	vous êtes parti(e)s
ils partent	ils / elles sont parti(e)s

imparfait ik vertrok	plus-que-parfait ik was vertrokken
je partais	j'étais parti(e)
tu partais	tu étais parti(e)
il partait	il / elle était parti(e)
nous partions	nous étions parti(e)s
vous partiez	vous étiez parti(e)s
ils partaient	ils / elles étaient parti(e)s

passé simple ik vertrok / ik ben vertrokken	
je partis	
tu partis	
il partit	
nous partîmes	
vous partîtes	
ils partirent	

futur simple ik zal vertrekken	futur antérieur ik zal vertrokken zijn
je partirai	je serai parti(e)
tu partiras	tu seras parti(e)
il partira	il / elle sera parti(e)
nous partirons	nous serons parti(e)s
vous partirez	vous serez parti(e)s
ils partiront	ils / elles seront parti(e)s

LE SUBJONCTIF

présent dat ik vertrek	passé dat ik vertrokken ben
que je parte	que je sois parti(e)
que tu partes	que tu sois parti(e)
qu'il parte	qu'il / elle soit parti(e)
que nous partions	que nous soyons parti(e)s
que vous partiez	que vous soyez parti(e)s
qu'ils partent	qu'ils / elles soient parti(e)s

L'IMPÉRATIF

pars	vertrek
partons	laten we vertrekken
partez	vertrek

LE PARTICIPE

présent vertrekkend	passé vertrokken
partant	parti

L'INFINITIF

présent vertrekken	passé vertrokken zijn
partir	être parti

LE CONDITIONNEL

présent ik zou vertrekken	passé ik zou vertrokken zijn
je partirais	je serais parti(e)
tu partirais	tu serais parti(e)
il partirait	il serait parti(e)
nous partirions	nous serions parti(e)s
vous partiriez	vous seriez parti(e)s
ils partiraient	ils / elles seraient parti(e)s

Comme PARTIR

DORMIR slapen	MENTIR liegen	SERVIR (be)dienen	SORTIR buitengaan, uitgaan
je dors	je mens	je sers	je sors
tu dors	tu mens	tu sers	tu sors
il dort	il ment	il sert	il sort
nous dormons	nous mentons	nous servons	nous sortons
vous dormez	vous mentez	vous servez	vous sortez
ils dorment	ils mentent	ils servent	ils sortent

Même conjugaison

sentir	ruiken, voelen	se repentir	berouw hebben	ressentir	gewaarworden, voelen

212 C Type: OUVRIR (openen)

L'INDICATIF

présent	passé composé
ik open	ik heb geopend
j'ouvre	j'ai ouvert
tu ouvres	tu as ouvert
il ouvre	il a ouvert
nous ouvrons	nous avons ouvert
vous ouvrez	vous avez ouvert
ils ouvrent	ils ont ouvert

imparfait	plus-que-parfait
ik opende	ik had geopend
j'ouvrais	j'avais ouvert
tu ouvrais	tu avais ouvert
il ouvrait	il avait ouvert
nous ouvrions	nous avions ouvert
vous ouvriez	vous aviez ouvert
ils ouvraient	ils avaient ouvert

passé simple	
ik opende / ik heb geopend	
j'ouvris	
tu ouvris	
il ouvrit	
nous ouvrîmes	
vous ouvrîtes	
ils ouvrirent	

futur simple	futur antérieur
ik zal openen	ik zal geopend hebben
j'ouvrirai	j'aurai ouvert
tu ouvriras	tu auras ouvert
il ouvrira	il aura ouvert
nous ouvrirons	nous aurons ouvert
vous ouvrirez	vous aurez ouvert
ils ouvriront	ils auront ouvert

LE SUBJONCTIF

présent	passé
dat ik open	dat ik geopend heb
que j'ouvre	que j'aie ouvert
que tu ouvres	que tu aies ouvert
qu'il ouvre	qu'il ait ouvert
que nous ouvrions	que nous ayons ouvert
que vous ouvriez	que vous ayez ouvert
qu'ils ouvrent	qu'ils aient ouvert

L'IMPÉRATIF

ouvre	open
ouvrons	laten we openen
ouvrez	open

LE PARTICIPE

présent	passé
openend	geopend
ouvrant	ouvert

L'INFINITIF

présent	passé
openen	geopend hebben
ouvrir	avoir ouvert

LE CONDITIONNEL

présent	passé
ik zou openen	ik zou geopend hebben
j'ouvrirais	j'aurais ouvert
tu ouvrirais	tu aurais ouvert
il ouvrirait	il aurait ouvert
nous ouvririons	nous aurions ouvert
vous ouvririez	vous auriez ouvert
ils ouvriraient	ils auraient ouvert

213 Comme OUVRIR

couvrir	dekken, bedekken	offrir	geven, aanbieden, schenken	rouvrir	opnieuw openen
découvrir	ontdekken	recouvrir	bedekken, overtrekken	souffrir	lijden
entrouvrir	half openen				

ATTENTION

cueillir (plukken), accueillir (onthalen), recueillir (ontvangen): verbes irréguliers, **VOIR** n° 257.

15.1.3 Groupe 3: verbes en -re

A Type: CONDUIRE (rijden, leiden)

L'INDICATIF

présent ik rijd	**passé composé** ik heb gereden
je condui**s**	j'ai conduit
tu condui**s**	tu as conduit
il condui**t**	il a conduit
nous condui**sons**	nous avons conduit
vous condui**sez**	vous avez conduit
ils condui**sent**	ils ont conduit

imparfait ik reed	**plus-que-parfait** ik had gereden
je conduisais	j'avais conduit
tu conduisais	tu avais conduit
il conduisait	il avait conduit
nous conduisions	nous avions conduit
vous conduisiez	vous aviez conduit
ils conduisaient	ils avaient conduit

passé simple ik reed / ik heb gereden	
je conduisis	
tu conduisis	
il conduisit	
nous conduisîmes	
vous conduisîtes	
ils conduisirent	

futur simple ik zal rijden	**futur antérieur** ik zal gereden hebben
je conduirai	j'aurai conduit
tu conduiras	tu auras conduit
il conduira	il aura conduit
nous conduirons	nous aurons conduit
vous conduirez	vous aurez conduit
ils conduiront	ils auront conduit

LE SUBJONCTIF

présent dat ik rijd	**passé** dat ik gereden heb
que je conduise	que j'aie conduit
que tu conduises	que tu aies conduit
qu'il conduise	qu'il ait conduit
que nous conduisions	que nous ayons conduit
que vous conduisiez	que vous ayez conduit
qu'ils conduisent	qu'ils aient conduit

L'IMPÉRATIF

conduis	rijd
conduisons	laten we rijden
conduisez	rijd

LE PARTICIPE

présent rijdend	**passé** gereden
conduisant	conduit

L'INFINITIF

présent rijden	**passé** gereden hebben
conduire	avoir conduit

LE CONDITIONNEL

présent ik zou rijden	**passé** ik zou gereden hebben
je conduirais	j'aurais conduit
tu conduirais	tu aurais conduit
il conduirait	il aurait conduit
nous conduirions	nous aurions conduit
vous conduiriez	vous auriez conduit
ils conduiraient	ils auraient conduit

Comme CONDUIRE

se conduire	zich gedragen	enduire	instrijken	reconduire	terugbrengen
construire	bouwen	instruire	opleiden	réduire	reduceren
cuire	koken, bakken	introduire	inleiden	séduire	verleiden
détruire	vernietigen	produire	produceren	traduire	vertalen

ATTENTION

nuire (schaden) → part. passé: **nui**

B Type: ATTENDRE (wachten)

L'INDICATIF

présent
ik wacht

j'attend**s**
tu attend**s**
il atten**d**
nous attend**ons**
vous attend**ez**
ils attend**ent**

passé composé
ik heb gewacht

j'ai attendu
tu as attendu
il a attendu
nous avons attendu
vous avez attendu
ils ont attendu

imparfait
ik wachtte

j'attendais
tu attendais
il attendait
nous attendions
vous attendiez
ils attendaient

plus-que-parfait
ik had gewacht

j'avais attendu
tu avais attendu
il avait attendu
nous avions attendu
vous aviez attendu
ils avaient attendu

passé simple
ik wachtte / ik heb gewacht

j'attendis
tu attendis
il attendit
nous attendîmes
vous attendîtes
ils attendirent

futur simple
ik zal wachten

j'attendrai
tu attendras
il attendra
nous attendrons
vous attendrez
ils attendront

futur antérieur
ik zal gewacht hebben

j'aurai attendu
tu auras attendu
il aura attendu
nous aurons attendu
vous aurez attendu
ils auront attendu

LE SUBJONCTIF

présent
dat ik wacht

que j'attende
que tu attendes
qu'il attende
que nous attendions
que vous attendiez
qu'ils attendent

passé
dat ik gewacht heb

que j'aie attendu
que tu aies attendu
qu'il ait attendu
que nous ayons attendu
que vous ayez attendu
qu'ils aient attendu

L'IMPÉRATIF

attends — wacht
attendons — laten we wachten
attendez — wacht

LE PARTICIPE

présent
wachtend

attendant

passé
gewacht

attendu

L'INFINITIF

présent
wachten

attendre

passé
gewacht hebben

avoir attendu

LE CONDITIONNEL

présent
ik zou wachten

j'attendrais
tu attendrais
il attendrait
nous attendrions
vous attendriez
ils attendraient

passé
ik zou gewacht hebben

j'aurais attendu
tu aurais attendu
il aurait attendu
nous aurions attendu
vous auriez attendu
ils auraient attendu

217 Comme ATTENDRE

confondre	verwarren	mordre	bijten
correspondre	overeenkomen, corresponderen	pendre	ophangen
défendre	verbieden, verdedigen	perdre	verliezen
dépendre (de)	afhangen (van)	prétendre	beweren
descendre	naar beneden gaan, uitstappen	rendre	teruggeven
détendre	ontspannen	répondre	antwoorden
entendre	horen	suspendre	opschorten, ophangen
étendre	(ver)spreiden	tendre	strekken, reiken
fendre	splijten	tordre	wringen
		vendre	verkopen

ATTENTION
Prendre (apprendre, comprendre, etc) = verbe irrégulier, VOIR n° 257

C Type: PEINDRE (schilderen)

L'INDICATIF

présent	passé composé
ik schilder	ik heb geschilderd
je peins	j'ai peint
tu peins	tu as peint
il peint	il a peint
nous peignons	nous avons peint
vous peignez	vous avez peint
ils peignent	ils ont peint

imparfait	plus-que-parfait
ik schilderde	ik had geschilderd
je peignais	j'avais peint
tu peignais	tu avais peint
il peignait	il avait peint
nous peignions	nous avions peint
vous peigniez	vous aviez peint
ils peignaient	ils avaient peint

passé simple	
ik schilderde / ik heb geschilderd	
je peignis	
tu peignis	
il peignit	
nous peignîmes	
vous peignîtes	
ils peignirent	

futur simple	futur antérieur
ik zal schilderen	ik zal geschilderd hebben
je peindrai	j'aurai peint
tu peindras	tu auras peint
il peindra	il aura peint
nous peindrons	nous aurons peint
vous peindrez	vous aurez peint
ils peindront	ils auront peint

LE SUBJONCTIF

présent	passé
dat ik schilder	dat ik geschilderd heb
que je peigne	que j'aie peint
que tu peignes	que tu aies peint
qu'il peigne	qu'il ait peint
que nous peignions	que nous ayons peint
que vous peigniez	que vous ayez peint
qu'ils peignent	qu'ils aient peint

L'IMPÉRATIF

peins	schilder
peignons	laten we schilderen
peignez	schilder

LE PARTICIPE

présent	passé
schilderend	geschilderd
peignant	peint

L'INFINITIF

présent	passé
schilderen	geschilderd hebben
peindre	avoir peint

LE CONDITIONNEL

présent	passé
ik zou schilderen	ik zou geschilderd hebben
je peindrais	j'aurais peint
tu peindrais	tu aurais peint
il peindrait	il aurait peint
nous peindrions	nous aurions peint
vous peindriez	vous auriez peint
ils peindraient	ils auraient peint

Comme PEINDRE

atteindre	bereiken	(s')éteindre	(uit)doven	se plaindre (de)	klagen (over)
contraindre	dwingen	feindre	veinzen	rejoindre	zich voegen bij
craindre	vrezen	joindre	bereiken, samenvoegen	teindre	verven
enfreindre	overtreden	plaindre	beklagen		

ATTENTION

Verbes en -eindre / -aindre / -oindre → à toutes les formes : ei / ai / oi
Le participe passé se termine par -t : joindre → joint
                                             plaindre → plaint
                                             teindre → teint

15.1.4 Verbes auxiliaires

A Verbe auxiliaire AVOIR

L'INDICATIF

présent ik heb	passé composé ik heb gehad
j'ai tu as il a nous avons vous avez ils ont	j'ai eu { **u** } tu as eu il a eu nous avons eu vous avez eu ils ont eu

imparfait ik had	plus-que-parfait ik had gehad
j'avais tu avais il avait nous avions vous aviez ils avaient	j'avais eu { **u** } tu avais eu il avait eu nous avions eu vous aviez eu ils avaient eu

passé simple	
ik had / ik heb gehad	
j'eus { **u** } tu eus il eut nous eûmes vous eûtes ils eurent	

futur simple ik zal hebben	futur antérieur ik zal gehad hebben
j'aurai tu auras il aura nous aurons vous aurez ils auront	j'aurai eu tu auras eu il aura eu nous aurons eu vous aurez eu ils auront eu

LE SUBJONCTIF

présent dat ik heb	passé dat ik gehad heb
que j'aie que tu aies qu'il ait que nous ayons que vous ayez qu'ils aient	que j'aie eu que tu aies eu qu'il ait eu que nous ayons eu que vous ayez eu qu'ils aient eu

L'IMPÉRATIF

aie	heb
ayons	laten we hebben
ayez	heb

LE PARTICIPE

présent hebbend	passé gehad
ayant	eu

L'INFINITIF

présent hebben	passé gehad hebben
avoir	avoir eu

LE CONDITIONNEL

présent ik zou hebben	passé ik zou gehad hebben
j'aurais tu aurais il aurait nous aurions vous auriez ils auraient	j'aurais eu tu aurais eu il aurait eu nous aurions eu vous auriez eu ils auraient eu

Prononciation: j'ai, que j'aie, que tu aies, qu'il ait, aie } = [e]

VOIR Emploi aux temps composés, n° 245 à 247

B Verbe auxiliaire ÊTRE

L'INDICATIF

présent ik ben	passé composé ik ben geweest
je suis	j'ai été
tu es	tu as été
il est	il a été
nous sommes	nous avons été
vous êtes	vous avez été
ils sont	ils ont été

imparfait ik was	plus-que-parfait ik was geweest
j'étais	j'avais été
tu étais	tu avais été
il était	il avait été
nous étions	nous avions été
vous étiez	vous aviez été
ils étaient	ils avaient été

passé simple ik was / ik ben geweest	
je fus	
tu fus	
il fut	
nous fûmes	
vous fûtes	
ils furent	

futur simple ik zal zijn	futur antérieur ik zal geweest zijn
je serai	j'aurai été
tu seras	tu auras été
il sera	il aura été
nous serons	nous aurons été
vous serez	vous aurez été
ils seront	ils auront été

LE SUBJONCTIF

présent dat ik ben	passé dat ik geweest ben
que je sois	que j'aie été
que tu sois	que tu aies été
qu'il soit	qu'il ait été
que nous soyons	que nous ayons été
que vous soyez	que vous ayez été
qu'ils soient	qu'ils aient été

L'IMPÉRATIF

sois	wees
soyons	laten we zijn
soyez	wees

LE PARTICIPE

présent zijnde	passé geweest
étant	été

L'INFINITIF

présent zijn	passé geweest zijn
être	avoir été

LE CONDITIONNEL

présent ik zou zijn	passé ik zou geweest zijn
je serais	j'aurais été
tu serais	tu aurais été
il serait	il aurait été
nous serions	nous aurions été
vous seriez	vous auriez été
ils seraient	ils auraient été

Prononciation: sois [**swa**]
soyons [**swajɔ̃**]

VOIR Emploi aux temps composés, n° 245, 247 à 249

ATTENTION
Ik ben ziek geweest. = J'ai été malade.
Ze is 20 (jaar). = Elle a vingt ans.
Er is / er zijn. = il y a

222 15.2 La formation des temps et des modes

EXEMPLE
PRENDRE
nemen

IMPÉRATIF
neem
VOIR n° 225-226

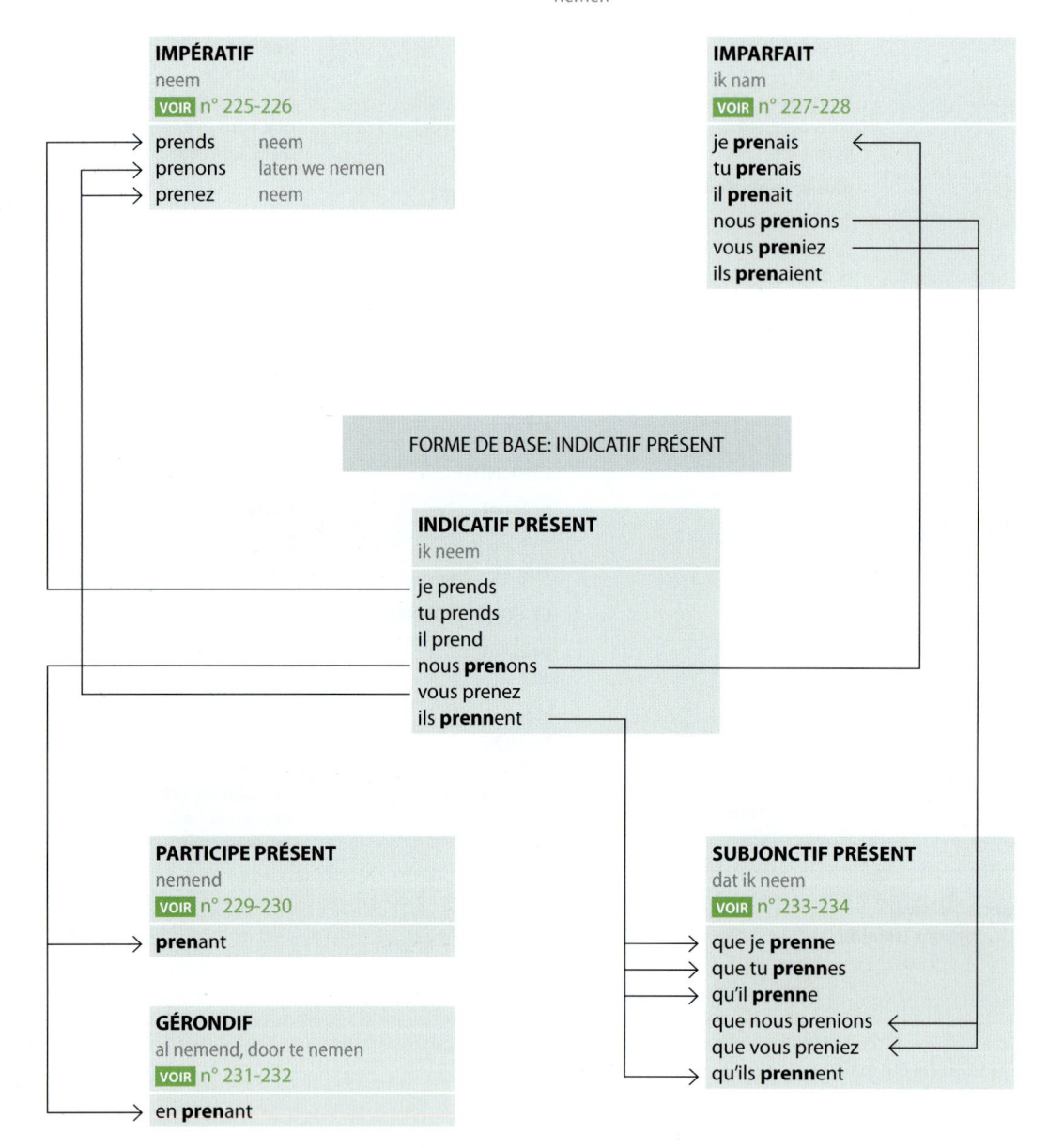

→ prends   neem
→ prenons   laten we nemen
→ prenez   neem

IMPARFAIT
ik nam
VOIR n° 227-228

je **pre**nais
tu **pre**nais
il **pren**ait
nous **pren**ions
vous **pren**iez
ils **pren**aient

FORME DE BASE: INDICATIF PRÉSENT

INDICATIF PRÉSENT
ik neem

je prends
tu prends
il prend
nous **pren**ons
vous prenez
ils **prenn**ent

PARTICIPE PRÉSENT
nemend
VOIR n° 229-230

→ **pren**ant

GÉRONDIF
al nemend, door te nemen
VOIR n° 231-232

→ en **pren**ant

SUBJONCTIF PRÉSENT
dat ik neem
VOIR n° 233-234

→ que je **prenn**e
→ que tu **prenn**es
→ qu'il **prenn**e
que nous prenions ←
que vous preniez ←
→ qu'ils **prenn**ent

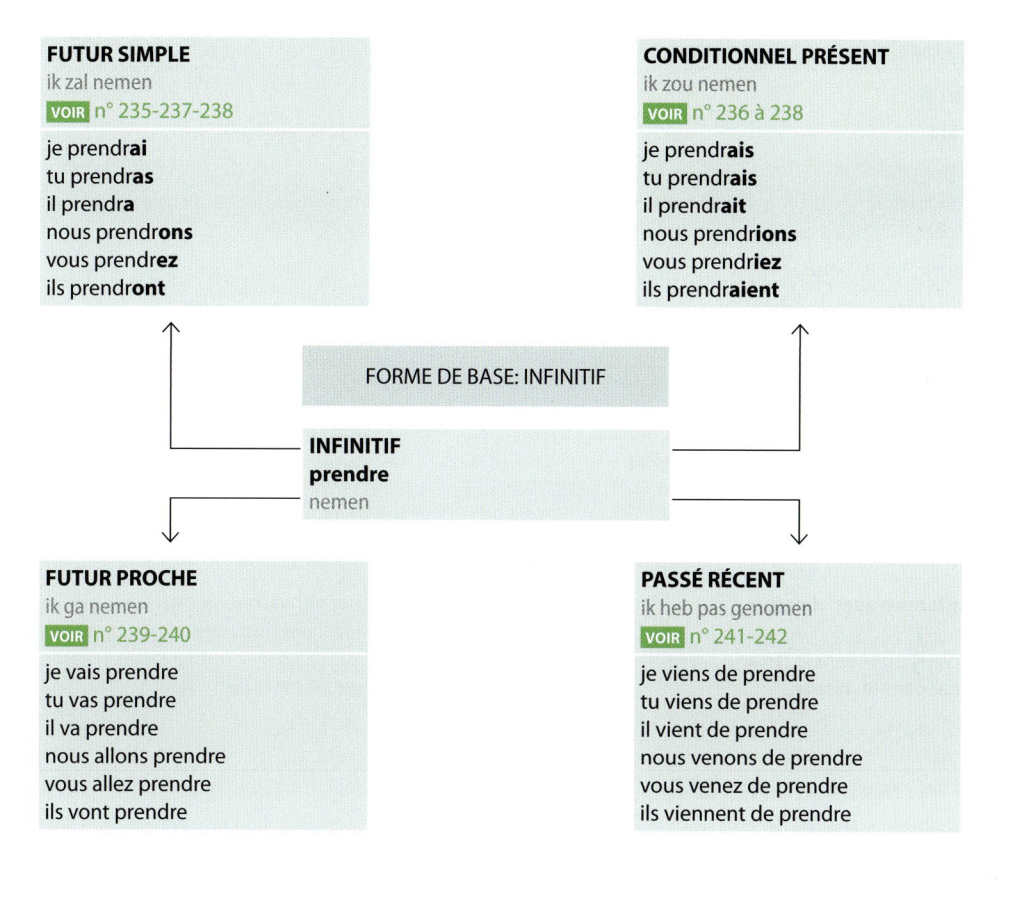

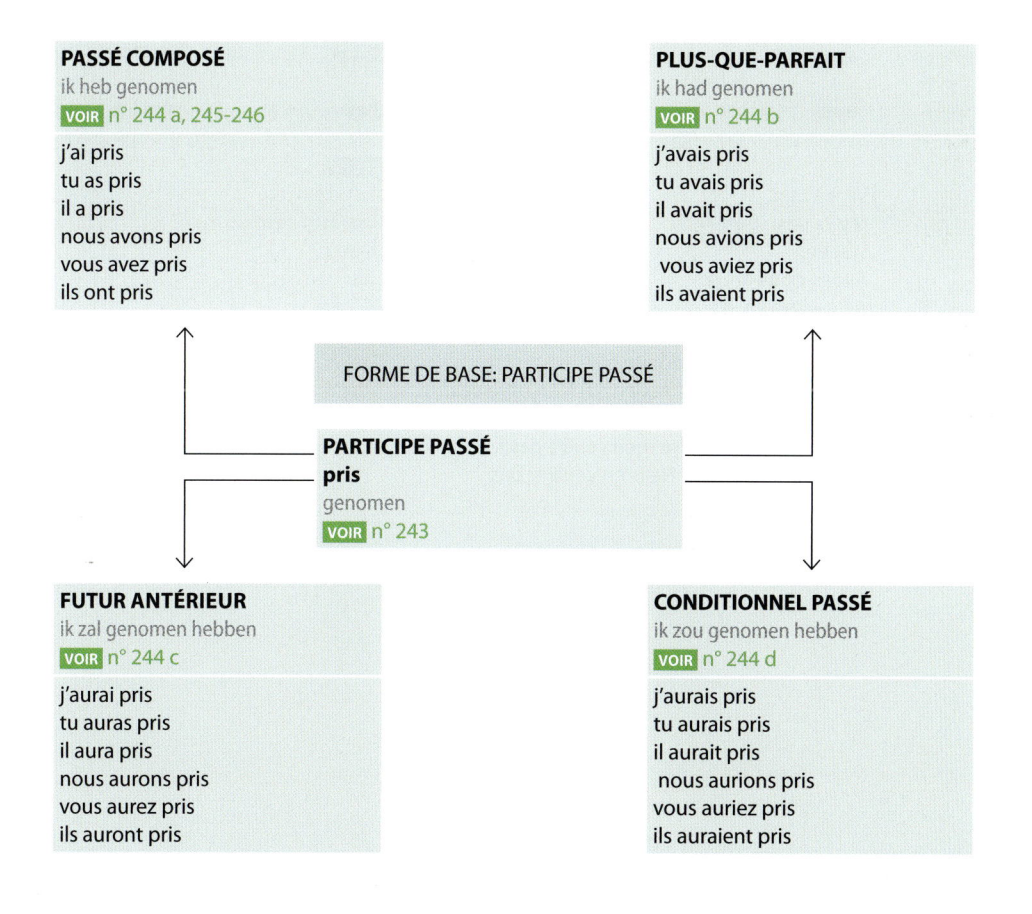

FUTUR SIMPLE
ik zal nemen
VOIR n° 235-237-238

je prendr**ai**
tu prendr**as**
il prendr**a**
nous prendr**ons**
vous prendr**ez**
ils prendr**ont**

CONDITIONNEL PRÉSENT
ik zou nemen
VOIR n° 236 à 238

je prendr**ais**
tu prendr**ais**
il prendr**ait**
nous prendr**ions**
vous prendr**iez**
ils prendr**aient**

FORME DE BASE: INFINITIF

INFINITIF
prendre
nemen

FUTUR PROCHE
ik ga nemen
VOIR n° 239-240

je vais prendre
tu vas prendre
il va prendre
nous allons prendre
vous allez prendre
ils vont prendre

PASSÉ RÉCENT
ik heb pas genomen
VOIR n° 241-242

je viens de prendre
tu viens de prendre
il vient de prendre
nous venons de prendre
vous venez de prendre
ils viennent de prendre

223

PASSÉ COMPOSÉ
ik heb genomen
VOIR n° 244 a, 245-246

j'ai pris
tu as pris
il a pris
nous avons pris
vous avez pris
ils ont pris

PLUS-QUE-PARFAIT
ik had genomen
VOIR n° 244 b

j'avais pris
tu avais pris
il avait pris
nous avions pris
vous aviez pris
ils avaient pris

FORME DE BASE: PARTICIPE PASSÉ

PARTICIPE PASSÉ
pris
genomen
VOIR n° 243

FUTUR ANTÉRIEUR
ik zal genomen hebben
VOIR n° 244 c

j'aurai pris
tu auras pris
il aura pris
nous aurons pris
vous aurez pris
ils auront pris

CONDITIONNEL PASSÉ
ik zou genomen hebben
VOIR n° 244 d

j'aurais pris
tu aurais pris
il aurait pris
nous aurions pris
vous auriez pris
ils auraient pris

224

15.2.1 Formes dérivées de l'indicatif présent

225 **A L'impératif**

Règle générale

impératif	singulier	= «je»	indicatif présent
	invitation	= «nous»	indicatif présent
	pluriel / politesse	= «vous»	indicatif présent
Ne pas écrire: je / nous / vous			

Algemene regel

«je, nous, vous» vormen van de tegenwoordige tijd <u>zonder</u> onderwerp

Yves, <u>active</u> la fonction Bluetooth.
Monsieur, <u>déconnectez</u> votre casque, s'il vous plaît.
Virginie et Carol, <u>branchez</u> vos écouteurs.
<u>Branchons</u> l'imprimante à une prise.

Yves, <u>zet</u> de Bluetooth-functie <u>aan</u>.
Meneer, <u>schakel</u> uw hoofdtelefoon <u>uit</u>, aub.
Virginie en Carol, <u>schakel</u> je oortjes <u>in</u>.
<u>Laten we</u> de printer <u>aansluiten</u> op een stopcontact

ATTENTION

1 L'impératif de politesse = impér. 2ᵉ pers. pluriel
2 La traduction de l'impératif 1ʳᵉ pers. pluriel
 Partons maintenant.
 Réservons vite une chambre.

LET OP

Beleefdheidsvorm = 2ᵉ pers. mv.
Vertaling 1ᵉ pers. mv. = <u>laten we, laat ons</u>
<u>Laat ons</u> nu vertrekken.
<u>Laten we</u> snel een kamer bespreken.

Ne pas confondre avec «laisser»

<u>Laisse</u> le chien courir dans le jardin.
<u>Laisse</u> le chat dans le garage.

VOIR laisser, n° 279

Niet verwarren met «laisser»
= toelaten, aanvaarden, laten gebeuren
Laat de hond in de tuin lopen.
Laat de kat in de garage.

3 L'impératif des verbes pronominaux, **VOIR** n° 260

Gebiedende wijs wederkerende ww., n° 260

VOIR AUSSI La phrase impérative, n° 323-324

226 **Formes spéciales**

speciale vormen

ÊTRE		AVOIR		ALLER		SAVOIR		VOULOIR	
sois	wees	aie	heb	va	ga	sache	weet	veuille	wil / gelieve
soyons	laten we zijn	ayons	laten we hebben	allons	laten we gaan	sachons	laten we weten	veuillons	laten we willen
soyez	wees	ayez	heb	allez	ga	sachez	weet	veuillez	wil / gelieve

ATTENTION
1 aller Va → Va<u>s</u>-y.
 N'y va pas.
2 s'en aller Va-t'en.
 Allons-nou<u>s</u>-en. [z]
 Allez-vou<u>s</u>-en. [z]
3 verbes en -er: Donne des tuyaux.
 Donne<u>s</u>-en. [z] N'en donne pas.
 offrir Offre des pralines. Offre<u>s</u>-en. [z] N'en offre pas.
 cueillir Cueille des fruits. Cueille<u>s</u>-en. [z] N'en cueille pas.
4 en vouloir à Ne m'en veux pas / (Ne m'en veuille pas.)
 Ne m'en voulez pas / Ne m'en veuillez pas.
5 Verbes en -er, formes spéciales
 VOIR n° 201 à 207

LET OP
Ga. Ga erheen.
Ga er niet naartoe.
Ga weg.
Laten we weggaan.
Ga weg.
Geef tips.
Geef er. Geef er geen.
Schenk er. Schenk er geen.
Pluk er. Pluk er geen.
Neem me (dat) niet kwalijk.

VOIR AUSSI Emploi, n° 283, 323, 324

B L'imparfait

Règle générale

le radical de «nous» indicatif présent + les terminaisons -AIS -AIS -AIT -IONS -IEZ -AIENT

	nous présent	→	Imparfait
avoir	nous av~~ons~~	→	Elle av**ait** faim.
boire	nous buv~~ons~~	→	Ils buv**aient** vite.
faire	nous fais~~ons~~	→	Tu fais**ais** un compte rendu.
partir	nous part~~ons~~	→	Il part**ait** tôt.
pouvoir	nous pouv~~ons~~	→	Nous pouv**ions** sortir.
venir	nous ven~~ons~~	→	Vous ven**iez** en bus?
vouloir	nous voul~~ons~~	→	Je voul**ais** partir.

Algemene regel

de stam van «nous» tegenw. tijd
+ de uitgangen -AIS -AIS -AIT
                -IONS -IEZ –AIENT

Ze had honger.
Ze dronken snel.
Je maakte een verslag.
Hij vertrok vroeg.
We mochten uitgaan.
Kwamen jullie met de bus?
Ik wou vertrekken.

Formes spéciales

			verbes en -yer	verbes en -ier
ÊTRE ik was	**PLEUVOIR** het regende	**FALLOIR** het moest	**ENVOYER** we stuurden	**OUBLIER** we vergaten
j'étais tu étais il était nous étions vous étiez ils étaient	il pleuvait	il fallait	nous envo**y**ions vous envo**y**iez	nous oubl**i**ions vous oubl**i**iez

Prononciation: imparfAIT = AIS = AIS = AIT = AIENT = [ɛ]

> **VOIR AUSSI** Verbes en -er, formes spéciales, n° 201 à 207 / Emploi, n° 291, 295

C Le participe présent et le gérondif

a Le participe présent

Règle générale

le radical de «nous» indicatif présent + ant

nous finiss~~ons~~	→	**finissant**
nous attend~~ons~~	→	**attendant**
nous ri~~ons~~	→	**riant**
nous buv~~ons~~	→	**buvant**

Algemene regel

de stam van «nous» tegenw. tijd + ant

eindigend
wachtend
lachend
drinkend

Formes spéciales

AVOIR	ÊTRE	SAVOIR
ayant (hebbend)	étant (zijnde)	sachant (wetend)

Speciale vormen
verbes en -ger
chan**ge**ant (veranderend)

b Le gérondif

Règle générale

Le gérondif = en + participe présent

Je lis les textos en attendant le bus.
Elle est entrée en riant.
J'apprends le français en regardant les chaînes françaises.

Algemene regel

Ik lees de sms'en terwijl ik op de bus wacht.
Ze kwam al lachend binnen.
Ik leer Frans door naar de Franse zenders te kijken.

Formes spéciales
en ayant   en étant   en sachant   en chan**ge**ant

Elle est morte **en ayant** la malaria.
Il a bloqué le moteur **en changeant** de vitesse.

Speciale vormen

Ze is gestorven aan malaria.
Toen hij van versnelling veranderde, blokkeerde de motor.

> **VOIR AUSSI** Emploi du part. présent et du gérondif, n° 286-287

233 D Le subjonctif présent

Règle générale

que je que tu qu'il qu'ils	+	radical «*ils*» *ind. présent*	+	E ES E ENT

que nous + imparfait (= que nous + radical «nous» ind. prés. + **IONS**)
que vous + imparfait (= que vous + radical «nous» ind. prés.+ **IEZ**)

Algemene regel

de stam van «ils» tegenw. tijd + uitgangen

(= de stam van «nous» tegenw. tijd + IONS, IEZ)

Exemple: VENIR   komen

indicatif présent		subjonctif présent	
ils **vienn**/ent	→	que je	vienn**e**
		que tu	vienn**es**
		qu'il	vienn**e**
		qu'ils	vienn**ent**
nous **ven**/ons	→	que nous	ven**ions**
		que vous	ven**iez**

dat ik kom

TOUS les verbes (sauf avoir et être) ont les mêmes terminaisons.

ALLE werkwoorden (behalve avoir en être) hebben dezelfde uitgangen.

PARLER dat ik spreek	**ENVOYER** dat ik zend	**APPELER** dat ik roep
que je parl**e** que tu parl**es** qu'il parl**e** que nous parl**ions** que vous parl**iez** qu'ils parl**ent**	que j'envoi**e** que tu envoi**es** qu'il envoi**e** que nous envoy**ions** que vous envoy**iez** qu'ils envoient	que j'appell**e** que tu appell**es** qu'il appell**e** que nous appel**ions** que vous appel**iez** qu'ils appell**ent**
OUVRIR dat ik open	**PARTIR** dat ik vertrek	**FINIR** dat ik eindig
que j'ouvr**e** que tu ouvr**es** qu'il ouvr**e** que nous ouvr**ions** que vous ouvr**iez** qu'ils ouvr**ent**	que je part**e** que tu part**es** qu'il part**e** que nous part**ions** que vous part**iez** qu'ils part**ent**	que je finiss**e** que tu finiss**es** qu'il finiss**e** que nous finiss**ions** que vous finiss**iez** qu'ils finiss**ent**
ENTENDRE dat ik hoor	**RIRE** dat ik lach	**RECEVOIR** dat ik ontvang
que j'entend**e** que tu entend**es** qu'il entend**e** que nous entend**ions** que vous entend**iez** qu'ils entend**ent**	que je ri**e** que tu ri**es** qu'il ri**e** que nous ri**ions** que vous ri**iez** qu'ils ri**ent**	que je reçoiv**e** que tu reçoiv**es** qu'il reçoiv**e** que nous recev**ions** que vous recev**iez** qu'ils reçoiv**ent**

Exemples
Il faut qu'elle **parte** à temps.
Je doute que vous me **compreniez**.
Elle craint qu'ils ne **viennent** pas.
Je voudrais qu'il **fasse** ce boulot.

Ze moet op tijd vertrekken.
Ik betwijfel of u me begrijpt.
Ze vreest dat ze niet zullen komen.
Ik zou willen dat hij dat werk doet.

Formes spéciales   Speciale vormen

| AVOIR | ÊTRE |
dat ik heb	dat ik ben
que j'ai**e** (1)	que je soi**s** (1)
que tu ai**es**	que tu soi**s**
qu'il ai**t**	qu'il soi**t**
que nous ay**ons** (1)	que nous soy**ons** (1)
que vous ay**ez** (1)	que vous soy**ez** (1)
qu'ils ai**ent**	qu'ils soi**ent**

(1) = impératif: aie [e]	sois [swa]
ayons	soyons
ayez	soyez

| ALLER | VALOIR | VOULOIR |
dat ik ga	dat ik waard ben	dat ik wil
que j'aill**e** [aj]	que je vaill**e**	que je veuill**e** (1)
que tu aill**es**	que tu vaill**es**	que tu veuill**es**
qu'il aill**e**	qu'il vaill**e**	qu'il veuill**e**
que nous all**ions** (2)	que nous val**ions** (2)	que nous voul**ions** (2)
que vous all**iez** (2)	que vous val**iez** (2)	que vous voul**iez** (2)
qu'ils aill**ent**	qu'ils vaill**ent**	qu'ils veuill**ent**

(1) = impératif		veuille
(2) = imparfait: nous allions	nous valions	nous voulions ← règle générale
vous alliez	vous valiez	vous vouliez

| SAVOIR | FAIRE | POUVOIR | FALLOIR | PLEUVOIR |
dat ik weet	dat ik doe / maak	dat ik kan	dat het moet	dat het regent
que je sach**e** (1)	que je fass**e**	que je puiss**e**		
que tu sach**es**	que tu fass**es**	que tu puiss**es**		
qu'il sach**e**	qu'il fass**e**	qu'il puiss**e**	qu'il faill**e** [aj]	qu'il pleuv**e**
que nous sach**ions**	que nous fass**ions**	que nous puiss**ions**		
que vous sach**iez**	que vous fass**iez**	que vous puiss**iez**		
qu'ils sach**ent**	qu'ils fass**ent**	qu'ils puiss**ent**		

(1) = impératif: sache

SAVOIR, FAIRE, POUVOIR:
- le même radical <u>à toutes les personnes</u>   - altijd dezelfde stam in alle personen
- les terminaisons de la règle générale   - uitgangen van de algemene regel

VOIR AUSSI Verbes en -er, formes spéciales, n° 201 à 207
            Emploi du subjonctif, n° 251 à 257

15.2.2 Formes dérivées de l'infinitif

235 **A Le futur simple**

RÈGLE GÉNÉRALE

infinitif + **-ai**, **-as**, **-a**, **-ons**, **-ez**, **-ont**
(= les terminaisons d'<u>avoir</u> au présent)
→ on entend toujours [R]

Notre équipe jouer**a** à domicile.
Nous regarder**ons** le match ensemble.
Nous encourager**ons** nos copains.
Je partir**ai** à 14 h.
Nous dormir**ons** tard dimanche.
Ils attendr**ont**° le train.
Elles prendr**ont**° le métro.

°verbes en -re - attendr/ on laisse tomber le «e»
                - prendr/

VOIR AUSSI Verbes en -er, formes spéciales n° 237
Verbes irréguliers, n° 238

Algemene regel

infinitief + uitgangen
(= uitgangen van <u>avoir</u> présent)
→ je hoort altijd [R]

Onze ploeg zal thuis spelen.
We zullen samen naar de match kijken.
We zullen onze vrienden aanmoedigen.
Ik zal om 14 uur vertrekken.
We zullen zondag lang slapen.
Ze zullen wachten op de trein.
Ze zullen de metro nemen.

ww. op -re: eind -e valt weg

236 **B Le conditionnel présent**

RÈGLE GÉNÉRALE

infinitif + **-ais**, **-ais**, **-ait**, **-ions**, **-iez**, **-aient**
(= les terminaisons de l'<u>imparfait</u>)
→ on entend toujours [R]

Tu me donner**ais** ton smartphone?
Nous aimer**ions** voir la fin du spectacle.
Tu finir**ais** tôt?
En travaillant plus, tu réussir**ais**.
Le magasin ouvrir**ait** à 9 heures.
Elle conduir**ait**° une Citroën.
Ils comprendr**aient**° tout.

° verbes en –re: - conduir/ on laisse tomber «-e»
                  -comprendr/

VOIR AUSSI Verbes en -er, formes spéciales n° 237
Verbes irréguliers, n° 238

Algemene regel

infinitief + uitgangen
(= uitgangen van de <u>imparfait</u>)
→ je hoort altijd [R]

Zou jij me je smartphone geven?
We zouden graag het einde van de show zien.
Zou jij vroeg stoppen?
Door meer te werken zou je slagen.
De winkel zou om 9 uur openen.
Ze zou met een Citroën rijden.
Ze zouden alles verstaan.

ww. op -re: eind -e valt weg

237 ATTENTION

1 Prononciation du futur simple et du conditionnel présent des verbes en –er:
aimer → j'aim<u>e</u>rai [ə] (<u>e</u> muet)
       → j'aim<u>e</u>rais [ə] (<u>e</u> muet)

2 Verbes en, **e…er**, **-eler**, **-eter**, **-yer**, **-é…er**:
les mêmes changements qu'à l'indicatif présent devant une syllabe muette.

LET OP

Uitspraak van de futur simple en conditionnel présent bij de ww. op –er:
→ j'aim<u>e</u>rai (doffe <u>e</u>)
→ j'aim<u>e</u>rais (doffe <u>e</u>)

Ww. op -e…er, -eter, -eler, -yer, - é…er:
zelfde veranderingen als in de ind. prés. voor een doffe lettergreep.

	acheter	jeter	appeler	employer	espérer
indicatif présent	j'ach**è**te	je je**tt**e	j'appe**ll**e	j'emplo**i**e	j'esp**è**re
futur simple	j'ach**è**terai	je je**tt**erai	j'appe**ll**erai	j'emplo**i**erai	j'esp**è**rerai
conditionnel présent	j'ach**è**terais	je je**tt**erais	j'appe**ll**erais	j'emplo**i**erais	j'esp**è**rerais
	e → è + syllabe muette	t → tt + e muet	l → ll + e muet	y → i + e muet	é → è + syllabe muette

Elle appellera le médecin?	(j'appelle)		Zal ze de dokter opbellen?	
Ils achèteront une nouvelle voiture.	(j'achète)		Ze zullen een nieuwe wagen kopen.	
Nous nettoierons la cuisine.	(je nettoie)		We zullen de keuken reinigen.	
Avec un petit effort, tu achèverais cela.	(j'achève)		Met een kleine inspanning zou je dit afwerken.	
Elle ne se rappellerait rien de cet accident.	(je me rappelle)		Ze zou zich niets herinneren van dit ongeluk.	
Ils préféreraient partir tôt.	(je préfère)		Ze zouden liever vroeg vertrekken.	
Vous rejetteriez cette offre?	(je rejette)		Zouden jullie dit voorstel verwerpen?	

VOIR AUSSI Verbes en -er, formes spéciales, n° 203 à 207

C Futur simple et conditionnel présent des verbes irréguliers

238

infinitif	futur simple	conditionnel présent		
	1	**2**	**1**	**2**
aller	j'**ir**ai	j'**ir**ais	ik zal / ik zou gaan
s'asseoir	je m'ass**ié**rai	je m'ass**ié**rais	ik zal / ik zou gaan zitten
	je m'ass**oi**rai	je m'ass**oi**rais	
avoir	j'**aur**ai	j'**aur**ais	ik zal / ik zou hebben
courir	je cou**rr**ai	je cou**rr**ais	ik zal / ik zou lopen
cueilir	je cueille**r**ai	je cueille**r**ais	ik zal / ik zou plukken
devoir	je de**vr**ai	je de**vr**ais	ik zal / ik zou moeten
envoyer	j'enve**rr**ai	j'enve**rr**ais	ik zal / ik zou sturen
être	je se**r**ai	je se**r**ais	ik zal / ik zou zijn
faire	je fe**r**ai	je fe**r**ais	ik zal / ik zou doen
falloir	il fau**dr**a	il fau**dr**ait	het zal / het zou moeten
mourir	je mou**rr**ai	je mou**rr**ais	ik zal / ik zou sterven
pleuvoir	il pleu**vr**a	il pleu**vr**ait	het zal / het zou regenen
pouvoir	je pou**rr**ai	je pou**rr**ais	ik zal / ik zou kunnen
recevoir	je rece**vr**ai	je rece**vr**ais	ik zal / ik zou ontvangen
savoir	je sau**r**ai	je sau**r**ais	ik zal / ik zou weten
tenir	je tien**dr**ai	je tien**dr**ais	ik zal / ik zou (vast)houden
valoir	je vau**dr**ai	je vau**dr**ais	ik zal / ik zou waard zijn
venir	je vien**dr**ai	je vien**dr**ais	ik zal / ik zou komen
voir	je ve**rr**ai	je ve**rr**ais	ik zal / ik zou zien
vouloir	je vou**dr**ai	je vou**dr**ais	ik zal / ik zou willen

D Le futur proche

239

ALLER (au présent) + INFINITIF			
Je	vais	partir au ciné à 7 h 30.	
Tu	vas	danser ce soir?	
Il	va	envoyer un mail.	
On	va	proposer un échange de ce portable.	
Nous	allons	arriver à temps.	
Vous	allez	craquer!	
Ils	vont	venir bientôt.	

ALLER (tegenw. tijd) + infinitief

Ik zal om 7 u 30 naar de bioscoop vertrekken.
Ga jij vanavond dansen?
Hij zal een mail sturen.
Men zal een ruil van die gsm voorstellen.
We zullen op tijd aankomen.
Jullie zullen niet weerstaan!
Ze zullen weldra komen.

ATTENTION
Le futur proche du verbe pronominal

LET OP
240
Nabije toekomst van het wederkerend ww.

Je	ne	vais	pas	**me** lever	tard.
Tu		vas		**t'** asseoir	ici.
Cet enfant	ne	va	pas	**se** laver	seul.
Nous		allons		**nous** promener	demain.
Vous	n'	allez	pas	**vous** occuper	de ça?
Ils		vont		**s'** excuser	tout de suite.

Ik ga niet vroeg opstaan.
Je gaat hier plaatsnemen.
Dat kind gaat zich niet alleen wassen.
We gaan morgen wandelen.
Gaat u zich daar niet mee bezighouden?
Ze gaan zich onmiddellijk verontschuldigen.

241 E Le passé récent

VENIR (au présent) + DE + INFINITIF					VENIR (tegenw. tijd) + DE + infinitief
Je	viens	de		télécharger une carte routière.	Ik heb zopas een wegenkaart gedownload.
Tu	viens	d'		envoyer une confirmation?	Heb je zojuist een bevestiging verstuurd?
Elle	vient	de		répondre à mes questions.	Zij heeft daarnet geantwoord op mijn vragen.
Nous	venons	de		regarder le feuilleton.	Wij hebben zopas naar het feuilleton gekeken.
Vous	venez	d'		acheter cette imprimante 3D?	Hebben jullie zojuist die 3D-printer gekocht?
Ils	viennent	d'		entendre ce refrain.	Ze hebben daarnet dat refrein gehoord.

242 ATTENTION
Le passé récent du verbe pronominal

LET OP
Nabij verleden van het wederkerend ww.

Je	viens	de	**me**	brancher sur le réseau.	Ik heb zo-even op het net ingelogd.
Tu	viens	de	**te**	réveiller?	Ben je zojuist wakker geworden?
Elle	vient	de	**se**	moquer de lui.	Ze heeft daarnet met hem gespot.
Nous	venons	de	**nous**	adresser à elle.	We hebben ons zopas tot haar gericht.
Vous	venez	de	**vous**	soigner?	Heeft u zich zopas verzorgd?
Ils	viennent	de	**s'**	excuser.	Ze hebben zich daarnet verontschuldigd.

243 15.2.3 Formation du participe passé

A Participe passé en -É

- **TOUS les verbes en -er → é:**   nager → nagé   gezwommen
  groupe 1, n°199 à 207   écouter → écouté   geluisterd

- **Formes spéciales en -é:**   être → **été**   geweest
  naître → **né**   geboren

B Participe passé en -I

- **Verbes en -ir → i:**   groupe finir → fini   gedaan
  groupe 2, n° 208 à 211   groupe partir → parti   vertrokken
  (n° 257)   cueillir → cueilli   geplukt

- **MAIS groupe ouvrir → ert:**   ouvrir → ouv**ert**   geopend
  groupe 2, n° 212-213   couvrir → couv**ert**   bedekt
  offrir → off**ert**   aangeboden
  souffrir → souff**ert**   geleden

- **Formes spéciales en -i:**   fuir → fui   gevlucht
  (n° 257)   rire → ri   gelachen
  suffire → suffi   volstaan
  suivre → suivi   gevolgd

C Participe passé en -IS

asseoir	→	assis	gezeten
mettre	→	mis	gelegd
permettre	→	permis	toegelaten
promettre	→	promis	beloofd
prendre	→	pris	genomen
apprendre	→	appris	geleerd
comprendre	→	compris	begrepen
surprendre	→	surpris	verrast

D Participe passé en -IT

conduire →	conduit	geleid, gereden
décrire →	décrit	beschreven
dire →	dit	gezegd
écrire →	écrit	geschreven
inscrire →	inscrit	ingeschreven
interdire →	interdit	verboden

E Participe passé en -T

craindre →	craint	gevreesd
éteindre →	éteint	uitgedoofd
faire →	fait	gedaan
joindre →	joint	gevoegd bij
mourir →	mort	gestorven
peindre →	peint	geschilderd
plaindre →	plaint	beklaagd

F Participe passé en -U

- **Verbes en -dre → -du:**

attendre →	attendu	gewacht
défendre →	défendu	verdedigd

- **Verbes en -oir → -u:**

apercevoir →	aperçu	opgemerkt
avoir →	eu {**u**}	gehad
devoir →	**dû**	gemoeten
falloir →	fallu	gemoeten
pleuvoir →	plu	geregend
pouvoir →	pu	gekund
recevoir →	reçu	ontvangen
savoir →	su	geweten
valoir →	valu	waard geweest
(re)voir →	(re)vu	(weer)gezien
vouloir →	voulu	gewild

- **Formes spéciales en -u:**

battre →	battu	geslagen
boire →	bu	gedronken
conclure →	conclu	besloten
connaître →	connu	gekend
coudre →	cousu	genaaid
courir →	couru	gelopen
croire →	cru	geloofd
devenir →	devenu	geworden
interrompre →	interrompu	onderbroken
lire →	lu	gelezen
paraître →	paru	verschenen
plaire →	plu	bevallen
taire →	tu	gezwegen
tenir →	tenu	gehouden
(re)venir →	(re)venu	(terug)gekomen
vaincre →	vaincu [**k**]	overwonnen
vivre →	vécu [**k**]	geleefd

VOIR AUSSI l'accord du participe passé, 250 à 256

15.2.4 Formation des temps composés

A Aperçu général

a

| **ind. présent** de l'auxiliaire + participe passé | = **le passé composé** |

j'ai dansé — ik heb gedanst
je suis sorti(e) — ik ben buitengegaan
je me suis amusé(e) — ik heb me geamuseerd

b

| **imparfait** de l'auxiliaire + participe passé | = **le plus-que-parfait** |

j'avais dansé — ik had gedanst
j'étais sorti(e) — ik was buitengegaan
je m'étais amusé(e) — ik had me geamuseerd

c

| **futur simple** de l'auxiliaire + participe passé | = **le futur antérieur** |

j'aurai dansé — ik zal gedanst hebben
je serai sorti(e) — ik zal buitengegaan zijn
je me serai amusé(e) — ik zal me geamuseerd hebben

d

| **conditionnel présent** de l'auxiliaire + participe passé | = **le conditionnel passé** |

j'aurais dansé — ik zou gedanst hebben
je serais sorti(e) — ik zou buitengegaan zijn
je me serais amusé(e) — ik zou me geamuseerd hebben

e

| **subjonctif présent** de l'auxiliaire + participe passé | = **le subjonctif passé** |

que j'aie dansé — dat ik gedanst heb
que je sois sorti(e) — dat ik buitengegaan ben
que je me sois amusé(e) — dat ik me geamuseerd heb

f

| **infinitif** de l'auxiliaire + participe passé | = **l'infinitif passé** |

avoir dansé — gedanst hebben
être sorti(e) — buitengegaan zijn
s'être amusé(e) — zich geamuseerd hebben

— C'EST MARCO POLO
— QUI A RAPPORTÉ LES PÂTES DE CHINE
— ET C'EST PARCE QU'IL VOYAGEAIT À CHEVAL
— QU'IL N'A JAMAIS RAPPORTÉ LA SAUCE
— IL AURAIT TOUT RENVERSÉ

B Formation du passé composé

a Souvent comme en néerlandais

avoir + participe passé

j'**ai** regardé	ik heb gekeken
tu **as** consulté	jij hebt geraadpleegd
il **a** dormi	hij heeft geslapen
elle **a** entendu	ze heeft gehoord
nous **avons** dit	we hebben gezegd
vous **avez** fait	jullie hebben gemaakt
ils **ont** vu	ze hebben gezien
elles **ont** ri	ze hebben gelachen

être + participe passé

je **suis** sorti(e)	ik ben uitgegaan
tu **es** tombé(e)	jij bent gevallen
il **est** allé	hij is gegaan
elle **est** repartie	ze is weer vertrokken
nous **sommes** descendu(e)s	we zijn afgedaald
vous **êtes** né(e)(s)	jullie zijn / u bent geboren
ils **sont** entrés	ze zijn binnengegaan
elles **sont** sorties	ze zijn buitengegaan

ATTENTION

	Avec avoir en français	**Met zijn in het Nederlands**
augmenter	La vitesse de l'imprimante **a** augmenté.	De snelheid van de printer **is** toegenomen.
baisser	Les prix **ont** baissé.	De prijzen **zijn** gedaald.
changer	Tu **as** fort changé.	Je **bent** erg veranderd.
commencer	J'**ai** commencé le téléchargement.	Ik **ben** het downloaden begonnen.
déménager	Il **a** déménagé cette semaine.	Hij **is** deze week verhuisd.
disparaître	Le texte **a** disparu.	De tekst **is** verdwenen.
être	J'**ai** été absente.	Ik **ben** afwezig geweest.
grandir	Bébé **a** grandi.	De baby **is** gegroeid.
grossir	J'**ai** grossi.	Ik **ben** verdikt / verzwaard.
maigrir	Le malade **a** maigri.	De zieke **is** vermagerd.
oublier	Nous **avons** oublié le mot de passe.	We **zijn** het paswoord vergeten.
refroidir	La soupe **a** refroidi.	De soep **is** koud geworden.
réussir	Vous **avez** réussi le test?	B**en** je geslaagd voor de test?
traverser	Ils **ont** traversé aux feux.	Ze **zijn** overgestoken aan de lichten.

b Avec ÊTRE OU AVOIR selon le sens

avoir + participe passé + COD

J'**ai** descendu une valise.
Ik heb een koffer naar beneden gebracht.

J'**ai** monté les livres.
Ik heb de boeken naar boven gebracht.

J'**ai** rentré la table de jardin.
Ik heb de tuintafel binnengebracht.

J'**ai** sorti le vélo.
Ik heb de fiets buiten gezet.

J'**ai** retourné le drap.
Ik heb het laken omgekeerd.

J'**ai** passé mes vacances à la mer.
Ik heb mijn vakantie aan zee doorgebracht.

J'**ai** passé un coup de fil.
Ik heb een belletje gegeven.

J'**ai** repassé mon pantalon.
Ik heb mijn broek gestreken.

être + participe passé

Je **suis** descendu(e) par l'escalier.
Ik ben langs de trap naar beneden gekomen.

Je **suis** monté(e) au troisième étage.
Ik ben naar de derde verdieping gegaan.

Je **suis** rentré(e) dans la boulangerie.
Ik ben de bakkerij weer binnengegaan.

Je **suis** rentré(e) à 2 heures.
Ik ben om 2 u. thuisgekomen.

Je **suis** sorti(e) par la porte du garage.
Ik ben via de garagedeur buitengegaan.

Je **suis** retourné(e) à la poste.
Ik ben teruggegaan naar de post.

Je **suis** passé(e) par Liège.
Ik ben via Luik gegaan.

Je **suis** passé(e) par la sortie de secours.
Ik ben langs de nooduitgang buitengegaan.

Je **suis** repassé(e) chez mes amis.
Ik ben nog eens bij mijn vrienden langsgelopen.

c Avec ÊTRE: 16 verbes + leurs composés

aller	Je **suis** allée à Paris.	Ik ben naar Parijs geweest.
venir	Tu **es** (re)venu rapidement.	Je bent snel (terug)gekomen.
arriver	Il **est** arrivé dimanche.	Hij is zondag aangekomen.
partir	Elle **est** partie en scooter.	Ze is met de scooter vertrokken.
rentrer	On **est** rentré tard.	We zijn laat thuisgekomen.
entrer	Nous **sommes** entrés par le garage.	We zijn langs de garage binnengekomen.
sortir	Vous **êtes** sortis par le hall.	Jullie zijn via de hal naar buiten gegaan.
rester	Ils **sont** restés longtemps.	Ze zijn lang gebleven.
passer	Elles **sont** passées devant le cinéma.	Ze zijn langs de bioscoop gereden.
retourner	Nous **sommes** retournés en Italie cet été.	We zijn deze zomer weer naar Italië gegaan.
monter	Je **suis** monté par l'escalator.	Ik ben met de roltrap naar boven gegaan.
descendre	Tu **es** descendue dans le sous-sol?	Ben jij naar de kelderverdieping gegaan?
tomber	Il **est** tombé de l'échelle.	Hij is van de ladder gevallen.
naître	Ce bébé **est** né le premier janvier 2019.	Die baby is op 1 januari 2019 geboren.
devenir	Cette danseuse **est** devenue souple.	Die danseres is lenig geworden.
mourir	Grand-père **est** mort hier.	Opa is gisteren gestorven.

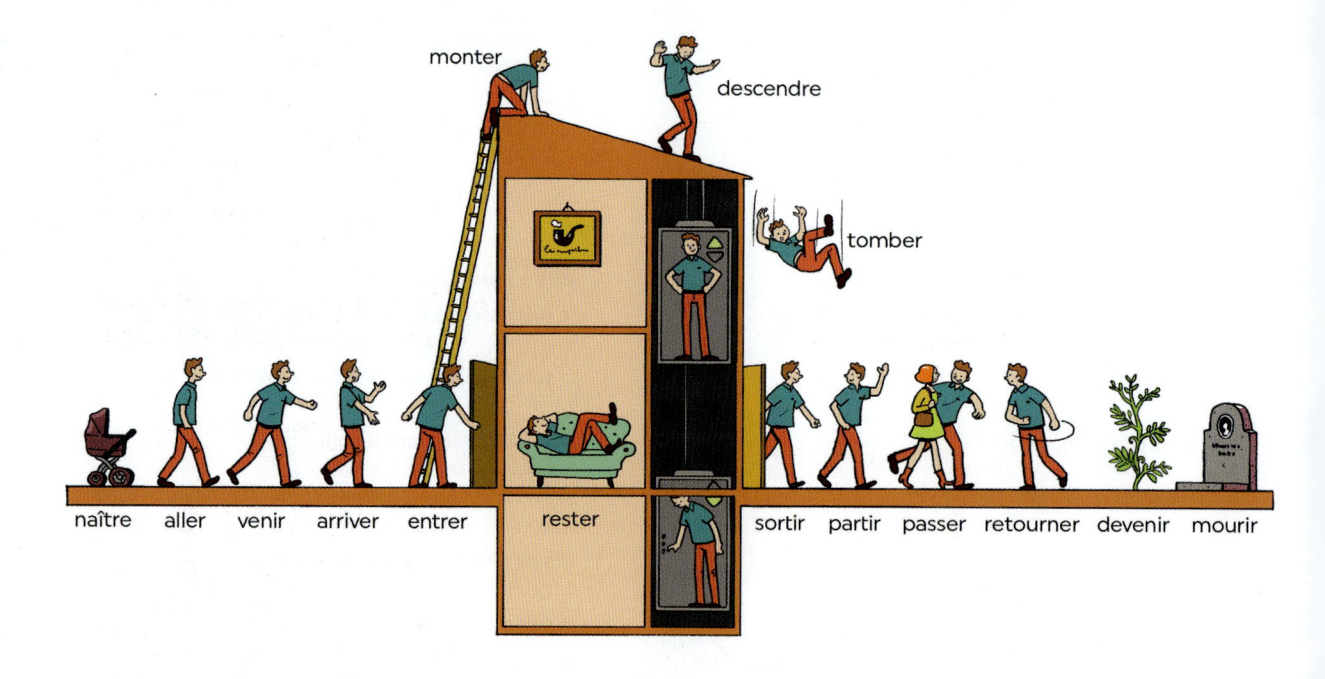

d Avec ÊTRE: tous les verbes pronominaux

Je	(ne)	me **suis**	(pas)	lavé(e).	Ik heb me (niet) gewassen.
Tu		t'**es**		promené(e).	Je hebt (niet) gewandeld.
Elle		s'**est**		assise.	Ze is (niet) gaan zitten.
Il		s'**est**		rasé.	Hij heeft (niet) zich geschoren.
On		s'**est**		trompé.	We hebben ons (niet) vergist.
Nous		nous **sommes**		amusé(e)s.	We hebben ons (niet) geamuseerd.
Vous		vous **êtes**		disputé(e)s.	Jullie hebben (geen) ruzie gemaakt.
Ils		se **sont**		excusés.	Ze hebben zich (niet) verontschuldigd.
Elles		se **sont**		levées.	Ze zijn (niet) opgestaan.

VOIR AUSSI Verbes pronominaux, n° 260-261

15.2.5 L'accord du participe passé

250 **Schéma à suivre** Te volgen schema

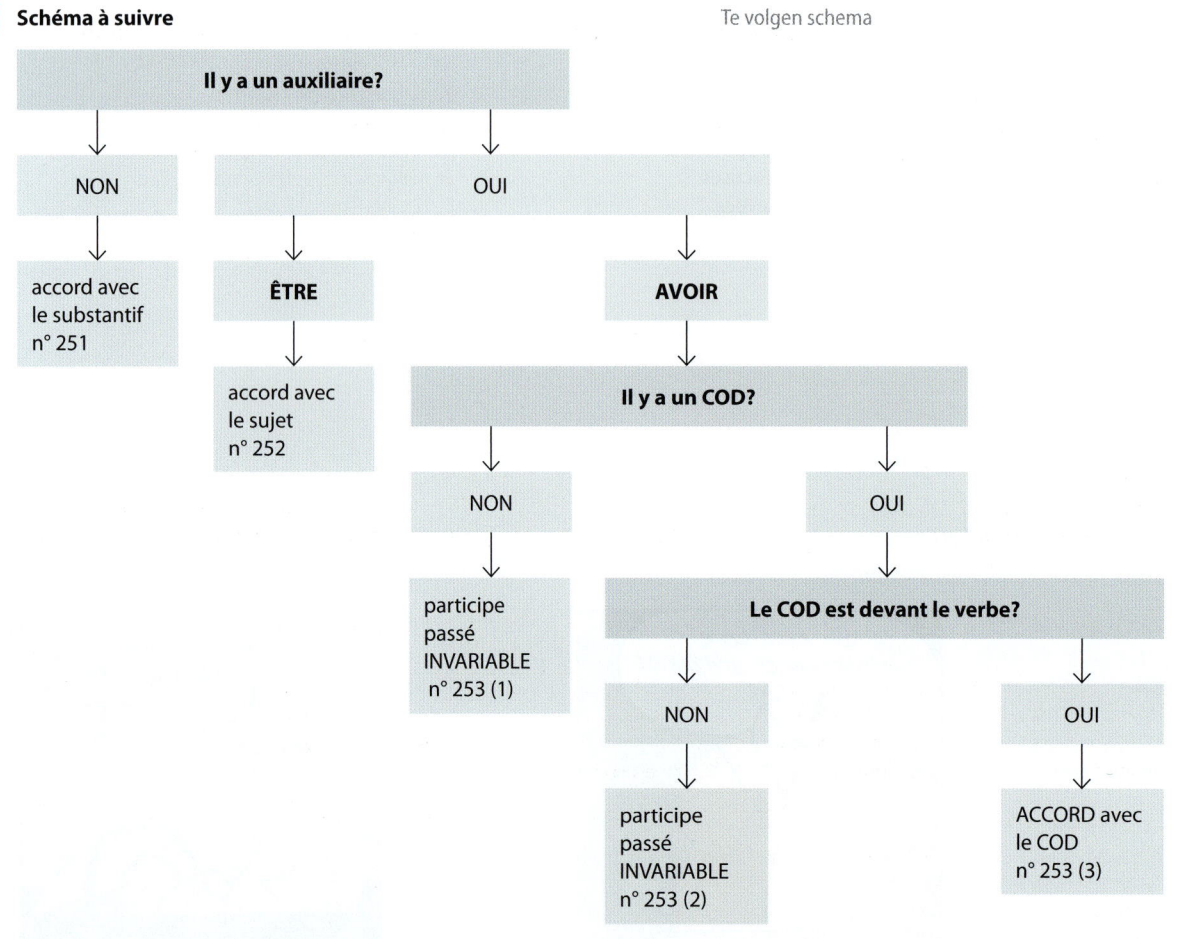

```
                        Il y a un auxiliaire?
                       ↓                    ↓
                      NON                  OUI
                       ↓              ↓          ↓
              accord avec           ÊTRE        AVOIR
              le substantif          ↓           ↓
              n° 251          accord avec    Il y a un COD?
                              le sujet        ↓         ↓
                              n° 252         NON       OUI
                                              ↓         ↓
                                         participe   Le COD est devant le verbe?
                                         passé       ↓              ↓
                                         INVARIABLE NON            OUI
                                         n° 253 (1) ↓               ↓
                                                participe        ACCORD avec
                                                passé            le COD
                                                INVARIABLE       n° 253 (3)
                                                n° 253 (2)
```

Pour les verbes pronominaux, VOIR n° 256

A Règles générales

a Le participe passé sans auxiliaire

251

| **Le participe passé sans auxiliaire s'accorde avec le substantif auquel il se rapporte.** | **Het voltooid deelwoord zonder hulpwerkwoord komt overeen met het zn. waarbij het hoort.** |

Ne laissez pas les fenêtres **ouvertes**.
Laisse l'ordinateur **branché**.
Il va au bureau des objets **perdus**.
Elle aime beaucoup ces portes **peintes**.
C'est une langue **parlée** dans de nombreux pays.
Gardez les yeux **ouverts**.
Quels sont ses thèmes **préférés**?

Laat de vensters niet open.
Laat de computer aan.
Hij gaat naar 't bureau «verloren voorwerpen».
Ze ziet graag die geschilderde deuren.
Het is een taal die in veel landen gesproken wordt.
Hou je ogen open.
Welke zijn z'n geliefkoosde thema's?

REMARQUE
Formes spéciales: ci-joint, ci-inclus, etc.

OPMERKING
Speciale vormen: ci-joint, ci-inclus, etc.

VOIR n° 254

b Le participe passé avec ÊTRE

252

| **Le participe passé conjugué avec ÊTRE s'accorde avec le SUJET.** | **Het voltooid deelwoord vervoegd met ÊTRE komt overeen met het ONDERWERP.** |

MASCULIN	FÉMININ	
Je suis venu	Je suis venu**e**	hier soir.
Tu es venu	Tu es venu**e**	ce matin.
Il est venu	Elle est venu**e**	à huit heures.
Nous sommes venu**s**	Nous sommes venu**es**	l'année dernière.
Vous êtes venu**s**	Vous êtes venu**es**	dimanche.
Vous êtes venu	Vous êtes venu**e**	tard.
Ils sont venu**s**	Elles sont venu**es**	la semaine passée.

Jullie zijn gekomen
U bent gekomen

Quand le sujet est
masc. singulier: Participe passé (forme neutre)
fém. singulier: Part. passé + **e**
masc. pluriel: Part. passé + **s**
fém. pluriel: Part. passé + **es**

REMARQUE
1 On est venu / venus / venues
   VOIR l'accord avec ON, n° 176
2 Les verbes pronominaux sont toujours conjugués avec ÊTRE, mais suivent des règles particulières.
   VOIR n° 256

OPMERKING
Men is gekomen / We / Ze zijn gekomen

De wederkerende ww. worden altijd vervoegd met ÊTRE, maar volgen eigen regels.

c Le participe passé avec AVOIR

1 Le participe passé conjugué avec AVOIR ne change pas s'il n'y a pas de COD (complément d'objet direct).

Elle a surfé des heures sur le Web.
Ils ont repensé à leur accident de train.
Nous avons manifesté toute la journée.
Elle a choisi très difficilement.
Vous avez souffert longtemps?
J'ai répondu en ligne.

Het voltooid deelwoord vervoegd met AVOIR blijft overanderd als er een geen LV is.

Ze heeft uren lang op het Web gesurft.
Ze hebben weer aan hun treinongeval gedacht.
We hebben heel de dag betoogd.
Ze heeft met veel moeite gekozen.
Hebben jullie lang geleden?
Ik heb online geantwoord.

2 Le participe passé conjugué avec AVOIR ne change pas si le COD est DERRIÈRE le verbe.

Elle a visité des sites anglais.
Ils ont annulé leur commande.
Il a proposé une liste d'adresses.

Het voltooid deelwoord vervoegd met AVOIR blijft overanderd als het LV achter het ww. staat.

Ze heeft Engelse sites bezocht.
Ze hebben hun bestelling geannuleerd.
Hij heeft een adressenlijst voorgesteld.

3 Le participe passé conjugué avec AVOIR s'accorde avec le COD si celui-ci se trouve DEVANT le verbe.

Tu aimes les photos que Fabien a faites?
           COD ⤴

Oui, celle qu'il a postée sur Facebook est la plus belle.
     COD ⤴

Tes cousins, tu les as vus à la fête? – Non.
              COD ⤴

Tu connais son frère? Oui, je l'ai rencontré chez mes voisins.
                          COD ⤴

Elise, est-ce qu'il t'a reconnue? Non, il ne m'a pas reconnue.
                   COD ⤴   COD ⤴

Cette moto nous a suivis très longtemps.
           COD ⤴

Quelles applis as-tu installées?
COD ⤴

Het voltooid deelwoord vervoegd met AVOIR komt overeen met het LV als dit voor het ww. staat.

Hou je van de foto's die Fabien gemaakt heeft?

Ja, deze die hij op Facebook gepost heeft
is de mooiste.

Je neven, heb je ze gezien op het feest? – Neen.

Ken je haar broer?
Ja, ik heb hem ontmoet bij mijn buren.

Elise, heeft hij je herkend?
Nee, hij heeft me niet herkend.

Die motor is ons zeer lang gevolgd.

Welke apps heb je geïnstalleerd?

ATTENTION
Avec «en» COD, le p.p. est invariable !
Des cartes bancaires, il en a déjà perdu trois.
Des romans? J'en ai lu beaucoup!

LET OP
Met «en» geen overeenkomst !
Bankkaarten, hij heeft er al drie verloren.
Romans? Ik heb er veel gelezen!

B Règles particulières

a Formes spéciales sans auxiliaire

254

| ci-joint
ci-inclus
non compris
y compris
excepté
vu
étant donné
passé | Le pp est **invariable** quand le substantif le suit.

Le pp s'**accorde** avec le substantif qui le précède. | hierbij
ingesloten
niet inbegrepen
inbegrepen
uitgezonderd
gezien
omwille van
na | Het v.d. is <u>onveranderlijk</u> als het zn. erachter staat.

Het v.d. <u>komt overeen</u> met het zn. dat voorafgaat. |

Ci-joint <u>une copie</u> de la facture.
La piscine est ouverte, **excepté** <u>les jours fériés</u>.
Vu <u>les circonstances de l'accident</u>, on a arrêté le chauffeur.

Etant donné <u>son attitude positive</u>, on lui a pardonné cette faute.

Passé <u>17 heures</u>, les bureaux sont vides.

Il est déjà <u>11 heures</u> **passées**.
Voudrais-tu bien lire <u>les textes</u> **ci-joints**?
Veuillez répondre aux <u>questions</u> **ci-incluses**.
Le prix de la location est de 80 euros par jour, <u>TVA</u> **non comprise**.

<u>Hierbij</u> een kopie van de factuur.
Het zwembad is open, <u>uitgezonderd</u> op feestdagen.
<u>Gezien</u> de omstandigheden van het ongeluk, heeft men de chauffeur aangehouden.
<u>Omwille van</u> zijn positieve houding heeft men hem die fout vergeven.
<u>Na</u> 17 uur zijn de kantoren leeg.

Het is al <u>na</u> 11 uur.
Zou je de teksten <u>hierbij</u> goed willen lezen?
Gelieve de <u>ingesloten</u> vragen te beantwoorden.
De huurprijs is € 80 per dag, BTW <u>niet inbegrepen</u>.

b Le participe passé avec AVOIR suivi d'un infinitif

255

| Le participe passé + infinitif s'accorde avec le COD
- si celui-ci précède le verbe
- et s'il fait l'action de l'infinitif. | Het voltooid deelwoord. komt overeen met het LV
- als het LV voor het ww. staat
- en als het LV de 'handeling' van de infinitief uitvoert. |

<u>La moto</u> que nous avons **vue** <u>passer</u> aux feux rouges roulait trop vite.
(s'accorde avec la moto, c'est la moto qui passait)
La mélodie que j'ai **entendu** <u>jouer</u> est très romantique.
(ne s'accorde pas, ce n'est pas la mélodie qui jouait)

De motor die we het rood licht hebben zien voorbijrijden reed te snel.
De melodie die ik heb horen spelen is heel romantisch.

ATTENTION
Les participes passés FAIT et LAISSÉ + infinitif sont toujours **invariables**.*

LET OP
FAIT en LAISSÉ + infinitief zijn **onveranderlijk**.

Elle a **fait** tondre la pelouse.
Ils ont **laissé** jouer longtemps les enfants.
La petite fille qu'elle a **fait** photographier est mignonne.
Les CD que je lui ai **laissé** acheter me plaisent.
On nous a **laissé** entrer sans billet. Quelle chance!

Ze heeft het gras laten maaien.
Ze hebben de kinderen lang laten spelen.
Het meisje dat ze heeft laten fotograferen is snoezig.
De cd's die ik hem heb laten kopen, bevallen me.
Ze hebben ons binnengelaten zonder ticket.
    Wat een geluk!

* Nouvelle orthographe, n° 391

256 c Le participe passé des VERBES PRONOMINAUX

Schéma à suivre　　　　　　　　　　　　　　　　　　　Te volgen schema

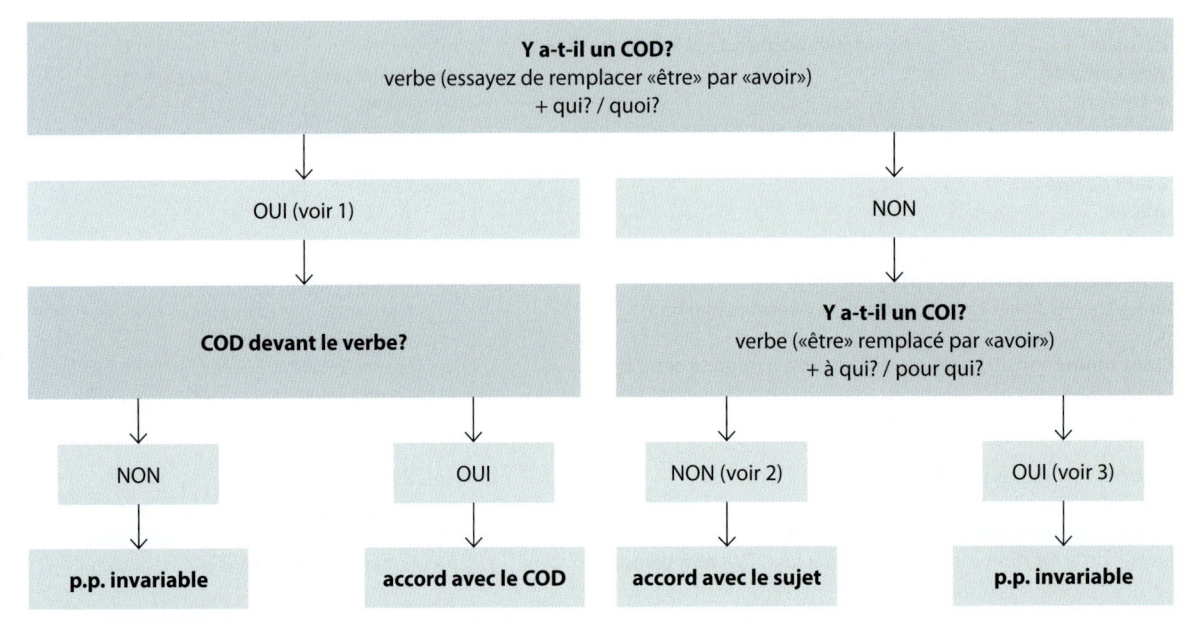

```
                    Y a-t-il un COD?
        verbe (essayez de remplacer «être» par «avoir»)
                      + qui? / quoi?
          ↓                                  ↓
      OUI (voir 1)                          NON
          ↓                                  ↓
                                    Y a-t-il un COI?
   COD devant le verbe?          verbe («être» remplacé par «avoir»)
                                      + à qui? / pour qui?
      ↓          ↓                    ↓              ↓
     NON        OUI               NON (voir 2)   OUI (voir 3)
      ↓          ↓                    ↓              ↓
  p.p.       accord avec        accord avec      p.p.
  invariable   le COD              le sujet      invariable
```

1 S'il y a un COD, faites l'accord avec le COD, si le COD se trouve devant le verbe.

Ils se sont envoyé des messages.
　　　　　　　　　COD
(Ils ont envoyé quoi? → des messages = COD)

Les messages qu'ils se sont envoyés sont très courts.
　COD

Als er een LV is, maak de overeenkomst met het LV als het voor het ww. staat.

Ze hebben elkaar berichten gestuurd.

(Wat hebben ze gestuurd? → berichten = LV)

De berichten die ze mekaar gestuurd hebben, zijn zeer kort.

2 S'il n'y a pas de COD, faites l'accord avec le sujet ...

Elles se sont promenées sur la plage.
Elle s'est couchée très tard.
Nous nous sommes habitués au mauvais temps.
Vous vous êtes éclatés pendant la fête!
Ils se sont reconnus dès le premier instant.
Tu t'es perdue dans le métro?
Les habitants se sont rebellés contre les règles strictes.

Als er geen LV is, maak de overeenkomst met het onderwerp ...

Ze hebben op het strand gewandeld.
Ze is heel laat gaan slapen.
We zijn aan het slechte weer gewend geraakt.
Jullie hebben je uitgeleefd op het feest!
Ze hebben elkaar herkend vanaf het eerste moment.
Ben je verloren gelopen in de metro?
De bewoners hebben zich verzet tegen de strenge regels.

3 ... sauf si le pronom réfléchi est COI: le participe passé reste invariable.			... tenzij het wederkerend voornaamwoord meewerkend voorwerp is: het voltooid deelwoord blijft onveranderd.

s'écrire	écrire à		elkaar schrijven
se déplaire	déplaire à		niet in mekaars smaak vallen / zich niet thuis voelen
se mentir	mentir à		elkaar beliegen
se nuire	nuire à		elkaar schade berokkenen
se parler	parler à	+ COI	met elkaar praten
se plaire	plaire à		in mekaars smaak vallen, ergens graag zijn
se ressembler	ressembler à		op elkaar lijken
se rire	rire à		elkaar toelachen
se sourire	sourire à		naar mekaar (glim)lachen
se succéder	succéder à		elkaar opvolgen
se téléphoner	téléphoner à		elkaar opbellen
SE = COI			

Ils se sont **souri** en se voyant.

Ze hebben naar mekaar gelachen, toen ze mekaar zagen.

Nous nous sommes **téléphoné** souvent.
Ces ministres se sont **succédé** rapidement.
Ces jeunes gens se sont **plu** tout de suite.

We hebben mekaar dikwijls gebeld.
Die ministers zijn elkaar snel opgevolgd.
Die jongeren vonden mekaar meteen sympathiek.

15.3 Tableau des verbes irréguliers

INFINITIF	INDICATIF PRÉSENT	IMPÉRATIF	SUBJONCTIF PRÉSENT	PARTICIPE PRÉSENT
acquérir verwerven	j'acquiers tu acquiers il acquiert nous acquérons vous acquérez ils acquièrent	acquiers acquérons acquérez	que j'acquière que tu acquières qu'il acquière que nous acquérions que vous acquériez qu'ils acquièrent	acquérant
aller gaan	je vais tu vas il va nous allons vous allez ils **vont**	**va / vas-y** allons allez	que j'**aill**e que tu **aill**es qu'il **aill**e que nous allions que vous alliez qu'ils **aill**ent	allant
s'asseoir* gaan zitten	je m'assieds tu t'assieds il s'assied nous nous asse**y**ons vous vous asse**y**ez ils s'asse**y**ent	assieds-toi asseyons-nous asseyez-vous	que je m'asseye que tu t'asseyes qu'il s'asseye que nous nous asseyions que vous vous asseyiez qu'ils s'asseyent	s'asse**y**ant
battre (ver)slaan	je bats tu bats il bat nous battons vous battez ils battent	bats battons battez	que je batte que tu battes qu'il batte que nous battions que vous battiez qu'ils battent	battant
boire drinken	je bois tu bois il boit nous **buv**ons vous **buv**ez ils b**oiv**ent	bois **buv**ons **buv**ez	que je boive que tu boives qu'il boive que nous **buv**ions que vous **buv**iez qu'ils boivent	b**uv**ant
bouillir koken	je bous tu bous il bout nous bouillons vous bouillez ils bouillent	bous bouillons bouillez	que je bouille que tu bouilles qu'il bouille que nous bouillions que vous bouilliez qu'ils bouillent	bouillant
conclure besluiten	je conclus tu conclus il conclut nous concluons vous concluez ils concluent	conclus concluons concluez	que je conclue que tu conclues qu'il conclue que nous concluions que vous concluiez qu'ils concluent	concluant

* Nouvelle orthographe, n° 390

IMPARFAIT	PASSÉ COMPOSÉ	FUTUR SIMPLE	CONDITIONNEL PRÉSENT	MÊME CONJUGAISON
j'acquérais tu acquérais il acquérait nous acquérions vous acquériez ils acquéraient	j'ai acquis tu as acquis il a acquis nous avons acquis vous avez acquis ils ont acquis	j'acque**rr**ai tu acque**rr**as il acque**rr**a nous acque**rr**ons vous acque**rr**ez ils acque**rr**ont	j'acque**rr**ais tu acque**rr**ais il acque**rr**ait nous acque**rr**ions vous acque**rr**iez ils acque**rr**aient	conquérir: veroveren requérir: verzoeken
j'allais tu allais il allait nous allions vous alliez ils allaient	je suis allé(e) tu es allé(e) il est allé nous sommes allé(e)s vous êtes allé(e)(s) ils sont allés	j'**ir**ai tu iras il ira nous irons vous irez ils iront	j'**ir**ais tu irais il irait nous irions vous iriez ils iraient	**Attention**! vas-y! n'y va pas!
je m'asseyais tu t'asseyais il s'asseyait nous nous asseyions vous vous asseyiez ils s'asseyaient	je me suis assis(e) (ik ben gaan zitten)	je m'assoirai (m'assiérai)	je m'assoirais (m'assiérais)	**Attention**! Je suis assis(e): ik zit
je battais tu battais il battait nous battions vous battiez ils battaient	j'ai battu	je battrai	je battrais	abattre: vellen se battre: vechten combattre: bestrijden débattre: bespreken se débattre: zich verzetten, tekeergaan
je buvais tu buvais il buvait nous buvions vous buviez ils buvaient	j'ai bu	je boirai	je boirais	
je bouillais tu bouillais il bouillait nous bouillions vous bouilliez ils bouillaient	j'ai bouilli	je bouillirai	je bouillirais	
je concluais tu concluais il concluait nous concluions vous concluiez ils concluaient	j'ai conclu	je conclurai	je conclurais	exclure: uitsluiten inclure: insluiten p. passé: ci-inclus: hier ingesloten

INFINITIF	INDICATIF PRÉSENT	IMPÉRATIF	SUBJONCTIF PRÉSENT	PARTICIPE PRÉSENT
connaître* kennen	je connais tu connais il connaît nous connaissons vous connaissez ils connaissent	connais connaissons connaissez	que je connaisse que tu connaisses qu'il connaisse que nous connaissions que vous connaissiez qu'ils connaissent	connaissant
coudre naaien	Je cou**ds** Tu cou**ds** Il cou**d** Nous cou**sons** Vous cou**sez** Ils cou**sent**	cou**ds** cou**sons** cou**sez**	que je couse que tu couses qu'il couse que nous cousions que vous cousiez qu'ils cousent	cousant
courir lopen	je cours tu cours il court nous courons vous courez ils courent	cours courons courez	que je coure que tu coures qu'il coure que nous courions que vous couriez qu'ils courent	courant
croire geloven	je crois tu crois il croit nous cro**y**ons vous cro**y**ez ils croient	crois cro**y**ons cro**y**ez	que je croie que tu croies qu'il croie que nous cro**y**ions que vous cro**y**iez qu'ils croient	cro**y**ant
croître* groeien	je croîs tu croîs il croît nous croissons vous croissez ils croissent	croîs croissons croissez	que je croisse que tu croisses qu'il croisse que nous croissions que vous croissiez qu'ils croissent	croissant
cueillir plukken	je cueil**le** tu cueil**les** il cueil**le** nous cueil**lons** vous cueil**lez** ils cueil**lent**	cueille cueillons cueillez	que je cueille que tu cueilles qu'il cueille que nous cueillions que vous cueilliez qu'ils cueillent	cueillant
devoir* moeten	je dois tu dois il doit nous d**ev**ons vous d**ev**ez ils d**oiv**ent		que je doive que tu doives qu'il doive que nous d**ev**ions que vous d**ev**iez qu'ils doivent	devant
dire zeggen	je dis tu dis il dit nous disons vous **dites** ils disent	dis disons **dites**	que je dise que tu dises qu'il dise que nous disions que vous disiez qu'ils disent	disant

* Nouvelle orthographe, n° 383

IMPARFAIT	PASSÉ COMPOSÉ	FUTUR SIMPLE	CONDITIONNEL PRÉSENT	MÊME CONJUGAISON
je connaissais tu connaissais il connaissait nous connaissions vous connaissiez ils connaissaient	j'ai connu tu as connu il a connu nous avons connu vous avez connu ils ont connu	je connaîtrai tu connaîtras il connaîtra nous connaîtrons vous connaîtrez ils connaîtront	je connaîtrais tu connaîtrais il connaîtrait nous connaîtrions vous connaîtriez ils connaîtraient	(ap)paraître: (ver)schijnen disparaître: verdwijnen reconnaître: (h)erkennen
je cousais tu cousais il cousait nous cousions vous cousiez ils cousaient	j'ai cousu	je coudrai	je coudrais	découdre: loskomen, losmaken recoudre: weer naaien, hechten
je courais tu courais il courait nous courions vous couriez ils couraient	j'ai couru	je cou**rr**ai	je cou**rr**ais	accourir: toesnellen recourir à: zijn toevlucht nemen tot secourir: te hulp komen
je croyais tu croyais il croyait nous croyions vous croyiez ils croyaient	j'ai cru	je croirai	je croirais	
je croissais tu croissais il croissait nous croissions vous croissiez ils croissaient	j'ai crû	je croîtrai	je croîtrais	p.passé: crû, crus, crue, crues accroître: toenemen ind.pr.: j'accrois tu accrois p.passé: accru
je cueillais tu cueillais il cueillait nous cueillions vous cueilliez ils cueillaient	j'ai cueilli	je cueill**e**rai	je cueill**e**rais	accueillir: ontvangen recueillir: opvangen
je devais tu devais il devait nous devions vous deviez ils devaient	j'ai dû	je de**vr**ai	je de**vr**ais	
je disais tu disais il disait nous disions vous disiez ils disaient	j'ai d**it**	je dirai	je dirais	redire: herhalen contredire°: tegenspreken interdire°: verbieden médire°: kwaadspreken prédire°: voorspellen °*vous contredisez* °*vous interdisez* °*vous médisez* °*vous prédisez*

INFINITIF	INDICATIF PRÉSENT	IMPÉRATIF	SUBJONCTIF PRÉSENT	PARTICIPE PRÉSENT
écrire schrijven	j'écris tu écris il écrit nous écri**v**ons vous écri**v**ez ils écri**v**ent	écris écri**v**ons écri**v**ez	que j'écrive que tu écrives qu'il écrive que nous écri**v**ions que vous écri**v**iez qu'ils écrivent	écri**v**ant
émouvoir ontroeren	j'émeus tu émeus il émeut nous émouvons vous émouvez ils émeuvent	émeus émouvons émouvez	que j'émeuve que tu émeuves qu'il émeuve que nous émouvions que vous émouviez qu'ils émeuvent	émouvant
envoyer sturen, zenden	j'envo**i**e tu envo**i**es il envo**i**e nous envoyons vous envoyez ils envo**i**ent	envo**i**e envoyons envoyez	que j'envoie que tu envoies qu'il envoie que nous envo**y**ions que vous envo**y**iez qu'ils envoient	envoyant
faire doen, maken	je fais tu fais il fait nous fa**i**sons [fə] vous **faites** ils **font**	fais fa**i**sons **faites**	que je **fass**e que tu **fass**es qu'il **fass**e que nous **fass**ions que vous **fass**iez qu'ils **fass**ent	faisant
falloir moeten	il faut		qu'il **fail**le	
fuir vluchten	je fuis tu fuis il fuit nous fu**y**ons vous fu**y**ez ils fuient	fuis fu**y**ons fu**y**ez	que je fuie que tu fuies qu'il fuie que nous fuyions que vous fuyiez qu'ils fuient	fuyant
haïr haten	je hais tu hais il hait nous haïssons vous haïssez ils haïssent	hais haïssons haïssez	que je haïsse que tu haïsses qu'il haïsse que nous haïssions que vous haïssiez qu'ils haïssent	haïssant
lire lezen	je lis tu lis il lit nous li**s**ons vous li**s**ez ils li**s**ent	lis li**s**ons li**s**ez	que je lise que tu lises qu'il lise que nous lisions que vous lisiez qu'ils lisent	lisant

IMPARFAIT	PASSÉ COMPOSÉ	FUTUR SIMPLE	CONDITIONNEL PRÉSENT	MÊME CONJUGAISON
j'écrivais tu écrivais il écrivait nous écrivions vous écriviez ils écrivaient	j'ai écri**t** tu as écrit il a écrit nous avons écrit vous avez écrit ils ont écrit	j'écrirai tu écriras il écrira nous écrirons vous écrirez ils écriront	j'écrirais tu écrirais il écrirait nous écririons vous écririez ils écriraient	décrire: beschrijven (s')inscrire: (zich)inschrijven prescrire: voorschrijven souscrire: onderschrijven *je **me suis inscrit(e)*** *il a **prescrit*** *j'ai **souscrit***
j'émouvais tu émouvais il émouvait nous émouvions vous émouviez ils émouvaient	j'ai ému	j'émou**vr**ai	j'émou**vr**ais	promouvoir: bevorderen, promoten
j'envoyais tu envoyais il envoyait nous envoyions vous envoyiez ils envoyaient	j'ai envoyé	j'en**verr**ai	j'en**verr**ais	renvoyer: terugzenden
je faisais tu faisais il faisait nous faisions vous faisiez ils faisaient	j'ai fait	je **fer**ai	je **fer**ais	contrefaire: namaken défaire: losmaken refaire: opnieuw maken satisfaire: voldoen
il fallait	il a fallu	il faudra	il faudrait	
je fuyais tu fuyais il fuyait nous fuyions vous fuyiez ils fuyaient	j'ai fui ik <u>ben</u> gevlucht	je fuirai	je fuirais	s'enfuir: wegvluchten *je **me suis enfui(e)***
je haïssais tu haïssais il haïssait nous haïssions vous haïssiez ils haïssaient	j'ai haï	je haïrai	je haïrais	
je lisais tu lisais il lisait nous lisions vous lisiez ils lisaient	j'ai lu	je lirai	je lirais	élire: verkiezen relire: herlezen

INFINITIF	INDICATIF PRÉSENT	IMPÉRATIF	SUBJONCTIF PRÉSENT	PARTICIPE PRÉSENT
mettre plaatsen, zetten, aantrekken	je mets tu mets il met nous mettons vous mettez ils mettent	mets mettons mettez	que je mette que tu mettes qu'il mette que nous mettions que vous mettiez qu'ils mettent	mettant
moudre malen	je mouds tu mouds il moud nous moulons vous moulez ils moulent	mouds moulons moulez	que je moule que tu moules qu'il moule que nous moulions que vous mouliez qu'ils moulent	moulant
mourir sterven	je meurs tu meurs il meurt nous mourons vous mourez ils meurent	meurs mourons mourez	que je meure que tu meures qu'il meure que nous mo**u**rions que vous mo**u**riez qu'ils meurent	mourant
plaire* behagen, bevallen	je plais tu plais il plaît nous plaisons vous plaisez ils plaisent	plais plaisons plaisez	que je plaise que tu plaises qu'il plaise que nous plaisions que vous plaisiez qu'ils plaisent	plaisant
pleuvoir regenen	il pleut		qu'il pleuve	pleuvant
pouvoir kunnen, mogen	je peux tu peux il peut nous pouvons vous pouvez ils p**euv**ent		que je **puiss**e que tu **puiss**es qu'il **puiss**e que nous **puiss**ions que vous **puiss**iez qu'ils **puiss**ent	pouvant
prendre nemen	je prends tu prends il prend nous pre**n**ons vous pre**n**ez ils pre**nn**ent	prends pre**n**ons pre**n**ez	que je prenne que tu prennes qu'il prenne que nous pre**n**ions que vous pre**n**iez qu'ils prennent	prenant
recevoir ontvangen, krijgen	je re**ç**ois tu re**ç**ois il re**ç**oit nous recevons vous recevez ils re**ç**oivent	re**ç**ois recevons recevez	que je re**ç**oive que tu re**ç**oives qu'il re**ç**oive que nous recevions que vous receviez qu'ils re**ç**oivent	recevant

* Nouvelle orthographe, n° 383

IMPARFAIT	PASSÉ COMPOSÉ	FUTUR SIMPLE	CONDITIONNEL PRÉSENT	MÊME CONJUGAISON
je mettais tu mettais il mettait nous mettions vous mettiez ils mettaient	j'ai mis tu as mis il a mis nous avons mis vous avez mis ils ont mis	je mettrai tu mettras il mettra nous mettrons vous mettrez ils mettront	je mettrais tu mettrais il mettrait nous mettrions vous mettriez ils mettraient	admettre: toegeven émettre: uitzenden permettre: toestaan promettre: beloven soumettre: onderwerpen transmettre: overbrengen
je moulais tu moulais il moulait nous moulions vous mouliez ils moulaient	j'ai moulu	je moudrai	je moudrais	
je mourais tu mourais il mourait nous mourions vous mouriez ils mouraient	je suis mort(e)	je mourrai	je mourrais	
je plaisais tu plaisais il plaisait nous plaisions vous plaisiez ils plaisaient	j'ai plu	je plairai	je plairais	déplaire: niet bevallen se plaire: elkaar bevallen
il pleuvait	il a plu	il pleuvra	il pleuvrait	
je pouvais tu pouvais il pouvait nous pouvions vous pouviez ils pouvaient	j'ai pu	je **pour**rai	je **pour**rais	
je prenais tu prenais il prenait nous prenions vous preniez ils prenaient	j'ai pris	je prendrai	je prendrais	apprendre: leren comprendre: begrijpen entreprendre: ondernemen reprendre: terugnemen surprendre: verrassen
je recevais tu recevais il recevait nous recevions vous receviez ils recevaient	j'ai reçu	je rec**ev**rai	je rec**ev**rais	apercevoir: opmerken décevoir: ontgoochelen

INFINITIF	INDICATIF PRÉSENT	IMPÉRATIF	SUBJONCTIF PRÉSENT	PARTICIPE PRÉSENT
résoudre oplossen	je résous tu résous il résout nous résolvons vous résolvez ils résolvent	résous résolvons résolvez	que je résolve que tu résolves qu'il résolve que nous résolvions que vous résolviez qu'ils résolvent	résolvant
rire lachen	je ris tu ris il rit nous rions vous riez ils rient	ris rions riez	que je rie que tu ries qu'il rie que nous riions que vous riiez qu'ils rient	riant
rompre verbreken	je romps tu romps il rompt nous rompons vous rompez ils rompent	romps rompons rompez	que je rompe que tu rompes qu'il rompe que nous rompions que vous rompiez qu'ils rompent	rompant
savoir weten, kunnen	je sais tu sais il sait nous savons vous savez ils savent	**sache** **sachons** **sachez**	que je **sach**e que tu **sach**es qu'il **sach**e que nous **sach**ions que vous **sach**iez qu'ils **sach**ent	**sach**ant
suffire volstaan	il suffit ils suffisent		qu'il suffise qu'ils suffisent	suffisant
suivre volgen	je suis tu suis il suit nous sui**v**ons vous sui**v**ez ils suivent	suis sui**v**ons sui**v**ez	que je suive que tu suives qu'il suive que nous suivions que vous suiviez qu'ils suivent	suivant
se taire zwijgen	je me tais tu te tais il se tait nous nous tai**s**ons vous vous tai**s**ez ils se tai**s**ent	tais-toi tai**s**ons-nous tai**s**ez-vous	que je me taise que tu te taises qu'il se taise que nous nous taisions que vous vous taisiez qu'ils se taisent	(se) taisant
tenir houden	je tiens tu tiens il tient nous te**n**ons vous te**n**ez ils tie**nn**ent	tiens te**n**ons te**n**ez	que je tienne que tu tiennes qu'il tienne que nous te**n**ions que vous te**n**iez qu'ils tiennent	tenant

IMPARFAIT	PASSÉ COMPOSÉ	FUTUR SIMPLE	CONDITIONNEL PRÉSENT	MÊME CONJUGAISON
je résolvais tu résolvais il résolvait nous résolvions vous résolviez ils résolvaient	j'ai résolu tu as résolu il a résolu nous avons résolu vous avez résolu ils ont résolu	je résoudrai tu résoudras il résoudra nous résoudrons vous résoudrez ils résoudront	je résoudrais tu résoudrais il résoudrait nous résoudrions vous résoudriez ils résoudraient	absoudre: vergeven p. passé: absous* absoute dissoudre: oplossen p. passé: dissous* dissoute
je riais tu riais il riait nous riions vous riiez ils riaient	j'ai ri	je rirai	je rirais	sourire: glimlachen
je rompais tu rompais il rompait nous rompions vous rompiez ils rompaient	j'ai rompu	je romprai	je romprais	interrompre: onderbreken
je savais tu savais il savait nous savions vous saviez ils savaient	j'ai su	je s**aur**ai	je s**aur**ais	
il suffisait ils suffisaient	il a suffi	il suffira	il suffirait	
je suivais tu suivais il suivait nous suivions vous suiviez ils suivaient	j'ai suivi	je suivrai	je suivrais	poursuivre: achtervolgen
je me taisais tu te taisais il se taisait nous nous taisions vous vous taisiez ils se taisaient	je me suis tu(e)	je me tairai	je me tairais	taire: verzwijgen
je tenais tu tenais il tenait nous tenions vous teniez ils tenaient	j'ai tenu	je t**iendr**ai	je t**iendr**ais	appartenir à: behoren aan obtenir: bekomen retenir: onthouden, tegenhouden soutenir: steunen

* Nouvelle orthographe, n° 389

INFINITIF	INDICATIF PRÉSENT	IMPÉRATIF	SUBJONCTIF PRÉSENT	PARTICIPE PRÉSENT
traire melken	je trais tu trais il trait nous trayons vous trayez ils traient	trais trayons trayez	que je traie que tu traies qu'il traie que nous trayions que vous trayiez qu'ils traient	trayant
vaincre overwinnen	je vain**c**s tu vain**c**s il vain**c** nous vain**qu**ons vous vain**qu**ez ils vain**qu**ent	vaincs vainquons vainquez	que je vainque que tu vainques qu'il vainque que nous vainquions que vous vainquiez qu'ils vainquent	vainquant
valoir waard zijn	je vaux tu vaux il vaut nous valons vous valez ils valent		que je v**aill**e que tu v**aill**es qu'il v**aill**e que nous valions que vous valiez qu'ils v**aill**ent	valant
venir komen	je viens tu viens il vient nous v**en**ons vous v**en**ez ils v**ienn**ent	viens venons venez	que je vienne que tu viennes qu'il vienne que nous v**en**ions que vous v**en**iez qu'ils viennent	venant
vivre leven	je vis tu vis il vit nous vivons vous vivez ils vivent	vis vivons vivez	que je vive que tu vives qu'il vive que nous vivions que vous viviez qu'ils vivent	vivant
voir zien	je vois tu vois il voit nous vo**y**ons vous vo**y**ez ils voient	vois voyons voyez	que je voie que tu voies qu'il voie que nous vo**y**ions que vous vo**y**iez qu'ils voient	voyant
vouloir willen	je veux tu veux il veut nous v**ou**lons vous v**ou**lez ils v**eu**lent	**veuille** **veuillons** **veuillez**	que je v**euill**e que tu v**euill**es qu'il v**euill**e que nous voulions que vous vouliez qu'ils v**euill**ent	voulant

IMPARFAIT	PASSÉ COMPOSÉ	FUTUR SIMPLE	CONDITIONNEL PRÉSENT	MÊME CONJUGAISON
je trayais tu trayais il trayait nous trayions vous trayiez ils trayaient	j'ai trait tu as trait il a trait nous avons trait vous avez trait ils ont trait	je trairai tu trairas il traira nous trairons vous trairez ils trairont	je trairais tu trairais il trairait nous trairions vous trairiez ils trairaient	distraire: verstrooien extraire: uittrekken soustraire: aftrekken
je vainquais tu vainquais il vainquait nous vainquions vous vainquiez ils vainquaient	j'ai vaincu	je vaincrai	je vaincrais	convaincre: overtuigen
je valais tu valais il valait nous valions vous valiez ils valaient	j'ai valu	je v**audr**ai	je v**audr**ais	Ça vaut la peine: Het loont de moeite
je venais tu venais il venait nous venions vous veniez ils venaient	je suis venu(e)	je v**iendr**ai	je v**iendr**ais	devenir: worden intervenir: tussenkomen parvenir (à): ertoe komen prévenir: voorkomen, verwittigen se souvenir (de): zich herinneren
je vivais tu vivais il vivait nous vivions vous viviez ils vivaient	j'ai vécu	je vivrai	je vivrais	survivre (à): overleven revivre: herleven
je voyais tu voyais il voyait nous voyions vous voyiez ils voyaient	j'ai vu	je v**err**ai	je v**err**ais	pourvoir: voorzien f. simple: je pour**voir**ai prévoir: voorzien f. simple: je pré**voir**ai revoir: herzien, weerzien f. simple: je re**verr**ai
je voulais tu voulais il voulait nous voulions vous vouliez ils voulaient	j'ai voulu	je vou**dr**ai	je vou**dr**ais	

15.4 Liste pratique de verbes fréquents

15.4.1 Liste de verbes

INFINITIF		se conjugue comme …	n°
abattre	vellen	battre	**257**
absoudre*	vergeven	résoudre	**257**
s'appeler	heten	appeler	204
accomplir	tot stand brengen	finir	208
accourir	toesnellen	courir	**257**
accroître*	toenemen	croître	**257**
accueillir	ontvangen	cueillir	**257**
achever	beëindigen	acheter	203
acquérir	verwerven		**257**
admettre	toegeven	mettre	**257**
amener	meebrengen	acheter	203
annoncer	aankondigen	avancer	202
apercevoir	opmerken	recevoir	**257**
apparaître*	(ver)schijnen	connaître	**257**
appartenir à	toebehoren	tenir	**257**
applaudir	toejuichen	finir	208
apprécier	waarderen	oublier	200
apprendre	leren	prendre	**257**
atteindre	bereiken	peindre	218
se battre	vechten	battre	**257**
bouillir	koken		**257**
changer	veranderen	manger	201
se changer	zich omkleden	manger	201
choisir	kiezen	finir	208
combattre	vechten tegen	battre	**257**
commencer	beginnen	avancer	202
compléter*	vervolledigen	espérer	207
comprendre	begrijpen, bevatten	prendre	**257**
concevoir	opvatten	recevoir	**257**
contenir	bevatten	tenir	**257**
confier	(toe)vertrouwen	oublier	200
conquérir	veroveren	acquérir	**257**
construire	bouwen	conduire	214
contredire	tegenspreken	dire	**257**
convaincre	overtuigen	vaincre	**257**
correspondre	overeenkomen, corresponderen	attendre	216
corriger	verbeteren	manger	201
couvrir	bedekken	ouvrir	212
craindre	vrezen	peindre	218
crier	schreeuwen, roepen	oublier	200
cuire	koken, bakken	conduire	214

* Nouvelle orthographe, n° 383, 384, 389

se débattre	zich verzetten	battre	**257**
décevoir	ontgoochelen	recevoir	**257**
découdre	draad losmaken	coudre	**257**
découvrir	ontdekken	ouvrir	212
décrire*	beschrijven	écrire	**257**
défaire	losmaken	faire	**257**
défendre	verdedigen, verbieden	attendre	216
déménager	verhuizen	manger	201
dépendre de	afhangen van	attendre	216
déplaire à*	niet bevallen	plaire	**257**
descendre	naar beneden gaan / brengen	attendre	216
détruire*	vernietigen	conduire	214
disparaître*	verdwijnen	connaître	**257**
dissoudre*	oplossen, ontbinden	résoudre	**257**
distraire	verstrooien	traire	**257**
effacer	uitwissen	avancer	202
effrayer	doen schrikken	appuyer	206
élire	verkiezen	lire	**257**
émettre	uitzenden	mettre	**257**
emmener	meenemen	acheter	203
émouvoir	ontroeren		**257**
employer	gebruiken	appuyer	206
encourager	aanmoedigen	manger	201
s'enfuir	wegvluchten	fuir	**257**
s'ennuyer	zich vervelen	appuyer	206
entendre	horen	attendre	216
entreprendre	ondernemen	prendre	**257**
entretenir	onderhouden	tenir	**257**
entrouvrir	half openen	ouvrir	212
essayer	proberen / passen	appuyer	206
s'essuyer	zich afdrogen	appuyer	206
éteindre	doven, uitdoen	peindre	218
étendre	(ver)spreiden	attendre	216
étudier	studeren	oublier	200
exagérer*	overdrijven	espérer	207
exclure	uitsluiten	conclure	**257**
s'exercer	zich oefenen	avancer	202
extraire	uittrekken	traire	**257**
feindre	veinzen	peindre	218
fendre	splijten	attendre	216
fondre	smelten	attendre	216
feuilleter*	doorbladeren	jeter	205
geler	vriezen	acheter	203
grandir	groeien	finir	208
grossir	verzwaren	finir	208

* Nouvelle orthographe, n° 383, 384, 389

guérir	genezen	finir	208
haïr	haten		**257**
inclure	insluiten	conclure	**257**
inscrire	inschrijven	écrire	**257**
instruire	opleiden	conduire	214
interdire	verbieden	dire	**257**
interrompre	onderbreken	rompre	**257**
intervenir	tussenkomen	venir	**257**
introduire	inleiden	conduire	214
investir	investeren	finir	208
joindre	samenvoegen, bereiken	peindre	218
lancer	werpen	avancer	202
lever	opheffen	acheter	203
se lever	opstaan	acheter	203
maigrir	vermageren	finir	208
mener	leiden	acheter	203
mentir	liegen	partir	210
mordre	bijten	attendre	216
moudre	malen		**257**
nager	zwemmen	manger	201
neiger	sneeuwen	manger	201
nettoyer	schoonmaken	appuyer	206
se noyer	verdrinken	appuyer	206
obtenir	bekomen	tenir	**257**
offrir	schenken, geven	ouvrir	212
pâlir	verbleken	finir	208
paraître*	verschijnen, lijken	connaître	**257**
parcourir	doorlopen	courir	**257**
parvenir à	ertoe komen	venir	**257**
payer	betalen	appuyer	206
peler	pellen	acheter	203
pendre	ophangen	attendre	216
pénétrer*	indringen, binnendringen	espérer	207
perdre	verliezen	attendre	216
permettre	toestaan	mettre	**257**
peser	wegen	acheter	203
placer	plaatsen	avancer	202
plaindre	beklagen	éteindre	**257**
poursuivre	achtervolgen	suivre	**257**
précéder*	voorafgaan	espérer	207
prédire	voorspellen	dire	**257**
préférer*	verkiezen	espérer	207
prescrire	voorschrijven	écrire	**257**
prétendre	beweren	attendre	216
prévenir	verwittigen	venir	**257**
prévoir	vooruitzien	voir	**257**

* Nouvelle orthographe, n° 383, 384

prier	bidden	oublier	200
produire	produceren	conduire	214
projeter	projecteren	jeter	213
se promener	wandelen	acheter	203
promettre	beloven	mettre	**257**
promouvoir	promoten, bevorderen	émouvoir	**257**
prononcer	uitspreken	avancer	202
protéger*	beschermen	manger	201
publier	publiceren	oublier	200
punir	straffen	finir	208
se rappeler	zich herinneren	appeler	204
reconduire	terugbrengen	conduire	214
reconnaître*	(h)erkennen	connaître	**257**
recoudre	weer vastnaaien, hechten	coudre	**257**
recourir à	zijn toevlucht nemen tot	courir	**257**
recueillir	opvangen	cueillir	**257**
refaire	opnieuw maken	faire	**257**
réfléchir	nadenken	finir	208
rejeter	verwerpen	jeter	200
rejoindre	zich voegen bij	peindre	218
remercier	bedanken	oublier	200
rendre	teruggeven	attendre	216
renouveler*	vernieuwen	appeler	204
renvoyer	terugzenden	envoyer	**257**
se repentir	berouw hebben	partir	210
répéter*	herhalen	espérer	207
répondre	antwoorden	attendre	216
reprendre	terugnemen, hernemen	prendre	**257**
requérir	verzoeken	acquérir	**257**
résoudre	oplossen		**257**
retenir	onthouden, tegenhouden	tenir	**257**
réussir	slagen	finir	208
révéler*	openbaren	espérer	207
revivre	herleven	vivre	**257**
revoir	herzien, weerzien	voir	**257**
rôtir	braden	finir	208
salir	vuilmaken	finir	208
satisfaire	voldoen	faire	**257**
sécher*	drogen	espérer	207
secourir	te hulp komen	courir	**257**
semer	zaaien	acheter	203
sentir	ruiken / voelen	partir	210
servir	(be)dienen	partir	210
signifier	betekenen	oublier	200
sortir	buitengaan, uitgaan	partir	210
souffrir	lijden	ouvrir	212

* Nouvelle orthographe, n° 383, 384

soumettre	onderwerpen	mettre	**257**
sourire	glimlachen	rire	**257**
souscrire	intekenen, onderschrijven	écrire	**257**
soustraire	aftrekken, ontfutselen	traire	**257**
soutenir	steunen	tenir	**257**
se souvenir	zich herinneren	venir	**257**
succéder à*	opvolgen	espérer	207
surprendre	verrassen	prendre	**257**
survivre	overleven	vivre	**257**
teindre	verven	peindre	218
tendre	strekken, reiken	attendre	216
traduire	vertalen	conduire	214
traire	melken		**257**
transmettre	overbrengen	mettre	**257**
vendre	verkopen	attendre	216
vieillir	verouderen	finir	208

* Nouvelle orthographe, n° 384

15.4.2 Où trouvez-vous la conjugaison des verbes?

VERBES TYPES			
GROUPE 1	**verbes en –ER**		199 à 207
type	penser		199
	oublier	- ier	200
	manger	- ger	201
	avancer	- cer	202
	acheter	- e…er	203
	appeler	- eler	204
	jeter	- eter	205
	appuyer	- yer	206
	espérer	- é…er	207
GROUPE 2	**verbes en -IR**		208 à 213
type	finir		208 - 209
	partir		210 - 211
	ouvrir		212 - 213
GROUPE 3	**verbes en – RE**		214 à 219
type	conduire		214-215
	attendre		216-217
	peindre		218-219
VERBES AUXILIAIRES hulpwerkwoorden			
	avoir		220
	être		221
VERBES IRRÉGULIERS onregelmatige werkwoorden			**257**

15.5 Emploi des temps et des modes

15.5.1 Le verbe pronominal

Type: SE LAVER (zich wassen)

L'INDICATIF

présent ik was me	**passé composé** ik <u>heb</u> me gewassen
je me lave	je me suis lavé(e)
tu te laves	tu t'es lavé(e)
il se lave	il s'est lavé
elle se lave	elle s'est lavée
nous nous lavons	nous nous sommes lavé(e)s
vous vous lavez	vous vous êtes lavé(e)s
ils se lavent	ils se sont lavés
elles se lavent	elles se sont lavées

imparfait ik waste me	**plus-que-parfait** ik had me gewassen
je me lavais	je m'étais lavé(e)
tu te lavais	tu t'étais lavé(e)
il se lavait	il s'était lavé
elle se lavait	elle s'était lavée
nous nous lavions	nous nous étions lavé(e)s
vous vous laviez	vous vous étiez lavé(e)s
ils se lavaient	ils s'étaient lavés
elles se lavaient	elles s'étaient lavées

passé simple
 ik waste me / ik heb me gewassen

je me lavai
tu te lavas
il se lava
nous nous lavâmes
vous vous lavâtes
ils se lavèrent

futur simple ik zal me wassen	**futur antérieur** ik zal me gewassen hebben
je me laverai	je me serai lavé(e)
tu te laveras	tu te seras lavé(e)
il se lavera	il se sera lavé
elle se lavera	elle se sera lavée
nous nous laverons	nous nous serons lavé(e)s
vous vous laverez	vous vous serez lavé(e)s
ils se laveront	ils se seront lavés
elles se laveront	elles se seront lavées

LE SUBJONCTIF

présent dat ik me was	**passé** dat ik me gewassen heb
que je me lave	que je me sois lavé(e)
que tu te laves	que tu te sois lavé(e)
qu'il se lave	qu'il se soit lavé
qu'elle se lave	qu'elle se soit lavée
que nous nous lavions	que nous nous soyons lavé(e)s
que vous vous laviez	que vous vous soyez lavé(e)s
qu'ils se lavent	qu'ils se soient lavés
qu'elles se lavent	qu'elles se soient lavées

L'IMPÉRATIF

lave-**toi** (was je)	ne **te** lave pas (was je niet)
lavons-**nous** (laten we ons wassen)	ne **nous** lavons pas (laten we ons niet wassen)
lavez-**vous** (was je)	ne **vous** lavez pas (was je niet)

LE PARTICIPE

présent zich wassend	**passé** gewassen
se lavant	lavé

L'INFINITIF

présent zich wassen	**passé** zich gewassen hebben
se laver	s'être lavé(e)(s)

LE CONDITIONNEL

présent ik zou me wassen	**passé** ik zou me gewassen hebben
je me laverais	je me serais lavé(e)
tu te laverais	tu te serais lavé(e)
il se laverait	il se serait lavé
elle se laverait	elle se serait lavée
nous nous laverions	nous nous serions lavé(e)s
vous vous laveriez	vous vous seriez lavé(e)s
ils se laveraient	ils se seraient lavés
elles se laveraient	elles se seraient lavées

Négation: je NE me lave PAS
tu NE te lavais PAS
elles NE se sont PAS lavées

VOIR AUSSI Accord du participe passé, n° 256
Futur proche, n° 240
Passé récent, n° 242

REMARQUES **OPMERKINGEN**

a   Un verbe pronominal n'est pas toujours pronominal en néerlandais!

s'abonner à	zich abonneren op	s'étrangler	zich verslikken
s'adresser à	zich wenden tot	s'excuser	zich verontschuldigen
s'amuser	zich amuseren	se fâcher	kwaad worden
s'appeler	heten	s'intéresser à	zich interesseren voor
s'approcher de	naderen	se lancer sur / dans	zich werpen op, zich storten in
s'appuyer sur	steunen op	se laver	zich wassen
s'asseoir	gaan zitten	se lever	opstaan
se battre	vechten	se marier	trouwen
se brancher sur	zich aansluiten op	se moquer de	spotten met
se calmer	tot rust komen	s'occuper de	zorgen voor / zich bezighouden met
se changer	zich omkleden	se peigner	zich kammen
se confier à	zijn hart uitstorten bij	se promener	wandelen
se connecter	zich verbinden met	se raser	zich scheren
se coucher	gaan liggen / gaan slapen	se régler sur	afstemmen op
se démoder	uit de mode raken	se repentir	berouw hebben
s'éclater	zich uitleven	se reposer	rusten
s'embrasser	elkaar omhelzen	se réveiller	wakker worden
s'en aller	weggaan	se sentir (bien / mal)	zich (goed / slecht) voelen
s'énerver	zenuwachtig worden	se servir de	gebruiken
s'enfuir	vluchten	se soigner	zich verzorgen
s'ennuyer	zich vervelen	se taire	zwijgen
s'envoler	wegvliegen	se trouver	zich bevinden

261

262 b Un verbe peut devenir pronominal.

Réciproque: avec le sens de «l'un (à) l'autre» → verbe au pluriel

Ils **s'**aiment vraiment.
Nous **nous** aidons souvent.
Vous ne **vous** parlez plus?
Non, et pourtant nous **nous** voyons tous les jours.
Elles ne **se** supportaient plus.

Wederkerig: met de betekenis «elkaar», «mekaar» → werkwoord in het meervoud

Ze houden echt van elkaar.
We helpen mekaar dikwijls.
Spreken jullie niet meer met elkaar?
Nee, en toch zien we mekaar elke dag.
Ze konden elkaar niet meer uitstaan.

Réfléchi: avec un sens passif

Cela **se** raconte, mais est-ce la vérité?
L'aquagym **se** pratique de plus en plus.
La serre **se** visite uniquement sur rendez-vous.
Un nouvel avenir **se** dessine.

VOIR AUSSI Verbe pronominal avec un sens passif, n° 314

Wederkerend: met een passieve betekenis (in 't Frans)

Dat wordt verteld, maar is het de waarheid?
Aquagym wordt steeds meer beoefend.
De serre is enkel te bezoeken op afspraak.
Een nieuwe toekomst neemt vorm aan.

Avec un sens différent

Le nouveau-né **s'**appelle Jules. (appeler)
Tu **te** réveilles à quelle heure? (réveiller)
D'habitude, nous **nous** levons vers 7 heures. (lever)
Notre chien **s'**est perdu. (perdre)

Met een andere betekenis

De pasgeborene heet Jules. (roepen)
Hoe laat word je wakker? (wekken)
We staan gewoonlijk op om 7 uur. (heffen)
Onze hond is verloren gelopen. (verliezen)

263 c Le verbe pronominal à l'infinitif

Je	(ne)	vais	(pas)	**m'**	arrêter	ici.
Tu	(ne)	vas	(pas)	**te**	rebeller?	
Il	(ne)	sait	(pas)	**se**	décider	seul.
Nous	(ne)	devons	(pas)	**nous**	occuper	de ça.
Vous	ne	pouvez	pas	**vous**	moquer	d'elle.
Ils	(n')	oublient	(pas)	de **s'**	excuser.	
Elles	(ne)	peuvent	(pas)	**se**	maquiller.	

Ik ga hier (niet) stoppen.
Zal jij je (niet) verzetten?
Hij kan (niet) alleen beslissen.
We moeten daarvoor (niet) zorgen.
Jullie mogen haar (niet) uitlachen.
Ze vergeten (niet) zich te verontschuldigen.
Ze mogen zich (niet) opmaken.

264 d Le verbe pronominal au gérondif

ATTENTION

Le pronom réfléchi s'accorde avec le sujet.

J'ai vu le soleil en **me** réveillant.
Tu recevras un DVD en **t'**abonnant à ce magazine.

Elle téléphonait en **se** promenant.
En **nous** adressant à l'office de tourisme, nous avons vite trouvé une chambre d'hôtes.
Vous serez en pleine forme en **vous** reposant plus souvent.
En **s'**enfuyant, les voleurs ont perdu leur butin.
En **se** familiarisant avec le numérique, nos grands-parents s'adaptent au 21e siècle.

LET OP

Het wederkerend vn. komt overeen met het onderwerp.

Ik heb de zon gezien bij het wakker worden.
Je zal een dvd krijgen als je je abonneert op dat tijdschrift.
Ze belde terwijl ze wandelde.
Door ons te wenden tot het toerismebureau hebben we vlug een gastenkamer gevonden.
Jullie zullen in topvorm zijn als je meer rust.
Tijdens de vlucht hebben de dieven hun buit verloren.
Door zich het digitale eigen te maken, passen onze grootouders zich aan aan de 21e eeuw.

e Le verbe pronominal dans une question avec inversion

(Ne) + pronom réfléchi + verbe + pronom sujet (pas)

S'inscrira-t-il à ce jeu?
T'es-tu amusée?
Vous branchez-vous sur cette chaîne?
Ne **s'**ennuient-ils pas le soir?
Se couvre-t-elle le visage?
Les jeunes **se** conforment-ils au code vestimentaire de leurs idoles?

Zal hij zich voor dit spel inschrijven?
Heb je je geamuseerd?
Stemt u af op deze zender?
Vervelen ze zich niet 's avonds?
Bedekt ze haar gezicht?
Volgen de jongeren de dresscode van hun idolen?

VOIR AUSSI Passé composé des verbes pronominaux, n° 249, 256

15.5.2 Le verbe impersonnel

266

Il y a	er is	er zijn	Il y avait	er was / er waren
	er staat	er staan	Il y aura	er zal / er zullen zijn
	er ligt	er liggen	Il y a eu	er is / er zijn geweest
	er hangt	er hangen		

Il y a du monde dans la boutique.
Il y a des clients qui font la queue.
Il y avait une belle voiture devant la porte.
Il y aura du brouillard demain matin.
Il y a eu un attentat dans la capitale.

Er is volk in de winkel.
Er staan klanten te wachten.
Er stond een mooie wagen voor de deur.
Er zal mist zijn morgenvroeg.
Er is een aanslag geweest in de hoofdstad.

267

il y a + heure(s), jour(s), mois, an(s) …   uren, dagen, maanden, jaren … geleden

Elle a téléphoné **il y a** quinze jours.
Il y a un mois, ils étaient en voyage.

Veertien dagen geleden heeft ze gebeld.
Een maand geleden waren ze op reis.

268

il est + l'heure, le temps   het is + uur, tijd

Il est temps. **Il est** tard. **Il est** tôt.
Il est 8 heures du soir.
Quelle heure **est-il**?
Il est midi et demi.

Het is tijd. Het is laat. Het is vroeg.
Het is 8 uur 's avonds.
Hoe laat is het?
Het is halfeen.

269

il est / c'est   het is, 't is
 il est + adjectif + <u>de</u> + infinitif
           + <u>que</u> + proposition (bijzin)
 c'est + adjectif (masc. sing.)

- Tu crois qu'**il est** possible <u>de</u> faire ça?
• Non, **c'est** impossible.
• **Il est** possible <u>que</u> ce soit vrai.
- **Il était** difficile <u>de</u> répondre à cela?
• Oui, **c'était** difficile.
- **Il est** dommage <u>qu'</u>ils ne viennent pas.
- Oui, **c'est** vraiment dommage.
- **Il est** facile <u>de</u> trouver la réponse.
- **C'est** très facile, crois-moi.
- **Il est** certain <u>que</u> ce sera un bon nageur.
- Il nage bien, **c'est** certain.
- **Il est** sûr <u>que</u> ce sera un bon infirmier.
- Il soignera bien les malades, **c'est** sûr.

- Denk je dat het mogelijk is dit te doen?
• Nee, het is onmogelijk.
• Het is mogelijk dat het waar is.
- Was het moeilijk daarop te antwoorden?
• Ja, het was moeilijk.
- Het is jammer dat ze niet komen.
• Ja het is echt jammer.
- Het is gemakkelijk om het antwoord te vinden.
- Het is heel gemakkelijk, geloof me.
- 't Is zeker dat hij een goed zwemmer zal zijn.
- Hij zwemt goed, dat is zeker.
- 't Is zeker dat hij een goed verpleegkundige zal zijn.
- Hij zal de zieken goed verzorgen, dat is zeker.

REMARQUE

Dans la <u>langue familière</u>: il est → **c'est**
- **C'est** vrai qu'on a dit ça?
- **C'est** triste de voir que tout le monde se trompe.

OPMERKING

«C'est» wordt meer gebruikt in de <u>spreektaal.</u>
Is het waar dat men dat gezegd heeft?
Het is droevig om zien dat iedereen zich vergist.

270

Il fait + le temps   Het is + het weer
       + la température   + de temperatuur
       + la lumière   + het licht

Il fait beau. **Il faisait** chaud.
Il fait froid. Il **a fait** mauvais.
Quel temps **fait-il**? Quel temps **fera-t-il**?
Il fait jour / nuit.
Il faisait clair / obscur / noir.

Het is mooi weer. Het was warm.
't Is koud. Het is slecht weer geweest.
Welk weer is het? Welk weer zal het zijn?
Het is dag / nacht.
Het was helder / duister / donker.

Il pleut	Het regent	271
Il neige	Het sneeuwt	
Il gèle	Het vriest	
Il grêle	Het hagelt	

| Il faut | moeten / nodig hebben / verplicht zijn | 272 |

il faut + substantif

il faut + zelfstandig naamwoord

Il	(me)	faut	une bonne page d'accueil.
Il	(te)	faut	plus d'informations.
Il	(lui)	fallait	du temps.
Il	(nous)	faudra	un chargeur.

Ik heb een goede homepage nodig.
Jij hebt meer informatie nodig.
Zij / hij had tijd nodig.
We zullen een lader nodig hebben.

il faut + infinitif

il faut + infinitief

Il	(vous)	faudra	travailler.
Il	(leur)	a fallu	attendre.
Il	(nous)	faut	recharger la batterie.

Jullie zullen moeten werken.
Ze hebben moeten wachten.
We moeten de accu heropladen.

il faut que + subjonctif

il faut que + ww. in de conjunctief

| Il | faut | que vous suiviez le code de la route. |
| Il | fallait | qu'elles apprennent cela. |

Jullie moeten de wegcode volgen.
Ze moesten dat leren.

C'est + pronom personnel forme tonique

C'est + persoonlijk voornaamwoord beklemtoonde vorm
273

C'est toi?
C'est lui qui avait dit ça?
C'était moi.
C'est / ce sont eux.

Ben jij dat?
Was hij het die dat gezegd had?
Ik was het.
Zij zijn het.

Il vaut mieux } + infinitif
Il s'agit de

Het is beter
Het gaat om / over, } + infinitief
het komt erop aan
274

Il vaut mieux partir tôt.
De quoi **s'agit-il**?
Il s'agit de ne pas manquer le train.

Het is beter vroeg te vertrekken.
Waar gaat het om?
Het komt erop aan de trein niet te missen.

Il suffit
Ça suffit

Het volstaat
Het is genoeg

Il (vous) **suffit** de compléter le formulaire.
Assez travaillé. **Ça suffit** pour aujourd'hui.

Het volstaat het formulier in te vullen.
Genoeg gewerkt. Het is genoeg voor vandaag.

Verbes employés impersonnellement:
Il + verbe 3e personne singulier

Onpersoonlijk gebruikte werkwoorden:
ww. 3e persoon enkelvoud (in 't Frans)
275

Il arrive qu'elle laisse la porte ouverte.
Il reste encore deux tranches de jambon.

Het gebeurt dat ze de deur openlaat.
Er blijven nog twee sneetjes ham over.

Le participe passé d'un verbe employé impersonnellement reste invariable.

Het v.d. van een onpersoonlijk gebruikt werkwoord blijft onveranderlijk.

Il **est arrivé** des paquets pour moi.
Il **est venu** une inconnue pour toi.

Er zijn pakjes toegekomen voor mij.
Er is een onbekende gekomen voor jou.

ATTENTION

Impersonnel en néerlandais, pas en français:
Je regrette.
Je m'étonne qu'il soit déjà si tard.

LET OP

Onpersoonlijk in 't Ned., niet in 't Frans:
Het spijt me.
Het verwondert me dat het al zo laat is.

15.5.3 Les semi-auxiliaires

Ces verbes sont suivis d'un **infinitif**. Ils expriment une nuance de la pensée.	Die ww. worden gevolgd door een infinitief. Ze drukken een nuance uit.
SEMI-AUXILIAIRE → SIGNIFICATION	**WERKWOORD → BETEKENIS**

276

ALLER → le futur proche	GAAN / ZULLEN → de nabije toekomst
Ils **vont** venir dans une semaine. Je **vais** arrêter de m'occuper de cela.	Ze zullen binnen een week komen. Ik zal stoppen me daarmee bezig te houden.

VENIR DE → le passé récent	→ het recent verleden
Ils **viennent de** s'asseoir au jardin. Je **viens de** lui expliquer ça.	Ze zijn zojuist in de tuin gaan zitten. Ik heb hem dat zopas uitgelegd.

277

DEVOIR / IL FAUT / ÊTRE OBLIGÉ DE / AVOIR À → une obligation	MOETEN / VERPLICHT ZIJN → een verplichting
Elle **doit** suivre le conseil de son médecin. Vous **devez** faire attention. **Il faut** s'arrêter au feu rouge. Nous **sommes obligés** de faire cela. J'**ai** encore la vaisselle **à** faire.	Ze moet de raad van haar arts volgen. Jullie moeten opletten. Men moet stoppen aan het rood licht. We zijn verplicht om dit te doen. Ik moet nog de vaat doen.

DEVOIR → une supposition	WAARSCHIJNLIJK, WEL MOETEN → een veronderstelling
Vous **devez** avoir faim. Son portable **a dû** tomber en panne.	Jullie moeten wel honger hebben. Zijn gsm heeft wellicht een defect gehad.

278

POUVOIR → être en état de	KUNNEN → de omstandigheden maken het mogelijk
Tu **peux** venir ce soir? Non, je ne **peux** pas venir, je n'ai pas le temps. Ils ne **peuvent** pas venir, parce que leur voiture est au garage.	Kun je vanavond komen? Nee, ik kan niet komen, ik heb geen tijd. Ze kunnen niet komen, omdat hun wagen in de garage staat.

POUVOIR → une permission	MOGEN → een toestemming
Elle **peut** aller à cette fête, ses parents sont d'accord. Je ne **peux** pas nager cette semaine, a dit le docteur.	Ze mag naar dat feestje gaan, haar ouders gaan akkoord. Ik mag deze week niet zwemmen, heeft de dokter gezegd.

SAVOIR → être capable de	KUNNEN → in staat zijn om, een capaciteit hebben, een natuurlijke aanleg hebben
Toute petite, elle **savait** déjà très bien chanter. L'autruche est un oiseau qui ne **sait** pas voler. Le manchot, lui, **sait** nager. Ces enfants ne **savent** pas se taire.	Als klein meisje kon ze al heel goed zingen. De struisvogel is een vogel die niet kan vliegen. De pinguïn, die kan zwemmen. Die kinderen kunnen niet zwijgen.

SAVOIR → avoir appris à	KUNNEN → iets geleerd hebben
Nous **savons** jouer du saxophone. Il ne **sait** pas danser.	We kunnen saxofoon spelen. Hij kan niet dansen.

SEMI-AUXILIAIRE → SIGNIFICATION	WERKWOORD → BETEKENIS	
LAISSER → une permission une action qu'on n'empêche pas	**LATEN** → een toestemming / toelating iets dat men niet verhindert	**279**

Elle le **laisse** dormir jusqu'à midi.
Laisse-moi faire ça toute seule.
Tu te **laisses** influencer par la publicité.
On ne nous **laisse** pas partir avant 17 heures.

Ze laat hem slapen tot de middag.
Laat me dat alleen doen.
Je laat je beïnvloeden door de reclame.
Ze laten ons niet vertrekken voor 17 uur.

FAIRE → une demande, un ordre	**LATEN / DOEN** → een vraag, een bevel

Il a **fait** tailler les arbres.
Nous **faisons** réparer la voiture.
Il leur **faisait** répéter la réponse.
Tu **feras** réparer ton ordinateur?

Hij heeft de bomen laten snoeien.
We laten de wagen herstellen.
Hij deed ze het antwoord herhalen.
Zal je je computer laten herstellen?

VOIR AUSSI traduction de «laat ons, laten we», impératif, n° 225 (attention)

COMMENCER À **SE METTRE À** → le début d'<u>une seule</u> action	**BEGINNEN TE** → het begin van één enkele handeling	**280**

Il **se met à** pleuvoir.
Nous **commençons à** comprendre.

Het begint te regenen.
We beginnen te begrijpen.

CONTINUER À / DE → la suite d'une action	**DOORGAAN, BLIJVEN ...** → het vervolg van een handeling

Il **continue de** neiger.
Tu **continues à** lire ce livre?

Het blijft sneeuwen.
Ga je dat boek verder lezen?

ÊTRE EN TRAIN DE → le déroulement d'une action	**BEZIG ZIJN MET**

Je crois qu'elle est **en train de** dormir.
Ils étaient **en train de** manger, quand je suis arrivée.

Ik denk dat ze aan het slapen is.
Ze waren aan het eten toen ik aankwam.

FINIR DE **(S')ARRÊTER DE** → la fin d'<u>une seule</u> action	**OPHOUDEN MET, STOPPEN MET** → het einde van één enkele handeling

Arrête de crier!
Ils **s'arrêtent** de travailler à 5 heures.
Il **a fini de** tondre le gazon?

Hou op met roepen!
Ze stoppen met werken om 5 uur.
Heeft hij gedaan met het gazon te maaien?

COMMENCER PAR → le début d'une <u>série</u> d'actions **FINIR PAR** → la fin d'une <u>série</u> d'actions	**BEGINNEN MET** → het begin van een <u>reeks</u> handelingen **EINDIGEN MET** → het einde van een <u>reeks</u> handelingen	**281**

Je **commence par** chercher une bonne recette.
Puis je prépare la tarte.
Je **finis par** la manger.

Ik begin met een goed recept te zoeken.
Dan maak ik de taart.
Tenslotte eet ik ze op.

15.5.4 Emploi de l'infinitif

Peut exprimer une invitation, un ordre, une défense (dans des lieux publics, sur des sites de vente, des réseaux sociaux …)

Kan een uitnodiging, een bevel uitdrukken (in openbare plaatsen, op verkoopsites, op sociale netwerken …)

Ne pas se pencher par la fenêtre.
Ne pas marcher sur la pelouse.
Ne pas faire de bruit après 22 heures.

Niet naar buiten leunen.
Niet op het gras lopen.
Geen lawaai na 22 uur.

Fermer la porte.
Frapper avant d'entrer.

De deur sluiten.
Kloppen vooraleer binnen te gaan.

Ouvrir Facebook / Commenter / Partager.
Lire les avis / Voir le stock en magasin.

Facebook openen / Opmerking plaatsen / Delen.
De meningen lezen / De voorraad in de winkel bekijken.

15.5.5 Emploi de l'impératif

a Exprime un ordre, un conseil, une invitation.

Drukt een bevel, een raad, een uitnodiging uit.

– à quelqu'un que tu connais bien.

voor iemand die je goed kent.

Viens, Morgane.
Sébastien, écoute les nouvelles.

Kom, Morgane.
Sébastien, luister naar het nieuws.

– à un monsieur, une dame, une demoiselle un client … (forme de politesse)

voor een heer, een dame, een juffrouw, een klant … (beleefdheidsvorm)

Entrez, Monsieur et fermez la porte, s'il vous plaît.

Komt u binnen, meneer, en sluit de deur, a.u.b.

– à plusieurs personnes

voor meerdere personen

Complétez et renvoyez le bulletin-réponse avant le 5 octobre.

Vul het antwoordformulier in en stuur het voor
 5 oktober terug.

Ne manquez pas l'unique musée français de spéléo.

Mis het unieke Frans museum voor speleologie niet.

b Exprime une suggestion à faire quelque chose ensemble.
Partons. Allons-y.
Allons au cinéma.
Buvons un verre.
Protégeons l'environnement.

Drukt een voorstel uit om iets samen te doen.
Laat ons vertrekken.
Laten we naar de bioscoop gaan.
Laten we een glas drinken.
Laat ons het milieu beschermen.

VOIR Phrase impérative, n° 323-324

15.5.6 Emploi du futur

a Le futur proche

Beaucoup employé dans la langue parlée au lieu du futur simple.

Veel gebruikt in de gesproken taal i.p.v. de toekomende tijd.

Exprime une intention.

Drukt een intentie uit.

Ce soir, je vais lire un peu, puis je vais me coucher tôt.
- Est-ce que tu vas m'aider?
• Oui, je vais venir t'aider.

Vanavond ga ik wat lezen, daarna ga ik vroeg slapen.
- Ga je me helpen?
• Ja, ik ga je komen helpen.

b Le futur simple
Plus fréquent dans la langue écrite

Frequenter gebruikt in de geschreven taal

Elle ira chez sa copine pour l'aider.
Elles navigueront toute la soirée sur la Toile.
Ils ne se coucheront pas tôt.

Ze zal bij haar vriendin gaan om haar te helpen.
Ze zullen de hele avond op het Web surfen.
Ze zullen niet vroeg gaan slapen.

15.5.7 Emploi du passé récent

Exprime une action dans un passé récent, très proche.

Mon copain vient de téléphoner; il venait de me quitter, quand il a appris la mauvaise nouvelle.

Drukt uit dat iets pas gebeurd is.

Mijn vriend heeft zopas gebeld; hij was net vertrokken toen hij het slechte nieuws vernam.

15.5.8 Emploi du participe présent et du gérondif

a Le participe présent

Employé surtout dans la langue écrite

Vooral gebruikt in de geschreven taal

- **Remplace une phrase relative.**

Ce portable de 599 euros a la même qualité que le modèle coûtant 789 euros. (qui coûte)
Aux JO, on voit des sportifs représentant tous les pays. (des sportifs qui représentent)
Des athlètes souffrant d'un handicap participent aux Jeux paralympiques. (des athlètes qui souffrent).

Vervangt een betrekkelijke bijzin.

Die gsm van 599 euro heeft dezelfde kwaliteit als het model dat 789 euro kost.
Op de Olympische Spelen zie je sportlui die alle landen vertegenwoordigen.
Atleten met een handicap nemen deel aan de Paralympische Spelen.

- **Remplace une autre proposition subordonnée (cause, temps, etc.).**

Étant malade, il n'est pas venu. (Parce qu'il est malade)
Voyant ses fautes, elle s'est mise à rire. (Quand elle a vu ses fautes)

Vervangt een andere bijzin (oorzaak, tijd, enz.).

Aangezien hij ziek was, is hij niet gekomen.
Toen ze haar fouten zag, begon ze te lachen.

b Le gérondif = EN + participe présent

- **Exprime la simultanéité: deux actions qui se passent en même temps.**

Je lis **en écoutant** la musique.
(Je lis pendant que j'écoute …)
Elle m'a raconté ça **en pleurant**.
(… et elle pleurait)

Drukt gelijktijdigheid uit: twee handelingen die gelijktijdig gebeuren.

Ik lees terwijl ik naar muziek luister.

Ze heeft het me al huilend verteld.

- **Exprime une condition.**

En te promenant sur la plage, tu trouveras le calme.
(Si tu te promènes …)
En répondant dans les 8 jours, tu recevras un cadeau.
(Si tu réponds …)

Drukt een voorwaarde uit.

Als je op strand wandelt, zal je rust vinden.

Als je binnen 7 dagen antwoordt, krijg je een geschenk.

- **Exprime une manière, un moyen.**

Les producteurs travaillent-ils **en respectant** les ressources naturelles?

En utilisant des énergies renouvelables, nous participons à la protection de la planète.

Drukt een manier, een middel uit.

Werken de producenten met respect voor de natuurlijke bronnen?
Door duurzame energiebronnen te gebruiken, nemen we deel aan de bescherming van de planeet.

- **Exprime une cause.**

Tu as raté ton examen **en** ne **travaillant** pas assez.
(… parce que tu n'as pas assez travaillé)
En répondant trop vite, tu fais des fautes.
(Tu réponds trop vite et alors tu fais des fautes)
(Comme tu réponds trop vite, …)
Il s'est mis en vedette **en remportant** deux étapes.
(… parce qu'il a remporté deux étapes)

Drukt een oorzaak uit.

Je bent gezakt voor je examen, omdat je niet genoeg gewerkt hebt.
Door te snel te antwoorden maak je fouten.

Hij stond in de kijker door twee ritten te winnen.

ATTENTION
- Le gérondif a le **même sujet** que le verbe principal. Il est **invariable**. Les deux actions se passent **en même temps**.

- **Traduction du néerlandais:**
    «door te + infinitief» = en + participe présent.

En écoutant, on apprend beaucoup de choses.
En réfléchissant calmement, tu trouveras une solution.

LET OP
De 'gérondif' heeft hetzelfde onderwerp als het hoofdwerkwoord. Hij is onveranderlijk. De twee handelingen gebeuren terzelfdertijd.

Door te luisteren kom je veel te weten.
Door rustig na te denken zal je een oplossing vinden.

288 c Le part. présent employé comme adjectif verbal

Voilà des chiens peu obéissants.
Ce sont des emballages non polluants.
Ce travail fait partie intégrante de leur vie.
Le plongeon est une discipline exigeante.
Elle emploie une crème hydratante et tonifiante.
Le beurre de karité est nourrissant pour la peau.
Il faut un tissu doux et résistant.

Dat zijn honden die niet veel gehoorzamen.
Het zijn verpakkingen die niet vervuilen.
Dit werk maakt integraal deel uit van hun leven.
Duiken is een veeleisende discipline.
Ze gebruikt een hydraterende en versterkende crème.
Karitéboter is voedend voor de huid.
Je hebt een zacht en sterk doekje nodig.

289 d Quand doit-on faire l'accord de la forme en –ANT?

Participe présent: INVARIABLE

- **Suivi d'un COD, COI ou complément circonstanciel**

    Nous avons une prof **parlant** le chinois. (COD)
    Elle a reçu une bague **coûtant** au moins 1 000 euros. (CC)

- **À la forme négative**

    Ne **riant** jamais, elle n'est pas très sympathique.

- **À la forme réfléchie**

    S'**entraînant** durement, elle est devenue une championne.

Gérondif: INVARIABLE

J'ai trouvé la solution **en cherchant** patiemment.

On arrivera peut-être à temps **en courant**.

Adjectif verbal: ACCORD

La forme en –ANT s'accorde avec le substantif ou le pronom auquel elle se rapporte.
On peut remplacer la forme –ANT par d'autres adjectifs.

Attention, ces chiens sont **effrayants**.
(agressifs, méchants, etc.)
C'est une musique **reposante**.
(agréable, tranquille, etc.)
Ce sont des voisins **charmants**.
(aimables, serviables, etc.)
Ses cousines sont toujours **souriantes**.
(gaies, joyeuses, etc.)
Moi, je les trouve plutôt **agaçantes**.
(ennuyeuses, déplaisantes, etc.)

Participe présent: onveranderlijk

- Gevolgd door een LV, MV of bijwoordelijke bepaling

    We hebben een leerkracht die Chinees spreekt.
    Ze heeft een ring gekregen die minstens 1 000 euro kost.

- In de ontkennende vorm

    Omdat ze nooit lacht is ze niet zeer sympathiek.

- In de wederkerende vorm

    Door hard te trainen is ze een kampioene geworden.

Gérondif: onveranderlijk

Ik heb de oplossing gevonden door geduldig te zoeken.
We zullen misschien tijdig aankomen als we lopen.

Adjectif verbal: overeenkomst

De –ANT vorm komt overeen met het zn. of het voornaamwoord waar het bij hoort.
We kunnen de –ANT vorm door andere bn. vervangen.

Let op, die honden zijn schrikwekkend.
(agressief, gevaarlijk, enz.)
Het is rustgevende muziek.
(aangename, rustige, enz.)
Het zijn charmante buren.
(vriendelijke, gedienstige, enz.)
Zijn nichtjes zijn altijd opgewekt.
(vrolijk, blij, enz.)
Ik vind ze eerder irritant.
(vervelend, onaangenaam, enz.)

> **ATTENTION**
> **Orthographe parfois différente**

> **LET OP**
> **Soms verschillende spelling**

Verbe		Participe présent / gérondif	Adjectif verbal	
communiquer	in verbinding staan	(en) communi**qu**ant	communi**c**ant	communicerend
convaincre	overtuigen	(en) convain**qu**ant	convain**c**ant	overtuigend
provoquer	uitdagen	(en) provo**qu**ant	provo**c**ant	uitdagend
fatiguer	vermoeien	(en) fati**gu**ant	fati**g**ant	vermoeiend
naviguer	varen	(en) navi**gu**ant	navi**g**ant	varend
diverger	uiteenlopen	(en) diver**ge**ant	diver**g**ent	uiteenlopend
négliger	verwaarlozen	(en) négli**ge**ant	negli**g**ent	slordig
différer	verschillen, uitstellen	(en) différ**ant**	différ**ent**	verschillend
exceller	uitmunten	(en) excell**ant**	excell**ent**	uitstekend
influer	beïnvloeden	(en) influ**ant**	influ**ent**	invloedrijk
précéder	voorafgaan	(en) précéd**ant**	précéd**ent**	voorafgaand
violer	verkrachten	(en) viol**ant**	viol**ent**	hevig, gewelddadig

Tu cherches des problèmes **en provoquant** tes ennemis.
En communiquant mal, le ministre a perdu tout crédit.

En négligeant ses affaires, cet entrepreneur a fait faillite.

Ces arguments ne me paraissent pas très **convaincants**.
Le vol est annulé, car le personnel **navigant** est en grève.

Mon amie et moi avons des opinions parfois très **divergentes**.

Je zoekt problemen door je vijanden te provoceren.
Door slecht te communiceren heeft de minister alle krediet verloren.

Door zijn zaken te verwaarlozen is die ondernemer failliet gegaan.

Die argumenten lijken me niet zeer overtuigend.
De vlucht wordt afgelast, want het boordpersoneel is in staking.

Mijn vriendin en ik hebben soms heel uiteenlopende meningen.

> **REMARQUE**
> Attention à l'orthographe de certains substantifs dérivés de verbes.

> **OPMERKING**
> Let op de spelling van sommige zelfstandige naamwoorden afgeleid van werkwoorden.

différer	→	un différend
intriguer	→	un intrigant
précéder	→	un précédent

verschillen	→	een geschil
intrigeren	→	een intrigant
voorafgaan	→	een precedent

15.5.9 Emploi de l'imparfait et du passé composé

L'IMPARFAIT	LE PASSÉ COMPOSÉ
a une habitude dans le passé / une répétition een gewoonte, een herhaling in het verleden	**a une action non répétée dans le passé** een eenmalige handeling in het verleden
Tous les jours, ils allaient sur Facebook. Ze gingen alle dagen op Facebook. Je me promenais souvent sur la plage. Ik wandelde vaak op het strand.	Samedi soir, ils sont sortis avec leurs amis. Zaterdagavond zijn ze uitgegaan met hun vrienden Mercredi, j'ai fait des achats avec ma copine en ville. Woensdag heb ik aankopen gedaan in de stad met mijn vriendin.
b une action d'une durée non précisée de tijdsduur is niet bepaald	**b la durée est limitée dans le temps** de tijdsduur is beperkt, bepaald
Il pleuvait sans cesse. Het regende voortdurend. Ils habitaient près de la gare. Ze woonden bij het station.	Il a plu tout l'après-midi. Het heeft heel de namiddag geregend. Nous avons habité à Bruges pendant 3 ans. We hebben 3 jaar in Brugge gewoond.
c Dans une histoire, un récit: un état, une description. Le récit n'avance pas. In een verhaal: een toestand, een beschrijving. Het verhaal gaat niet verder.	**c Dans une histoire, un récit: des actions qui se suivent. Le récit avance.** In een verhaal: handelingen die elkaar opvolgen. Het verhaal gaat verder.
↓	↓
comme une photo als een foto	**comme un film** als een film

UN SAFARI INOUBLIABLE

Le guide nous a conduits vers une île. Il a arrêté la barque et il est descendu. Nous l'avons suivi en silence. Nous entendions des cris d'oiseaux. Nous marchions entre les herbes hautes. Ça sentait bon. Nous regardions autour de nous.

Soudain, le guide a fait signe: là, devant nous, il y avait des crocodiles. Certains étaient couchés au bord de l'eau.

D'autres glissaient sur l'eau. C'était impressionnant! Nous avons filmé ces bêtes, puis nous sommes repartis vers la barque.

* **Het Nederlands maakt geen duidelijk onderscheid in het gebruik van de O.V.T. en de V.T.T. Let dus op bij de vertaling naar 't Frans.**

EEN ONVERGETELIJKE SAFARI

De gids bracht ons naar een eiland. Hij stopte het bootje en stapte uit. We zijn hem in stilte gevolgd. We hoorden de kreten van vogels. We stapten tussen het hoge gras. Het rook lekker. We keken rondom ons.

Plots gaf de gids een teken: daar, voor ons waren er krokodillen. Sommigen lagen aan de rand van het water.

Anderen zwommen. Het was indrukwekkend! We hebben die dieren gefilmd, daarna zijn we teruggegaan naar het bootje.

15.5.10 Emploi du participe passé

Le participe passé est souvent employé comme **adjectif** dans la presse (des titres, des sous-titres), sur des affiches, des dépliants touristiques, etc.

On fait l'accord avec le substantif.

VOIR n° 251

Mots croisés	Kruiswoordraadsel
Piscine chauffée	Verwarmd zwembad
Groupe de musiciens dirigé par J. Battley	Groep muzikanten onder de leiding van J. Battley
Nombreuses excursions organisées	Talrijke georganiseerde uitstappen
Des dizaines d'années d'expérience exigées	Tientallen jaren ervaring geëist
Contrôles ciblés pendant le Tour	Gerichte controles gedurende de Tour
Village classé comme un des plus beaux villages de France	Dorp geklasseerd als één van de mooiste dorpen van Frankrijk
Injustices commises contre les réfugiés	Onrechtvaardigheden gepleegd tegen de vluchtelingen
Une brocante très fréquentée et animée	Veel bezochte en drukke rommelmarkt
Le monde de l'aérospatial visité par des jeunes	Jongeren op bezoek in de wereld van de ruimtevaart
Station verte située entre Bourges et Saint-Amand	Groen oord gelegen tussen Bourges en Saint-Amand
Visites commentées à 13 h et 15 h	Rondleidingen met uitleg om 13 u en 15 u
3 invitations offertes avec l'abonnement	3 gratis uitnodigingen bij het abonnement
Consommation d'énergie plus limitée	Beperkter energieverbruik

In de pers (titels, ondertitels), op affiches, in toeristische folders wordt het voltooid deelwoord vaak gebruikt als bijvoeglijk naamwoord.

Overeenkomst met het zelfstandig naamwoord.

15.5.11 Emploi du conditionnel

a POLITESSE / BELEEFDHEID

Le conditionnel exprime très poliment, très gentiment une demande, un souhait, un ordre …

De voorwaardelijke wijs drukt op een heel beleefde, vriendelijke manier een vraag, een wens, een bevel … uit.

Pourrais-tu m'aider?	Zou je me kunnen helpen?
Voudriez-vous fermer la fenêtre?	Zou u het venster willen sluiten?
Voudriez-vous me donner les heures de départ vers Madrid, s'il vous plaît?	Zou u me de vertrekuren naar Madrid willen geven, alstublieft?
Tu devrais être plus gentil avec ta sœur.	Je zou vriendelijker moeten zijn met je zus.
J'aimerais partir tout de suite.	Ik zou onmiddellijk willen vertrekken.
Elle préfèrerait être seule.	Ze zou liever alleen zijn.
Je voudrais quatre petits pains au chocolat.	Ik zou vier chocoladebroodjes willen.

b DOUTE / TWIJFEL

Le conditionnel exprime une information incertaine, un fait incertain, un doute, etc.

De v.w. drukt een onzekere informatie, een onzeker feit, twijfel, enz. uit.

- **dans le présent** / **in het heden**

Le témoin aurait tort? Il ne dirait pas la vérité?	Zou de getuige ongelijk hebben? Zou hij de waarheid niet vertellen?
Ces chanteurs viendraient de New York.	Die zangers zouden uit New York komen.
On annulerait le train de 12 h13.	De trein van 12 u 13 zou geannuleerd worden.
Le conducteur serait blessé.	De bestuurder zou gewond zijn.

- **dans le passé** / **in het verleden**

Cet appareil aurait été fabriqué en Chine.	Dit toestel zou in China gemaakt zijn.
Il y aurait eu un accident au carrefour.	Er zou een ongeval gebeurd zijn op het kruispunt.
Un camion aurait heurté une voiture.	Een vrachtwagen zou een wagen geraakt hebben.
Le chauffeur serait arrivé à toute vitesse de droite.	De bestuurder zou met een grote snelheid van rechts gekomen zijn.

c RÊVE, SOUHAIT

Le conditionnel exprime un fait imaginaire, irréel.

Je <u>serais</u> ministre, je <u>donnerais</u> six mois de vacances …

DROOM, WENS

De voorwaardelijke wijs drukt iets denkbeeldigs, iets onwerkelijks uit.

Ik zou minister zijn, ik zou zes maanden vakantie geven …

d SUPPOSITION

Au cas où + conditionnel

Au cas où l'un de nous <u>se perdrait</u> dans le métro, on se téléphone.

VERONDERSTELLING

ingeval / indien + voorwaardelijke wijs

Indien één van ons verloren loopt in de metro, bellen we mekaar op.

15.5.12 Emploi de si

294 a Supposition d'un fait qui peut être réel, maintenant ou plus tard.
Veronderstelling van iets dat kan waar zijn, nu of later.

SI + IND. PRÉSENT	INDICATIF (présent / futur) ou IMPÉRATIF
1 **S'** il pleut,	nous ne sortirons pas cet après-midi.
2 **Si** tu veux,	je vais venir chez toi ce soir.
3 **Si** Clément change d'avis,	il enverra un e-mail.
4 **Si** vous allez en montagne,	emportez une écharpe.
5 **Si** vous commandez avant 12 h,	l'article sera livré chez vous demain.
6 **Si** vous répondez à cette offre dans les 10 jours,	vous recevrez un sac à dos pratique.
7 **Si**, après la période d'essai, vous êtes content,	vous ne devrez rien faire.
8 **Si** vous voulez,	vous pouvez changer votre code secret en ligne.

1 Als het regent, zullen we vanmiddag niet buitengaan.
2 Als je wilt, zal ik vanavond bij je thuis komen.
3 Als Clément van mening verandert, zal hij een e-mail sturen.
4 Als jullie naar de bergen gaan, neem dan een sjaal mee.
5 Als u voor 12 u. bestelt, zal het artikel morgen bij u thuis geleverd worden.
6 Als je binnen de 10 dagen op dit aanbod ingaat, ontvang je een handige rugzak.
7 Indien u tevreden bent na de proefperiode, hoeft u niets te doen.
8 Als u het wenst, kunt u uw geheime code online wijzigen.

295 b Supposition d'un fait irréel, maintenant, mais qui peut éventuellement devenir réalité dans le futur.
Veronderstelling van iets dat <u>nu</u> niet waar is, mischien wel later.

SI + IMPARFAIT	CONDITIONNEL PRÉSENT
1 **Si** j'étais à ta place,	je ne serais pas d'accord avec ça.
2 **Si** elle pouvait,	elle changerait de travail.
3 **Si** vous saviez la vérité,	vous ne voteriez plus pour ce candidat.
4 **Si** votre ordinateur présentait un défaut,	nous l'échangerions sans discussion.
5 **Si**, après 2 mois, vous trouviez les magazines peu intéressants,	vous pourriez annuler l'abonnement.

1 Indien ik jou was, dan zou ik het daar niet mee eens zijn.
2 Als ze kon, zou ze van werk veranderen.
3 Als je de waarheid kende, dan zou je niet meer stemmen voor die kandidaat.
4 Mocht uw computer een gebrek vertonen, ruilen we hem om zonder discussie.
5 Indien u na 2 maanden de tijdschriften niet al te interessant vindt, kunt u het abonnement opzeggen.

c Supposition d'un fait irréel dans le passé, qui ne peut plus devenir réalité.
Veronderstelling van iets in het verleden, dat niet meer waar kan worden.

SI + PLUS-QUE-PARFAIT	CONDITIONNEL PASSÉ
1 Si vous aviez roulé moins vite, (Mais vous avez roulé trop vite.)	vous n'auriez pas eu cet accident.
2 S'il avait connu les circonstances, (Mais il ne les a pas connues.)	il ne serait pas venu.
3 Si tu avais été présent, (Mais tu n'étais pas présent.)	tu aurais pu les aider.

1 Indien u trager gereden had, dan had u dat ongeval niet gehad. (Maar u hebt te snel gereden.)
2 Indien hij de omstandigheden gekend had, was hij niet gekomen. (Maar hij heeft ze niet gekend.)
3 Was je daar geweest, dan had je hen kunnen helpen. (Maar je was er niet.)

ATTENTION

1 La construction de la phrase peut varier.
Si vous pouviez, feriez-vous ça pour moi?
Feriez-vous ça pour moi, **si** vous pouviez?

Si elles avaient trouvé la réponse plus vite, elles auraient gagné.

Elles auraient gagné, **si** elles avaient trouvé plus vite la réponse.

Si tu en as assez, arrête.
Arrête, **si** tu en as assez.

2 Élision de SI devant il / ils → s'il / s'ils
S'il pleut, les touristes seront de mauvaise humeur.

S'ils veulent, ils peuvent donner un coup de main.
Si Isabelle téléphone, passe-la moi.
Si Yves venait, je serais bien contente.
Si on se reposait?
Si elle se confie, écoute-la.

LET OP

De zinsconstructie kan variëren.
Als u kon, zou u dat voor mij doen?
Zou u dat voor mij doen, als u kon?

Indien ze het antwoord sneller hadden gevonden, zouden ze gewonnen hebben.
Ze zouden gewonnen hebben, als ze het antwoord sneller hadden gevonden.

Als je er genoeg van hebt, stop ermee.
Stop ermee, als je er genoeg van hebt.

Afkapping van si voor il / ils → s'il / s'ils
Als het regent zullen de toeristen slecht gehumeurd zijn.
Als ze willen kunnen ze een handje toesteken.
Als Isabelle telefoneert, geef haar door.
Als Yves zou komen, zou ik heel tevreden zijn.
Als we nu eens zouden rusten?
Als ze je in vertrouwen neemt, luister naar haar.

15.4.13 Emploi du subjonctif

On n'emploie pas le subjonctif en néerlandais.
On le traduit comme l'indicatif.
Il est presque toujours précédé de «que».

De conjunctief wordt zelden gebruikt in het Nederlands. Je vertaalt de vorm door de indicatief. Er staat bijna altijd 'que' voor.

A Le subjonctif après un VERBE ou une EXPRESSION

1 On emploie le subjonctif *après* un verbe ou une expression qui exprime un DÉSIR, une VOLONTÉ, une NÉCESSITÉ.

Je gebruikt de conjunctief na een werkwoord of een uitdrukking die een WENS, een WIL of een NOODZAAK uitdrukt.

	SUBJONCTIF
Je désire	que vous sortiez.
Nous préférons	qu'ils viennent demain.
J'aime mieux	qu'elle intervienne.
Il souhaite	que nous réussissions.
Tu permets	que j'emprunte ton vélo?
Le policier ordonne	que le chauffeur lui remette le permis.
J'aimerais	que tu me téléphones.
Je voudrais	que tu réfléchisses.
Nous avons défendu	que vous fumiez ici.
Le patron a demandé	que tu finisses cela demain.
Il faut	que je paie mon abonnement.
Il est important	que vous lisiez le mode d'emploi.
Il est utile	que nous apprenions cela.
Il est inutile	que tu insistes.
Il est souhaitable	que vous ne restiez pas.
Il est préférable	que nous partions.
Il est urgent	qu'elle prenne son médicament.
Il était normal	que vous soyez là.
Il était temps	qu'elle s'en aille.
Il valait mieux	que je ne fasse pas de commentaire.
Il sera nécessaire	qu'elle se repose un peu.

Ik verlang dat u buiten gaat.
We verkiezen dat ze morgen komen.
Ik heb liever dat ze tussenkomt.
Hij wenst dat we slagen.
Sta je toe dat ik je fiets leen?
De politieagent beveelt de bestuurder het rijbewijs af te geven.

Ik zou graag hebben dat je me opbelt.
Ik zou willen dat je nadenkt.
Wij hebben verboden hier te roken.
De baas heeft gevraagd dat je dat morgen afwerkt.

Ik moet mijn abonnement betalen.
Het is belangrijk dat je de gebruiksaanwijzing leest.
Het is nuttig dat we dat leren.
Het is nutteloos dat je aandringt.
Het is wenselijk dat u niet blijft.
Het is beter dat we weggaan.
Het is dringend dat ze haar medicijn neemt.
Het was normaal dat jullie daar waren.
Het was tijd dat ze vertrok.
Het was beter dat ik geen commentaar gaf.
Het zal nodig zijn dat ze wat rust.

ATTENTION
Le verbe peut être conjugué au présent, au passé, au futur ou au conditionnel.
Le subjonctif ne change pas.

LET OP
Het ww. kan vervoegd zijn in de tegenwoordige, de verleden of de toekomende tijd, of de voorwaardelijke wijs. De conjunctief verandert niet. In het Nederlands gebruiken we meerdere tijden.

Je <u>veux</u> qu'il <u>vienne</u>.
Je <u>voudrais</u> qu'il <u>vienne</u>.
Je <u>voulais</u> qu'il <u>vienne</u>.

Ik <u>wil</u> dat hij <u>komt</u>.
Ik <u>zou willen</u> dat hij <u>komt</u>.
Ik <u>wou</u> dat hij <u>kwam</u>.

2 On emploie le subjonctif *après* un verbe ou une expression qui exprime un SENTIMENT (joie, tristesse, peur, regret, surprise, colère …)

Je gebruikt de conjunctief na een werkwoord of een uitdrukking die een GEVOEL uitdrukt (vreugde, verdriet, schrik, spijt, verrassing, woede …)

	SUBJONCTIF	
Je suis content(e)	que vous sentiez la différence.	Ik ben tevreden dat jullie het verschil voelen.
Je suis heureux / se	qu'il ne perde pas patience.	Ik ben blij dat hij zijn geduld niet verliest.
Quelle chance	que tu reçoives ce prix.	Wat een geluk dat je die prijs krijgt.
Il serait formidable	qu'elles puissent rester.	Het zou formidabel zijn als ze mochten blijven.
Il était bon	que vous ne disiez rien.	Het was goed dat u niets zei.
J'étais triste	qu'elle soit malade.	Ik vond het spijtig dat ze ziek was.
Elle a peur	qu'il y ait des incidents.	Zij is bang dat er ongelukken zouden gebeuren.
Nous craignons	que ce ne soit pas fini.	We vrezen dat het niet gedaan is.
Il est à craindre	qu'ils meurent de faim.	Het is te vrezen dat ze sterven van de honger.
Je regrette	que tu ne viennes pas.	Het spijt me dat je niet komt.
J'étais désolé	que tu ne me comprennes pas.	Ik vond het jammer dat je me niet begreep.
(Il est) dommage	que tu n'aies pas raison.	Het is jammer dat je geen gelijk hebt.
Il est étonné	que sa copine n'arrive pas.	Hij is verwonderd dat zijn vriendin niet komt.
J'étais surpris(e)	qu'elle ne m'écrive plus.	Ik was verrast dat ze me niet meer schreef.
Il est étonnant	que leur club ait perdu.	Het is verbazend dat hun club verloren heeft.
Il est curieux	que tu veuilles partir.	Het is vreemd dat je wilt weggaan.
Il est étrange	qu'elle ne soit pas blessée.	Het is vreemd dat ze niet gewond is.
Je m'étonnais	qu'ils ne puissent pas sortir.	Ik was verbaasd dat ze niet mochten uitgaan.
Elle était furieuse	qu'il ne fasse rien.	Ze was woedend dat hij niets deed.

3 On emploie le subjonctif *après* un verbe ou une expression qui exprime un DOUTE ou une (IM)POSSIBILITÉ.

Je gebruikt de conjunctief na een werkwoord of een uitdrukking die een TWIJFEL of een (ON)MOGELIJKHEID uitdrukt.

	SUBJONCTIF	
Je doute	que tu puisses me suivre.	Ik betwijfel dat je me kunt volgen.
Il est (im)possible	qu'elle réussisse.	Het is(on)mogelijk dat ze slaagt.
Il se peut	que vous ayez dit la vérité.	Het is mogelijk dat jullie de waarheid hebben gezegd.
Il semble (bien)	qu'il ait eu tort.	Het schijnt dat hij ongelijk gehad heeft.
Il arrive que	que le train soit en retard.	Het gebeurt dat de trein te laat is.

4a On emploie le subjonctif pour exprimer un DOUTE *après* une expression ou un verbe d'OPINION, de CONSTATATION, de DÉCLARATION **à la forme négative ou interrogative**.

Je gebruikt de conjunctief om een twijfel uit te drukken, na ww.die een MENING, een VASTSTELLING, een VERKLARING weergeven **in de ontkennende of de vragende vorm**.

	SUBJONCTIF	
Je ne pense pas	qu'ils veuillent cela.	Ik denk niet dat ze dat willen.
Crois-tu	qu'il sache cela?	Geloof je dat hij het weet?
Je ne suis pas sûr(e)	qu'ils aillent en France.	Ik ben niet zeker dat ze naar Frankrijk gaan.
Est-il certain	qu'il ait commandé ça?	Is het zeker dat hij dat besteld heeft?
Il n'est pas évident	qu'elles fassent ce voyage.	Het is niet vanzelfsprekend dat ze die reis ondernemen.
Est-il vrai	Que vous déménagiez?	Is het waar dat jullie verhuizen?

4b On emploie l'indicatif pour exprimer une (quasi-) certitude après une expression ou un verbe d'OPINION, de CONSTATATION, de DÉCLARATION **à la forme affirmative**.

Je gebruikt de indicatief om een (bijna-) zekerheid uit te drukken na ww. die een MENING, een VASTSTELLING, een VERKLARING weergeven **in de bevestigende vorm**.

	INDICATIF	
Je crois	que tu as raison.	Ik geloof dat je gelijk hebt.
Elle pense	qu'ils iront voir l'exposition.	Ze denkt dat ze de tentoonstelling gaan bekijken.
Nous espérons	qu'il pourra résoudre ce problème.	We hopen dat hij dit probleem zal kunnen oplossen.
Je dis	qu'elle ne savait rien.	Ik zeg dat ze niets wist.
Elles affirment	qu'elles viennent de dire la vérité.	Ze beweren dat ze zopas de waarheid gezegd hebben.
Nous estimons	qu'il y a des doutes.	We menen dat er twijfels bestaan.
J'ai l'impression	qu'il n'a pas compris.	Ik heb de indruk dat hij het niet begrepen heeft.
Je constate	que tu les connais bien.	Ik stel vast dat je ze goed kent.
Elle est certaine	qu'ils vont réussir ce test.	Ze is zeker dat ze voor deze test zullen slagen.
Nous sommes sûrs	qu'elle a lu les instructions.	We zijn zeker dat ze de richtlijnen gelezen heeft.
Je suis convaincu(e)	que ce sera très difficile.	Ik ben overtuigd dat het heel moeilijk zal zijn.
Il me semble	que tu as eu de la chance.	Het lijkt me dat je geluk gehad hebt.
Il est certain	qu'il roulait trop vite.	Hij reed zeker te vlug.
Il est sûr	qu'on doit être prudent.	We moeten zeker voorzichtig zijn.
Il est évident	que ce GPS est utile!	Vanzelfsprekend is die GPS nuttig!
Il est clair	qu'elle cherche quelque chose.	Het is duidelijk dat ze iets zoekt.
Il est vrai	qu'il avait du talent.	Het is waar dat hij talent had.
Il est vraisemblable	qu'il gagnera ce prix.	Hoogstwaarschijnlijk zal hij die prijs winnen.
Il est probable	qu'il a perdu son chemin.	Hij is waarschijnlijk de weg kwijt.
C'est un fait	que le code a changé.	Het is een feit dat de code veranderd is.

ATTENTION / **LET OP**

1 Un verbe à l'INDICATIF veut dire: au présent, au futur proche ou futur simple, au passé récent, à l'imparfait, au passé composé.

In de INDICATIEF kun je het ww. vervoegen in heden, verleden of toekomst! (Zie voorbeelden)

2 On peut aussi employer aussi le CONDITIONNEL après ces verbes.

Je kunt ook de voorwaardelijke wijs gebruiken na die werkwoorden.

Je croyais qu'il me <u>comprendrait</u>.
Elle était sûre que ses parents <u>partiraient</u>.

Ik dacht dat hij me zou begrijpen.
Ze was zeker dat haar ouders zouden vertrekken.

3 Après les verbes: «voir, entendre, lire, savoir, sentir», on n'emploie <u>jamais</u> le subjonctif.

Na «zien, horen, lezen, weten, voelen» (werkwoorden waar de zintuigen een rol spelen) gebruik je nooit de conjunctief.

Je **vois** que les enfants <u>sont</u> fatigués.
Elle **a entendu** qu'il y <u>avait</u> des inondations.
En sortant, tu vas **sentir** qu'il <u>fait</u> froid.
Où **avez**-vous **lu** que le nouveau président <u>soutiendrait</u> le processus de la paix?
Demain, vous **saurez** que tout cela <u>est</u> faux.

Ik zie dat de kinderen moe zijn.
Ze heeft gehoord dat er overstromingen waren.
Als je buiten gaat, zal je voelen dat het koud is.
Waar heb je gelezen dat de nieuwe president het vredesproces zou steunen?
Je zult morgen weten dat dit allemaal vals is.

B L'emploi du subjonctif après une CONJONCTION

On emploie le SUBJONCTIF après

sans que	zonder dat	afin que	opdat
assez … pour que	… genoeg om	pour que	opdat
trop … pour que	te veel … om	de manière que	zodat
		de façon que	zodat
		de peur que	uit schrik dat
avant que	vóór, alvorens	bien que / quoique	(al)hoewel
jusqu'à ce que	totdat	malgré que	(al)hoewel
en attendant que	in afwachting dat	où que	waar ook
à condition que	op voorwaarde dat	qui que	wie ook
à moins que	tenzij	quoi que	wat ook
		si … que	hoe … ook

Elle m'a soigné l'œil **sans que** j'aie mal.
Il est entré doucement, **de peur que** se parents ne l'entendent.
Fais ce travail, **avant qu'**il (ne) soit trop tard.
Il était nerveux **jusqu'à ce que** vous lui téléphoniez.
Je lisais **en attendant que** tu viennes.

Ils pouvaient aller en Italie, **à condition qu'**ils apprennent l'italien.
On sort, **à moins que** tu (ne) veuilles regarder le feuilleton.
Elle parlait lentement **afin que** tu la comprennes.
Il faut être calme **pour que** tout aille bien.
Ceci est **assez** simple **pour qu'**il l'essaie.
C'était **trop** difficile **pour que** nous réussissions.

Quoiqu'elle soit blesse, elle a joué au tennis.
Elle a gagné, **bien qu'**elle soit très fatiguée.
Elle a fait beaucoup de fautes **malgré qu'**elle soit une championne.
Quoi qu'il fasse, cela ne réussit pas.
Qui que vous soyez, vous devrez attendre votre tour.
Où qu'ils aillent, il fait froid partout.
Si difficile **que** ce soit, tu trouveras.

Ze heeft mijn oog verzorgd zonder dat ik pijn had.
Hij is stilletjes binnengekomen, uit schrik dat zijn ouders hem zouden horen.
Doe dit werk vóór het te laat is.
Hij was zenuwachtig tot u hem belde.
Ik las, in afwachting dat je kwam.

Ze mochten naar Italië gaan, op voorwaarde dat ze Italiaans leerden.
We gaan uit, tenzij je naar het feuilleton wilt kijken.
Ze sprak traag opdat je haar zou begrijpen.
We moeten kalm zijn opdat alles goed zou gaan.
Dit is eenvoudig genoeg voor hem om het te proberen.
Dat was te moeilijk voor ons om te slagen.

Hoewel ze gewond was, heeft ze toch tennis gespeeld.
Ze heeft gewonnen, hoewel ze erg moe is.
Ze maakte veel fouten, hoewel ze een kampioene is.
Wat hij ook doet, dat lukt niet.
Wie u ook bent, u zal uw beurt moeten afwachten.
Waar ze ook gaan, het is overal koud.
Hoe moeilijk het ook is, je zult het vinden.

On emploie L'INDICATIF (ou le CONDITIONNEL) après

alors que	niettegenstaande / terwijl	parce que	omdat, daar
tandis que	daarentegen / terwijl	puisque	aangezien
tant … que	zo(veel) … dat	après que	nadat
		aussitôt que	van zodra
		depuis que	sinds
		dès que	zodra
		pendant que	terwijl

Pour des exemples, VOIR La conjonction, n° 146

305 REMARQUE

CAS SPÉCIAL: DE SORTE QUE (zodat)
+ **INDICATIF**: une conséquence simplement constatée
+ **SUBJONCTIF**: une conséquence voulue (= un but)

Il a trop travaillé, **de sorte qu'**il est tombé malade.
Ils sont partis tôt, **de sorte qu'**on ne les a pas vus.

Travaille un peu plus, **de sorte que** tu réussisses.
Partez vite, **de sorte qu'**on ne vous voie pas.

OPMERKING

Bijzonder geval: DE SORTE QUE (zodat)
+ INDICATIF: een gevolg dat je gewoon vaststelt
+ SUBJONCTIF: een gevolg dat gewild is (= een doel)

Hij heeft teveel gewerkt, zodat hij ziek geworden is.
Ze zijn vroeg vertrokken, zodat we ze niet gezien hebben.

Werk een beetje meer, zodat je slaagt.
Vertrek snel, zodat ze u niet zien.

306 ATTENTION

Le subjonctif s'emploie seulement quand le sujet de la proposition principale est différent du sujet de la proposition subordonnée.

Il voudrait que nous confirmions la réservation.
Je demande qu'il vienne.
Tu regrettes qu'elle s'en aille?

Mais on emploie l'INFINITIF lorsque les 2 propositions ont le même sujet.

LET OP

De conjunctief wordt alleen gebruikt als het onderwerp van hoofd- en bijzin verschillend zijn.

Hij zou willen dat we de boeking bevestigen.
Ik vraag dat hij komt.
Spijt het je dat ze weggaat?

Maar je gebruikt de INFINITIEF als de hoofd- en de bijzin hetzelfde onderwerp hebben.

1 On exprime une volonté, un désir, un souhait.

Je désire rester avec toi.
Il voudrait suivre ce cours demain.
Nous préférons revenir la semaine prochaine.
Ils souhaitent réussir leurs tests.

Je drukt een wil, een verlangen, een wens uit.

Ik verlang bij jou te blijven.
Hij zou morgen deze cursus willen volgen.
We verkiezen om volgende week terug te keren.
Ze wensen te slagen in hun tests.

2 On exprime un sentiment.

Je suis contente d'être avec vous.
Elle est heureuse de connaître la vérité.
Tu étais triste de quitter tes copains?
Nous avons peur de faire un mauvais choix.
Je m'étonnais d'oser faire cela.

Je drukt een gevoel uit.

Ik ben blij dat ik bij jullie ben.
Ze is gelukkig dat ze de waarheid kent.
Was je droevig toen je je vrienden verliet?
We zijn bang een verkeerde keuze te maken.
Ik was verbaasd dat ik zoiets durfde doen.

3 On exprime un doute.

Ils doutent de bien comprendre ce texte espagnol.
Je ne suis pas certaine d'atteindre mon but.

Je drukt een twijfel uit.

Ze twijfelen of ze die Spaanse tekst goed begrijpen.
Ik ben niet zeker dat ik mijn doel zal bereiken.

4 On exprime une certitude.

Je suis sûre d'achever ce travail à temps.
Nous estimons avoir cette capacité.

Je drukt een zekerheid uit.

Ik ben zeker dat ik dit werk op tijd zal af hebben.
We menen dat we deze capaciteit hebben.

5 Après une préposition

Elle téléphone à ses parents **afin de** les rassurer.
Nous partons tout de suite **pour** être à l'heure à la gare.

Ils s'entraînent tous les jours **dans le but de** participer au triathlon.

Na een voorzetsel

Ze belt naar haar ouders om ze gerust te stellen.
We vertrekken dadelijk om op tijd in het station te zijn.
Ze trainen dagelijks met als doel deel te nemen aan de triatlon.

C Emploi du subjonctif dans une SUBORDONNÉE RELATIVE

Dans la subordonnée relative, on peut parfois choisir entre l'indicatif et le subjonctif.

Le subjonctif permet d'ajouter une nuance (but, restriction, doute …) dans les cas suivants:

1 Pour exprimer un BUT

Je cherche quelqu'un qui **sache** la réponse.
Je voudrais trouver un hôtel qui ne **soit** pas trop cher.

2 Après LE SEUL, L'UNIQUE, IL Y EN A PEU QUI …

Elle est la seule qui **puisse** m'aider.
C'est l'unique espoir que nous **ayons** encore.
Il y en a peu qui **veuillent** donner un coup de main.

3 Après UN SUPERLATIF
   LE(S) PREMIER(S) QUI …, LA (LES) PREMIÈRE(S) QUI …
   LE(S) DERNIER(S) QUI …, LA (LES) DERNIÈRE(S) QUI …

C'est le plus beau film que j'**aie** jamais vu.
Tu es le premier qui me **comprenne**.
Elle est la dernière qui se **plaigne**.

4 Après une proposition principale NÉGATIVE ou INTERROGATIVE

Y a-t-il quelqu'un qui **puisse** m'expliquer cela?
Je ne connais personne qui **soit** capable de résoudre ce problème.

REMARQUE
Pour accentuer la réalité, on emploie l'indicatif.

Tu es la première qui me **comprend** vraiment.
Je n'ai trouvé personne qui **sait** la réponse.

In de betrekkelijke bijzin kan men soms kiezen tussen de indicatief en de conjunctief.

De conjunctief laat toe om een nuance (doel, beperking, twijfel …) toe te voegen in de volgende gevallen:

Om een DOEL uit te drukken

Ik zoek iemand die het antwoord kent.
Ik zou een hotel willen vinden dat niet te duur is.

Na LE SEUL, L'UNIQUE, IL Y EN A PEU QUI …

Zij is de enige die me kan helpen.
Het is de enige hoop die we nog hebben.
Weinigen willen een handje toesteken.

Na een SUPERLATIEF
   LE PREMIER QUI …, etc.
   LE DERNIER QUI …, etc.

Dat is de mooiste film die ik ooit gezien heb.
Je bent de eerste die me begrijpt.
Ze is de laatste die klaagt.

Na een ONTKENNENDE of VRAGENDE hoofdzin

Is er iemand die me dit kan uitleggen?
Ik ken niemand die in staat is dit probleem op te lossen.

OPMERKING
Om de realiteit te benadrukken gebruik je de indicatief.

Je bent de eerste die me echt begrijpt.
Ik heb niemand gevonden die het antwoord kent.

308   15.4.14   Formes et emploi du passé simple

Le passé simple est un temps du passé, employé dans la langue écrite, surtout en littérature. En langue parlée, on emploie le passé composé au lieu du passé simple. On le traduit en néerlandais par le O.V.T. ou le V.T.T. Il faut savoir reconnaître le passé simple.
Voici les terminaisons les plus courantes.
En fait, seule la troisième personne (singulier / pluriel) est beaucoup employée.

De 'passé simple' is een tijd van het verleden die gebruikt wordt in de geschreven taal, vooral in de literatuur. In de gesproken taal gebruikt men de 'passé composé' i.p.v. de 'passé simple'. In het Nederlands vertaal je door de O.V.T. of de V.T.T. Je moet die tijd kunnen herkennen.
Hier volgen de meest frequente uitgangen.
In feite wordt alleen de derde persoon (enk. / mv.) veel gebruikt.

VERBES EN -ER		VERBES EN -IR						VERBES EN -RE	
parler		**finir**		**partir**		**ouvrir**		**attendre**	
je	parl **ai**	je	fin **is**	je	part **is**	j'	ouvr **is**	j'	attend **is**
tu	**as**	tu	**is**	tu	**is**	tu	**is**	tu	**is**
elle	**a**	elle	**it**	elle	**it**	elle	**it**	il	**it**
nous	**âmes**	nous	**îmes**	nous	**îmes**	nous	**îmes**	nous	**îmes**
vous	**âtes**	vous	**îtes**	vous	**îtes**	vous	**îtes**	vous	**îtes**
ils	**èrent**	ils	**irent**	ils	**irent**	ils	**irent**	ils	**irent**

Souvent, le passé simple ressemble au participe passé.

Vaak gelijkenis met het voltooid deelwoord.

recevoir (reçu)		**savoir (su)**		**vivre (vécu)**		**plaire (plu)**		**mettre (mis)**	
je	reçus	je	sus	je	vécus	je	plus	je	mis
tu	reçus	tu	sus	tu	vécus	tu	plus	tu	mis
il	reçut	il	sut	il	vécut	il	plut	il	mit
nous	reçûmes	nous	sûmes	nous	vécûmes	nous	plûmes	nous	mîmes
vous	reçûtes	vous	sûtes	vous	vécûtes	vous	plûtes	vous	mîtes
ils	reçurent	ils	surent	ils	vécurent	ils	plurent	ils	mirent

309   Quelques formes irrégulières

avoir	il eut	ils eurent	hebben	hij had, ze hadden
être	il fut	ils furent	zijn	hij was, ze waren
faire	il fit	ils firent	doen	hij deed, ze deden
mourir	il mourut	ils moururent	sterven	hij stierf, ze stierven
naître	il naquit	ils naquirent	geboren worden	hij werd geboren, ze werden geboren
tenir	il tint	ils tinrent	houden	hij hield, ze hielden
venir	il vint	ils vinrent	komen	hij kwam, ze kwamen
voir	il vit	ils virent	zien	hij zag, ze zagen

L'été 2003 **fut** exceptionnellement chaud.
Van Gogh **vécut** deux ans à Paris, puis il **gagna** la Provence.

Notre équipe **marqua** le but décisif à la dernière seconde.

Des centaines de spectateurs **envahirent** le terrain de foot.
La police **intervint** tout de suite.

De zomer van 2003 was uitzonderlijk warm.
Van Gogh leefde 2 jaar in Parijs, daarna ging hij naar de Provence.

Onze ploeg maakte het beslissende doelpunt in de laatste seconde.

Honderden toeschouwers liepen het voetbalveld op.
De politie kwam dadelijk tussen.

15.4.15 La forme passive

A Emploi

**1 Dans la phrase active, c'est le sujet qui «fait» l'action.
La forme active est la plus employée.**

Je <u>suis</u> les nouvelles toutes les heures.	Ik volg het nieuws om het uur.
La route <u>longe</u> la rivière.	De weg volgt de rivier.
Un moniteur <u>attendait</u> les skieurs débutants.	Een monitor wachtte de beginnende skiërs op.
Tous les vacanciers <u>ont participé</u> aux activités.	Alle vakantiegangers hebben deelgenomen aan de activiteiten.

In de actieve zin voert het onderwerp de handeling uit. De actieve vorm wordt het meest gebruikt.

2 Dans la phrase passive, le sujet «subit» l'action.

In de passieve zin «ondergaat» het onderwerp de handeling.

Vous <u>êtes</u> tous <u>invités</u> à la fête.
Jullie worden allemaal uitgenodigd op het feest.
Il est malade, mais **il** <u>est</u> bien <u>soigné</u>.
Hij is ziek, maar hij wordt goed verzorgd.
Les olives <u>sont récoltées</u> à la main.
De olijven worden manueel geoogst.
Nous <u>sommes confrontés</u> à un choix difficile.
We worden geconfronteerd met een moeilijke keuze.
L'ancien record <u>était détenu</u> par une gymnaste russe.
Het vorige record stond op naam van een Russische turnster.

Tous les habitants de la ville <u>seront évacués</u>.
Alle inwoners van de stad zullen geëvacueerd worden.
Le pape <u>sera accueilli</u> par le premier ministre australien.
De paus zal ontvangen worden door de eerste minister van Australië.

Les étudiants <u>seront pris</u> en charge à la gare et <u>seront hébergés</u> dans des familles d'accueil.
De studenten zullen opgevangen worden aan het station en ondergebracht in onthaalgezinnen.
Des ateliers-enfants <u>seront proposés</u> toute la journée.
De hele dag zullen er kinderateliers zijn.
Elle <u>a été opérée</u> hier.
Ze werd / is gisteren geopereerd.
La plupart des maisons <u>ont été détruites</u> par le tremblement de terre.
De meeste huizen werden / zijn vernietigd door de aardbeving.

Le conducteur du camion <u>a été placé</u> en garde à vue.
De bestuurder van de vrachtwagen werd / is onder voorlopig arrest geplaatst.

Ce bâtiment <u>a été vendu</u> pour 800 millions de dollars.
Dit gebouw werd / is verkocht voor 800 miljoen dollar.
Une auberge de jeunesse <u>a été inaugurée</u> hier à Paris.
Gisteren werd / is een jeugdherberg geopend in Parijs.

3 En français, on emploie l'auxiliaire ÊTRE.

In 't Nederlands gebruikt men het hulpwerkwoord WORDEN.

B Les temps du passif

Elle	est	invitée	**indicatif présent**	Ze wordt uitgenodigd
Elle	sera	invitée	**futur simple**	Ze zal uitgenodigd worden
Elle	serait	invitée	**conditionnel présent**	Ze zou uitgenodigd worden
Elle	était	invitée	**imparfait**	Ze werd uitgenodigd
Elle	a été	invitée	**passé composé**	Ze is uitgenodigd* / Ze werd uitgenodigd

ÊTRE + PARTICIPE PASSÉ

WORDEN + VOLTOOID DEELWOORD

* in 't Nederlands laat men hier het voltooid deelwoord 'geworden' weg = Ze is uitgenodigd (<u>geworden</u>).

312 ATTENTION — ne pas confondre / LET OP — niet verwarren

Passif: indicatif présent ⟷ **Actif: passé composé**

Sur la E 49, tous les camions **sont contrôlés**.
Op de E 49 worden alle vrachtwagens gecontroleerd.

Tous les camions **sont arrivés** sans problèmes.
Alle vrachtwagens zijn zonder problemen aangekomen.

Passif: passé composé ⟷ **Actif: passé composé**

Le tunnel **a été creusé** dans la falaise.
De tunnel is uitgegraven in de rotswand.
        werd uitgegraven

La rivière **a creusé** une grotte dans le calcaire.
De rivier heeft een grot uitgegraven in de kalklagen.

Passif: passé composé ⟷ **Passif: indicatif présent**

La tour Eiffel **a été construite** en 1889.
De Eiffeltoren is gebouwd in 1889.
         werd gebouwd

Sa maison **est construite** sur une colline.
Zijn huis wordt gebouwd op een heuvel.

313 C Le passage de l'actif au passif

1 Le COD du verbe actif devient le SUJET du verbe passif.

Het LV van het actief werkwoord wordt onderwerp van het passief werkwoord.

2 Le SUJET du verbe actif devient le complément d'agent du verbe passif:
PAR + COMPLÉMENT D'AGENT.

Het onderwerp van het actief werkwoord wordt het handelend voorwerp van het passief:
DOOR + HANDELEND VOORWERP

3 Le verbe actif change en verbe passif:
ÊTRE + PARTICIPE PASSÉ (du verbe actif)
Le verbe ÊTRE est au même temps que le verbe actif.

Het actief werkwoord wordt passief:
WORDEN + VOLTOOID DEELWOORD (van het actief ww.)
Het ww. «worden» heeft dezelfde tijd als het actief ww.

ATTENTION — Le participe passé s'accorde! / LET OP — de overeenkomst van de participe passé!

Clément photographie Hélène.
 Sujet   COD

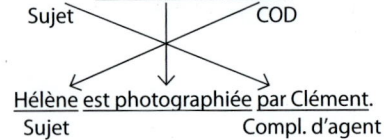

Clément fotografeert Hélène.

Hélène est photographiée par Clément.
 Sujet   Compl. d'agent

Hélène wordt gefotografeerd door Clément.

La Croix Rouge aidera les blessés.
  Sujet   COD

Het Rode Kruis zal de gewonden helpen.

Les blessés seront aidés par la Croix Rouge.
 Sujet   Compl. d'agent

De gewonden zullen geholpen worden door het Rode Kruis.

L'équipe belge battrait l'équipe espagnole.
  Sujet   COD

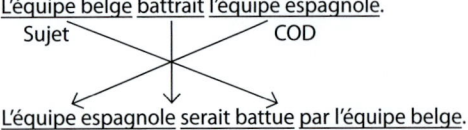

De Belgische ploeg zou de Spaanse verslaan.

L'équipe espagnole serait battue par l'équipe belge.
  Sujet   Compl. d'agent

De Spaanse ploeg zou verslagen worden door de Belgische.

Tes cousins t'invitaient.
Sujet   COD

Tu étais invité par tes cousins.
Sujet   Compl. d'agent

Je neven nodigden je uit.

Je werd uitgenodigd door je neven.

Le prof d'histoire a interrogé ces élèves.
Sujet   COD

Ces élèves ont été interrogés par le prof d'histoire.
Sujet   Compl. d'agent

De leraar geschiedenis heeft deze leerlingen ondervraagd.

Deze leerlingen werden ondervraagd door de leraar geschiedenis.

VOIR AUSSI L'analyse de la phrase, n° 317 (f) – 318 (g)

REMARQUES

1 Un verbe pronominal peut avoir un sens passif ou impersonnel.

Cette lettre ne se prononce pas.

Cette mélodie se chantait partout.

Il paraît que ça se fait en Inde.

Voilà une appli qui se vend bien.
Cette expression ne s'emploie plus.
Ce voyage se raconte difficilement.
Le plongeon se pratique à partir de différentes hauteurs.

OPMERKINGEN

Een Frans wederkerend ww. kan een passieve of onpersoonlijke betekenis hebben.

314

Die letter wordt niet uitgesproken
Men spreekt / je spreekt die letter niet uit.
Dat liedje werd overal gezongen.
Dat liedje zong men overal.
Het schijnt dat dit in Indië gedaan wordt.
Het schijnt dat men dit in Indië doet.
Die app wordt goed verkocht.
Die uitdrukking wordt niet meer gebruikt.
Over die reis kan men moeilijk vertellen.
Het duiken wordt vanop verschillende hoogtes beoefend.

VOIR AUSSI n° 262

**2 En néerlandais, on emploie plus souvent le passif qu'en français.
En français, on emploie plus souvent «on».**

On sonne.
On attend beaucoup de monde.
Aujourd'hui, **on** ne parle pas des examens.
On ne fume pas ici.

In het **Nederlands** wordt de passieve vorm meer gebruikt dan in het Frans. In het **Frans** gebruikt men meer 'on'.

Er wordt gebeld.
Er wordt veel volk verwacht.
Vandaag wordt er niet over de examens gesproken.
Hier wordt er niet gerookt.

315 ATTENTION / LET OP

La traduction de «WORDEN» dans la phrase **active** — Vertaling van 'WORDEN' in de **actieve** zin

1 worden = **devenir**
   Conjugaison: VOIR venir, n° 257

Ze wordt gek met al dat lawaai.		Elle devient folle avec tout ce vacarme.
Hij is informaticus geworden.		Il est devenu informaticien.
Die opdracht werd te moeilijk voor hem.		Cette tâche devenait trop difficile pour lui.
Dat zal duur worden.		Ça deviendra cher.

2 verliefd worden = tomber amoureux / amoureuse
   ziek worden = tomber malade

3 bleek worden = **pâlir**
   dik worden = **grossir**
   geel worden = **jaunir**
   groen worden = **verdir**
   groot worden = **grandir**
   koud worden = **refroidir**
   lelijk worden = **enlaidir**
   mager worden = **maigrir**
   mooi worden = **embellir**
   oud worden = **vieillir**
   rood worden = **rougir**
   wit worden = **blanchir**
   zacht worden = **adoucir**
   zwart worden = **noircir**

Ces verbes se conjuguent comme **finir**, VOIR n° 208.   Deze ww. worden vervoegd zoals «finir».

De patiënt is bleek geworden.   Le patient a pâli.
Je koffie wordt koud.   Ton café refroidit.
De nieuwe wijk zal mooi worden met bloemen.   Des fleurs vont embellir le nouveau quartier.
Ons terras is in enkele jaren groen geworden.   Notre terrasse a verdi en quelques années.
Die gordijnen zijn geel geworden door de zon.   Ces rideaux ont jauni à cause du soleil.

TROISIÈME PARTIE

La phrase

1 Les groupes de mots

Une phrase se compose de plusieurs groupes de mots.
Chaque groupe contient lui-même quelques mots qui sont liés.

Een zin bestaat uit meerdere woordgroepen.
Elke groep bevat zelf enkele woorden die samen horen.

1.1

ARTICLE + ADJECTIF + SUBSTANTIF

une	grande	ville	een grote stad
de	magnifiques	spectacles	prachtige spektakels
le	premier	lancement	de eerste lancering
une	nouvelle	série policière	een nieuwe politiereeks
les	beaux	documentaires	mooie documentaires

VOIR Place de l'adjectif, n° 55 à 58

1.2

ARTICLE + SUBSTANTIF + ADJECTIF

la	vie	privée	het privéleven
des	élections	présidentielles	presidentsverkiezingen
un	monde	globalisé	een geglobaliseerde wereld
des	guides	régionaux	regionale gidsen

1.3

PRÉPOSITION + ARTICLE + SUBSTANTIF

sous	le	parasol	onder de parasol
sur	les	planches	op de planken
dans	un	monde futuriste	in een futuristische wereld
après	le	spot publicitaire	na de reclamespot

1.4

(SUJET +) VERBE + ADVERBE

Il roule	prudemment.	Hij rijdt voorzichtig.
Elles ont chanté	longtemps.	Ze hebben lang gezongen.
Vous nagez	vite.	U zwemt snel.
Parlez	clairement.	Spreek duidelijk.

1.5

ADVERBE + ADJECTIF

Des vestes	<u>trop</u>	<u>grandes</u> pour toi.	Te grote jassen voor jou.
Un look	<u>particulièrement</u>	<u>voyant</u>.	Een heel opvallende look.

1.6

ADVERBE + ADVERBE

Vous mangez	très	vite.	Jullie eten heel snel.
Il parle	assez	difficilement.	Hij spreekt nogal moeilijk.

1.7

AUXILIAIRE + PARTICIPE PASSÉ
VERBE + INFINITIF

Il	a regardé	le mode d'emploi.	Hij heeft naar de gebruiksaanwijzing gekeken.
Yussef	m'a renseigné	hier.	Yussef heeft me gisteren ingelicht.
Ils	vont aller	au cinéma.	Ze zullen naar de bioscoop gaan.
Tu	dois réfléchir	avant d'agir.	Je moet nadenken voor je handelt.
Je	veux me promener	sur la plage.	Ik wil op het strand wandelen.

ATTENTION
En français, on met les verbes le plus possible ensemble.

LET OP
In 't Frans zet je de ww. zoveel mogelijk samen.

1.8

auxiliaire verbe	+	aussi bien déjà encore mal toujours tout vraiment	+ participe passé + infinitif

Quelques adverbes et aussi «tout» se mettent **entre**
- l'auxiliaire et le participe passé
- le verbe conjugué et l'infinitif

Sommige bijwoorden en ook «tout» staan tussen
- hulpwerkwoord en voltooid deelwoord
- persoonsvorm en infinitief

J'ai	déjà	fini mon travail.	Ik heb mijn werk al beëindigd.
Il va	mal	dormir cette nuit.	Hij zal vannacht slecht slapen.
Nous sommes	bien	renseignés sur les prix.	We zijn goed ingelicht over de prijzen.
Simon doit	aussi	faire un effort.	Simon moet ook een inspanning doen.
Elle est	encore	tombée hier.	Gisteren is ze nog gevallen.
Ce chien veut	toujours	boire.	Die hond wil altijd maar drinken.
Elle n'a pas	tout	compris.	Ze heeft niet alles begrepen.

[Comic: JE VOUDRAIS / VRAIMENT / ARRÊTER DE FUMER]

2 L'analyse de la phrase

2.1 Comment analyser la phrase?

2.1.1 Étapes

a

| On cherche le **verbe** et le **sujet**. | Je zoekt het werkwoord en het onderwerp. |

Le verbe est l'élément principal de la phrase.
Le sujet forme un tout avec le verbe.

Het ww. is het belangrijkste deel van de zin.
Onderwerp en ww. vormen één geheel.

b

| On cherche le **COD**. | Je zoekt het lijdend voorwerp (LV). |

(COD = Complément d'objet direct)
→ Sujet + verbe + **QUOI / QUI**?

c

| On cherche le **COI**. | Je zoekt het meewerkend voorwerp (MV) |

(COI = Complément d'objet indirect)
→ Sujet + verbe + **À QUI / POUR QUI**?

d

| S'il y a le verbe être (paraître, sembler, devenir, rester) on cherche l'**attribut du sujet**. | Na zijn, lijken, schijnen, worden, blijven volgt een naamwoordelijk deel van het gezegde (NWG). |

→ Sujet + être + **COMMENT**?

e

| On cherche **le(s) complément(s) circonstanciel(s)**. | Je zoekt de bijwoordelijke bepaling(en) (BWB). |

Sujet + verbe + **OÙ / D'OÙ**?   → c.c. de lieu   - BWB van plaats
Sujet + verbe + **COMMENT**?   → c.c. de manière   - BWB van wijze
Sujet + verbe + **QUAND**?   → c.c. de temps   - BWB van tijd
Sujet + verbe + **COMBIEN DE**?   → c.c. de quantité   - BWB van hoeveelheid
Sujet + verbe + **POURQUOI**?   → c.c. de cause   - BWB van oorzaak
Sujet + verbe + **DANS QUEL BUT**?   → c.c. de but   - BWB van doel

f

| On cherche **le complément d'agent**. | Je zoekt het handelend voorwerp (HV). |

Sujet + verbe + **PAR QUI**? / **PAR QUOI**?

2.1.2 Exemples

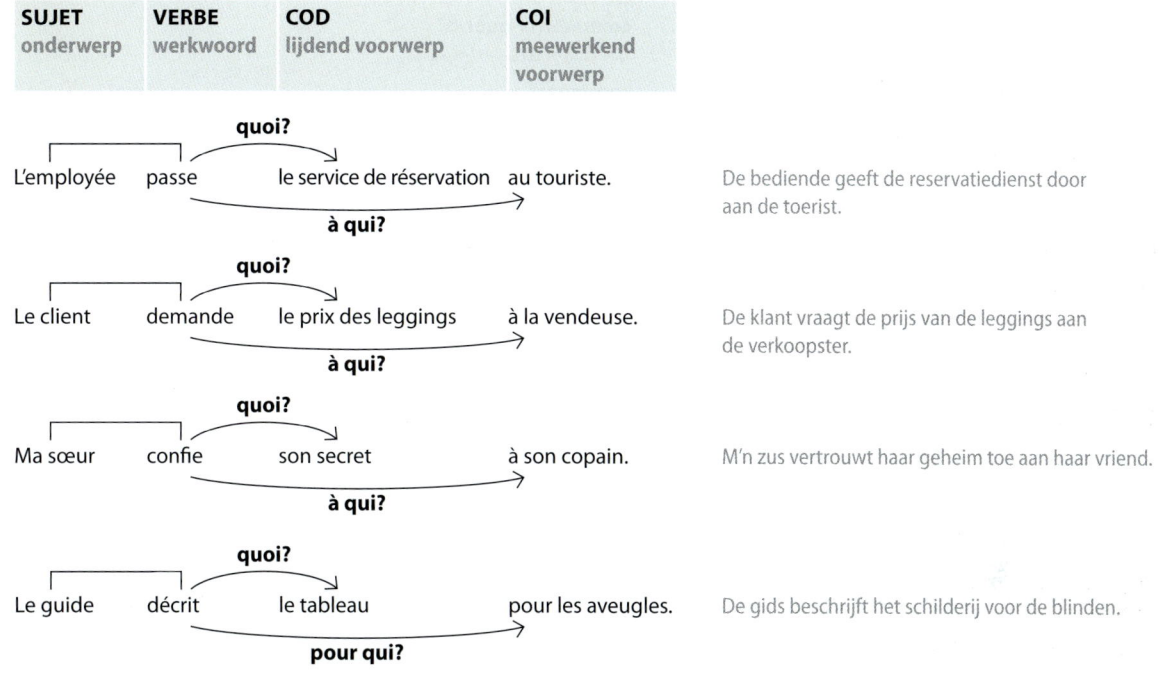

a

SUJET	VERBE	COD	COI
onderwerp	werkwoord	lijdend voorwerp	meewerkend voorwerp

L'employée — passe — (quoi?) le service de réservation — (à qui?) au touriste.
De bediende geeft de reservatiedienst door aan de toerist.

Le client — demande — (quoi?) le prix des leggings — (à qui?) à la vendeuse.
De klant vraagt de prijs van de leggings aan de verkoopster.

Ma sœur — confie — (quoi?) son secret — (à qui?) à son copain.
M'n zus vertrouwt haar geheim toe aan haar vriend.

Le guide — décrit — (quoi?) le tableau — (pour qui?) pour les aveugles.
De gids beschrijft het schilderij voor de blinden.

b

SUJET	VERBE «ÊTRE» OU AUTRE VERBE COPULE (paraître, sembler, devenir, rester …)	ATTRIBUT
onderwerp	ww. «zijn» of ander koppelww. (schijnen, lijken, worden, blijven …)	naamwoordelijk deel van het gezegde (NWG)

Ces places — sont — libres. Die plaatsen zijn vrij.

Ton copain — paraissait — sympa. Je vriend leek sympathiek.

Cette femme — semble — nerveuse. Die vrouw lijkt zenuwachtig.

Ce document — devient — trop long. Dit document wordt te lang.

Nous — restons — intéressés. We blijven geïnteresseerd.

VOIR AUSSI n° 147 (b)

c

SUJET onderwerp	VERBE werkwoord	C. C. DE LIEU où? BWB van plaats	C. C. DE MANIÈRE ou DE TEMPS comment? / quand? BWB van wijze of tijd		
		où?	comment?	waar?	hoe?
Samira	va	au marché	à vélo.		Samira gaat met de fiets naar de markt.
Les chiens	courent	sur la plage	à toute vitesse.		De honden lopen heel snel op het strand.
			quand?		
Nous	allons	au concert rock	à vingt heures.		We gaan om 20 u naar het rockconcert.

d

SUJET onderwerp	VERBE werkwoord	COMPLÉMENT CIRC. DE QUANTITÉ combien? BWB van hoeveelheid		
			hoeveel?	
La vente de sa maison	a rapporté	450 000 euros.		De verkoop van zijn huis heeft 450 000 euro opgebracht.
Ma sœur et moi	buvons	2 l d'eau par jour.		Mijn zus en ik drinken 2 l water per dag.

e

SUJET onderwerp	VERBE werkwoord	COMPLÉMENT CIRC. DE CAUSE pourquoi? BWB van oorzaak		
			waarom?	
La circulation	est ralentie	à cause de la neige.		Het verkeer is vertraagd door de sneeuw.
Leurs voisins	voyagent moins	par crainte des attentats.		Hun buren reizen minder uit schrik voor aanslagen.

f

SUJET onderwerp	VERBE werkwoord	COMPLÉMENT CIRC. DE BUT dans quel but? BWB van doel		
			met welk doel?	
Des milliers de soignants	manifestent	pour exprimer leur colère.		Duizenden zorgverleners betogen om hun woede te uiten.
Beaucoup d'artistes	ont été invités	pour cette exposition.		Veel artisten zijn uitgenodigd voor die tentoonstelling.

g

C.C. DE TEMPS Quand? BWB van tijd	SUJET onderwerp	VERBE werkwoord	PAR + COMPLÉMENT D'AGENT par qui / par quoi? door + handelend voorwerp (HV)		
			par qui?	door wie?	
Hier, après l'accident,	le témoin	a été interrogé	par la police.		Gisteren, na het ongeval, werd de getuige door de politie ondervraagd.
			par quoi?	waardoor?	
L'été dernier,	cette forêt	a été détruite	par le feu.		Verleden zomer is dit bos vernield door het vuur.

2.2 Accord du verbe avec le sujet

2.2.1 Règle générale

Le verbe s'accorde avec le sujet.
Vous pouvez m'expliquer le chemin pour aller à la poste?
Tu ne peux vraiment pas m'aider?
Elle est tombée malade en décembre.

REMARQUE
Avec ON, le participe passé peut se mettre au féminin et au pluriel.
On est parti(e)(s) vers 21 heures.

VOIR La traduction de ON, n° 176

Het ww. komt overeen met het onderwerp.
Kunt u me de weg naar de post uitleggen?
Kun je me echt niet helpen?
Ze is ziek geworden in december.

OPMERKING
Met ON kan het voltooid deelwoord in het vrouwelijk en in het meervoud staan.
Wij zijn rond 21 uur vertrokken.

2.2.2 Règles particulières

a

Plusieurs sujets

masculin + masculin = masculin pluriel
féminin + féminin = féminin pluriel
féminin + masculin = masculin pluriel

La journée et la soirée <u>étaient passé**es**</u> très vite.
L'apprenti et le stagiaire <u>sont arrivé**s**</u>.
Jasmine et Alain <u>se sont rencontré**s**</u> à Lille.
Renaud, son frère et sa copine <u>sont allé**s**</u> en Ardèche.

Meerdere onderwerpen

mann. + mann. = mann. mv.
vrouw. + vrouw. = vrouw. mv.
vrouw. + mann. = mann. mv.

De dag en de avond waren heel snel voorbijgegaan.
De leerjongen en de stagiaire zijn aangekomen.
Jasmine en Alain hebben mekaar ontmoet in Rijsel.
Renaud, zijn broer en zijn vriendin zijn naar de Ardèche geweest.

b

Plusieurs sujets de personne différente
→ priorité: 1re pers. > 2e pers. > 3e pers.

<u>Toi et moi</u> ferons cela.   2e p. + 1e p. = nous
<u>Eli et moi</u> avons dit cela.   3e p. + 1e p. = nous
C'est <u>Arnaud et toi</u> qui êtes distraits.   3e p. + 2e p. = vous

Meerdere onderwerpen verschillend van persoon
→ voorrang: 1e pers. > 2e pers. > 3e pers.

Jij en ik zullen dat doen.
Eli en ik hebben dat gezegd.
Arnaud en jij zijn verstrooid.

c

Le sujet est QUI pronom relatif:
le verbe s'accorde avec l'antécédent.

C'est <u>toi</u> **qui** as tort.
C'est <u>nous</u> **qui** avons raison.
Ce sont les <u>médias</u> **qui** nous informent sur l'actualité.

VOIR AUSSI sujet «qui», n° 166

Het onderwerp is het betrekkelijk vn. QUI :
→ overeenkomst met het antecedent

Jij bent het die ongelijk heeft.
Wij zijn het die gelijk hebben.
Het zijn de media die ons informeren over de actualiteit.

d

Le sujet est un adverbe ou une expression de quantité + complément: verbe au pluriel

<u>De plus en plus de jeunes</u> se font tatouer.
<u>La plupart des magasins</u> sont fermés le dimanche.
<u>Beaucoup de touristes</u> adorent Bruges.
<u>La plupart</u> y séjournent deux jours.

Het onderw. is een bijwoord of een uitdrukking van hoeveelheid + compl.: ww. in het meerv.

Steeds meer jongeren laten zich tatoeëren.
De meeste winkels zijn 's zondags gesloten.
Veel toeristen zijn dol op Brugge.
De meesten verblijven er twee dagen.

e

Avec un verbe impersonnel

VOIR n° 266 à 275

Met een onpersoonlijk werkwoord

3 La phrase affirmative

3.1

SUJET ond.	VERBE ww.	COD LV	COI MV		
Laura	envoie	un message	à sa cousine.		Laura zendt een e-mail naar haar nicht.
Le robot	va rendre	la monnaie	au voyageur.		De robot zal het wisselgeld teruggeven aan de reiziger.
Je	vais donner	les tickets	à mes voisins.		Ik zal de tickets aan mijn buren geven.

3.2

SUJET ond.	COD (pr. pers.) LV	VERBE ww.	COI MV	
Je	les	donne	à ma sœur.	Ik geef ze aan mijn zus.
Gauthier	en	achètera	pour sa mère.	Gauthier zal er kopen voor zijn moeder.
Vous	m'	avez entendue?		Hebben jullie mij gehoord?

3.3

SUJET ond.	COI (pr. pers.) MV	VERBE ww.	COD LV	
Candice	lui	a envoyé	un SMS.	Candice heeft haar / hem een sms gestuurd.
Nous	leur	envoyons	un e-mail.	We sturen hun een e-mail.
Tu	me	téléphoneras?		Zal je me opbellen?

VOIR La place du pronom personnel COD, COI, n° 191 à 195

3.4

SUJET ond.	VERBE ww.	C.C. DE LIEU BWB plaats	C. C. DE MANIÈRE ou DE TEMPS BWB wijze of tijd	
Mes copains	vont	à la mer	en scooter.	Mijn vrienden gaan met de scooter naar zee.
Elle	revient	d'Italie	mardi.	Ze komt dinsdag terug uit Italië.

3.5

SUJET ond.	EN / Y (c.c. de lieu) BWB plaats	VERBE ww.	C. C. DE MANIÈRE ou DE TEMPS BWB wijze of tijd	
Ils	y	vont	en TGV.	Ze gaan erheen met de HST.
Elle	en	revient	à 11 heures.	Ze komt ervan terug om 11 uur.

3.6

C.C. DE LIEU ou DE TEMPS BWB plaats of tijd	SUJET + VERBE ond. + ww.	C.C. DE LIEU ou DE TEMPS BWB plaats of tijd	
Ici,	il fait beau.*		Hier is het mooi weer.
Hier,	Nathalie a mis à jour son blog.*		Gisteren heeft Nathalie haar blog geüpdatet.
En Croatie,	il ne fait pas froid.*		In Kroatië is het niet koud.
	Omar est venu	dimanche.	Omar is zondag gekomen.
	Je l'ai vu	à la gare.	Ik heb hem in het station gezien.

*ATTENTION
En français, pas d'inversion du sujet et du verbe quand le complément circonstanciel est au début de la phrase.

LET OP
Geen inversie in het Frans als de BWB vooraan staat.

3.7 Phrases avec 3 compléments　　　321

S'il y a 3 compléments, de préférence, en mettre un au début de la phrase.

Als er 3 bepalingen zijn, liefst één vooraan in de zin zetten.

c.c. temps	sujet	verbe	COD	COI
Toutes les semaines,	elle	faisait	des courses	pour sa voisine.

Elke week deed ze boodschappen voor haar buurvrouw.

c.c. temps	sujet	verbe	c.c. manière	c.c. lieu
La semaine passée,	il	a plu	énormément	dans toute la Flandre.

Vorige week heeft het in heel Vlaanderen enorm veel geregend.

c.c. lieu	sujet	verbe	COD	temps
Dans notre club,	on	nage	la brasse	chaque semaine.

Elke week zwemmen we schoolslag in onze club.

c.c. lieu	sujet	verbe	c.c. manière	c.c. temps
Sur le lieu de l'accident,	un témoin	a filmé	discrètement	pendant quelques minutes.

Op de plaats van het ongeluk heeft een getuige gedurende enkele minuten discreet gefilmd.

3.8 Mise en relief d'un élément de la phrase　　　322

Trois possibilités:

a On met au début de la phrase l'élément qu'on veut accentuer. On le répète dans la phrase par un pronom personnel.
   On peut aussi le mettre à la fin.

Tes piercings, je les trouve super!
Ton tatouage, il est vraiment effrayant!
Elle est chouette, cette musique!

Drie mogelijkheden:

We zetten vooraan in de zin wat we willen benadrukken. Dit zinsdeel wordt in de zin herhaald door een persoonlijk vn.
Je kan het ook achteraan zetten.

Jouw piercings, ik vind ze schitterend!
Jouw tattoo, die is echt angstwekkend!
Die is tof, die muziek!

b Avec c'est / c'est que

C'est dur, ce travail, hein?
C'est parfois difficile, la vie.
C'est clair, ces exemples, non?
Ce qui est formidable, c'est qu'elle est si courageuse.
C'est à 7 heures que je viens te chercher.

Met c'est / c'est que

't Is lastig niet, dat werk?
Het is soms moeilijk, het leven.
Deze voorbeelden zijn duidelijk, nietwaar?
Wat fantastisch is, is dat ze zo moedig is.
Het is om 7 uur dat ik je kom halen.

c Avec la forme tonique: VOIR n° 184-185

Met de beklemtoonde vorm

VOIR AUSSI Analyse de la phrase, n° 317 à 319
Phrases avec si, n° 294 à 297
Phrases avec que, n° 298 à 306
Phrases avec qui, que, dont, où, n° 166 à 170

4 La phrase impérative

4.1 L'impératif à la forme affirmative

323

VERBE (il n'y a pas de sujet) + reste de la phrase	Ww. (er is geen onderwerp) + rest van de zin
Donne ton avis, Rachida.	Geef je mening, Rachida.
Entrez, Monsieur.	Kom binnen, meneer.
Poussez sur le bouton.	Druk op de knop.
Tirez la porte.	Trek de deur open.
Connectez-vous sur notre chaîne.	Stem af op onze zender.
Partons tout de suite.	Laat ons onmiddellijk vertrekken.
Stephan, **viens** avec moi.	Stephan, kom met mij mee.
Ouvrez et **découvrez** le cadeau de bienvenue.	Open en ontdek het welkomstgeschenk.
Détachez l'étiquette.	Maak het etiket los.
Renvoyez le bon ci-dessous.	Stuur de onderstaande bon terug.
Collez ici votre vignette personnelle.	Kleef hier uw persoonlijke sticker.
Taisez-vous un instant, s'il vous plaît!	Zwijg een ogenblik, a.u.b.!
Laissez-vous séduire par cette promo.	Laat je verleiden door deze promotie.

4.2 L'impératif à la forme négative

324

<u>NE</u> + VERBE + <u>PAS</u> …	
<u>Ne</u> **mange** <u>plus</u> <u>de</u> chips avant le repas.	Eet geen chips meer voor de maaltijd.
<u>N'</u> **oublie** <u>rien</u>.	Vergeet niets.
<u>N'</u> **ouvre** <u>pas</u> encore l'emballage.	Open de verpakking nog niet.
<u>Ne</u> **courons** <u>plus</u> maintenant.	Laat ons nu niet meer lopen.
<u>N'</u>**attendons** <u>plus</u> le bus maintenant.	Laat ons niet meer op de bus wachten.
<u>N'</u>**abandonnons** <u>pas</u>.	Laat ons niet opgeven.
<u>N'</u> **appelez** <u>personne</u> la nuit.	Bel niemand op 's nachts.
<u>Ne</u> **payez** <u>rien</u> aujourd'hui.	Betaal vandaag niets.
<u>Ne</u> **quittez** <u>pas</u>. On vous répond dans un instant.	Haak niet in. We antwoorden zo dadelijk.
<u>Ne</u> **croyez** <u>pas</u> tout ce qu'on écrit dans les tweets.	Geloof niet alles wat men schrijft in de tweets.
<u>N'</u>**oubliez** <u>pas</u> de signer votre commande.	Vergeet niet uw bestelbon te ondertekenen.
<u>Ne</u> **vous arrêtez** <u>pas</u> ici!	Stop hier niet!

VOIR AUSSI Verbes pronominaux, impératif, n° 260
L'article après la négation, n° 45

ATTENTION
Quand les Français parlent, ils laissent souvent tomber le «ne».

Va <u>pas</u> là!
Fais <u>plus</u> ça!
Croyez <u>pas</u> que ce soit facile.
Poussez <u>pas</u>, ça sert à rien.
Ça marche <u>pas</u>, ce truc!

LET OP
In de gesproken taal laten de Fransen dikwijls de 'ne' weg.

Ga daar niet!
Doe dat niet meer!
Denk niet dat het gemakkelijk is.
Duw niet, dat is nutteloos.
Dat werkt niet, dat spul!

4.3 Emploi de l'infinitif dans une phrase impérative

L'infinitif peut aussi exprimer un ordre, une invitation, une interdiction.	Je kan ook een bevel, een uitnodiging, een verbod uitdrukken met een infinitief.
Ouvrir ici	Hier openen
Accepter l'invitation (Facebook)	De uitnodiging aanvaarden (Facebook)
Ne pas fumer	Niet roken

5 La phrase négative

La négation compte le plus souvent deux ou trois éléments. — De ontkenning bestaat meestal uit twee of drie delen.

Type 1	ne … pas (de)	= niet / geen	ne … pas encore	= nog niet
	ne … plus (de)	= niet / geen meer	ne … plus jamais	= nooit meer
	ne … jamais	= nooit	ne … plus rien	= niets meer
	ne … rien	= niets		
	ne … guère	= bijna niet, nauwelijks		
Type 2	ne … personne	= niemand	ne … plus personne	= niemand meer
	ne … nulle part	= nergens	ne … plus nulle part	= nergens meer
	ne … que	= slechts	ne … plus que	= slechts nog
	ne … aucun(e)	= geen enkel(e)	ne … plus aucun(e)	= geen enkel(e) meer

ATTENTION
Cas particulier: ne … ni … ni

Ne mettez ni bouteilles ni papier dans ce sac.
Ni Thomas ni son frère ne mangent de la viande.

LET OP
Speciaal geval: noch … noch

Steek noch flessen noch papier in deze zak.
(Noch) Thomas noch zijn broer eten vlees.

VOIR AUSSI Adverbes de négation, n° 158

5.1 Temps simples

La négation se place avant et après le verbe conjugué. — De ontkenning staat voor en na de persoonsvorm.

Vous	n'	aimez	pas ce blog?	Hou je niet van die blog?
Ils	ne	fument	plus.	Ze roken niet meer.
Elle	ne	boit	plus d'alcool.	Ze drinkt geen alcohol meer.
Ils	ne	dansaient	jamais.	Ze dansten nooit.
Je	ne	dirai	rien.	Ik zal niets zeggen.
Il	ne	mange	guère.	Hij eet bijna niet.
Ils	n'	invitent	plus personne.	Ze nodigen niemand meer uit.
Il	ne	voit	personne.	Hij ziet niemand.
Vous	ne	parlez	que le français?	Spreekt u alleen maar Frans?
Nous	ne	trouvons	ces renseignements nulle part.	We vinden nergens die inlichtingen.
Il	n'	y a	aucun bon site sur ce compositeur.	Er is geen enkele goede site over deze componist.
Ils	ne	trouvent	plus aucune trace de ce dossier.	Ze vinden geen enkel spoor meer van dat dossier.

ATTENTION
Pronoms réfléchis et personnels: devant le verbe.
Il **ne** se déplace **plus** à vélo, mais en scooter.

Nous **ne** les avons vus **nulle part**.

LET OP
Wederkerende en persoonlijke vn: voor het ww.
Hij verplaatst zich niet meer met de fiets, maar met de scooter.

We hebben ze nergens gezien.

5.2 À l'impératif

VOIR L'impératif à la forme négative, n° 324

5.3 Temps composés

328

Type 1: La négation se place <u>avant et après l'auxiliaire</u>.

Je	n'	ai	pas	dormi cette nuit.
Ils	n'	ont	pas encore	réservé **de** places.
Il	n'	est	plus	venu depuis un mois.
Vous	n'	avez	plus	bu **de** vin après?
Nous	ne	sommes	jamais	allés là.
Vous	n'	avez	rien	fait.
Elle	n'	a	guère	changé.
Je	ne	suis	plus jamais	allée là.
Tu	n'	as	plus rien	entendu?

De ontkenning staat voor en na het hulpww.

Ik heb vannacht niet geslapen.
Ze hebben nog geen plaatsen gereserveerd.
Hij is al een maand niet meer gekomen.
Hebt u nadien geen wijn meer gedronken?
We zijn daar nooit geweest.
Jullie hebben niets gedaan.
Ze is bijna niet veranderd.
Ik ben daar nooit meer geweest.
Heb je niets meer gehoord?

Type 2: La négation se place <u>avant et après le verbe conjugué</u>.

Elle	n'	a vu	personne.	
Ils	n'	ont parlé à	personne.	
Tu	n'	es venu	que	pour cela?
Ils	ne	sont allés	nulle part	cet été.
Je	n'	ai trouvé	aucune	info sur ce thème.

De ontkenning staat voor en na het vervoegd ww.

Ze heeft niemand gezien.
Ze hebben met niemand gesproken.
Ben je alleen daarvoor gekomen?
Ze zijn deze zomer nergens naartoe geweest.
Ik heb geen enkele info over dit thema gevonden.

5.4 Réponses négatives courtes (sans ne)

329

- J'aime ce groupe.
- **Moi pas.**
- Je ne veux pas sortir ce soir.
- **Moi non plus.**

- Tu fumes?
- **Jamais de la vie!**

- Vous avez entendu quelque chose?
- **Rien du tout.**

- Tu as triché!
- **Pas vrai.**

- Il a fait 40 degrés à l'ombre.
- **Pas possible!**

- Ik hoor die groep graag.
- Ik niet.
- Ik wil vanavond niet uitgaan.
- Ik ook niet.

- Rook je?
- Nooit!

- Hebben jullie iets gehoord?
- Helemaal niets.

- Je hebt vals gespeeld!
- Niet waar.

- Het was 40 graden in de schaduw.
- Niet mogelijk!

VOIR AUSSI L'article après la négation, n° 45
L'adjectif et le pronom indéfini AUCUN, n°84, 90
Le pronom indéfini n° 96 à 99
L'adverbe de négation, n° 158

5.5 Négation suivie d'un infinitif 330

Type 1: Le 2ᵉ élément de la négation se place <u>avant l'infinitif</u>. | **2ᵉ deel van de ontkenning staat <u>voor de infinitief</u>.**

Ils	**ne**	vont	**pas**	partir.	Ze zullen niet vertrekken.
Elle	**ne**	veut	**plus**	leur parler.	Ze wil hen niet meer spreken.
Tu	**ne**	peux	**rien**	dire?	Kun je niets zeggen?
Je	**ne**	vais	**pas encore**	pouvoir tout emporter.	Ik zal nog niet alles kunnen meenemen.
Ils	**ne**	veulent	**plus jamais**	quitter cette belle région.	Ze willen deze mooie streek nooit meer verlaten.
Vous	**n'**	avez	**jamais**	osé y aller?	Zijn jullie er nooit heen durven gaan?
Ils	**n'**	ont	**pas**	pu participer à cet événement.	Ze hebben niet mogen deelnemen aan dit evenement.

Type 2: Le 2ᵉ élément de la négation se place <u>après l'infinitif</u>. | **2ᵉ deel van de ontkenning staat <u>na de infinitief</u>.**

Tu	**ne**	l'as entendu chanter	**nulle part**?	Heb je hem nergens horen zingen?
Ils	**ne**	vont voir	**personne**.	Ze zullen niemand zien.
Tu	**ne**	peux accompagner ta sœur	**nulle part**.	Je mag nergens met je zus meegaan.
On	**n'**	a laissé passer	**personne**.	Men heeft niemand laten doorrijden.
Je	**n'**	ai pu le joindre	**nulle part**.	Ik heb hem nergens kunnen bereiken.
Nous	**ne**	pouvons les recevoir	**que** dans la soirée.	We kunnen ze enkel 's avonds ontvangen.

5.6 On nie l'action du verbe à l'infinitif. 331

Type 1: Les 2 éléments de la négation se placent <u>avant l'infinitif</u>. | **2 delen van de ontkenning voor de infinitief.**

Ils ont l'habitude de **ne pas** fumer dans l'auto. — Ze hebben de gewoonte om niet te roken in de auto.
On demande de **ne rien** gaspiller. — Er wordt gevraagd niets te verspillen.
Elle me dit de **ne plus** parler de ça. — Ze zegt me daarover niet meer te praten.
Ils m'ont conseillé de **ne plus jamais** retourner là. — Ze hebben me aangeraden daar nooit meer naartoe te gaan.

Type 2: La négation se place <u>avant et après l'infinitif</u>. | **De ontkenning staat voor en na de infinitief.**

Promets-moi de **n'**en parler à **personne**. — Beloof me dat je er met niemand over zult praten.
Je regrette de **ne** voir **personne**. — Het spijt me dat ik niemand zie.
Je voudrais **n'**aller **nulle part** ce soir. — Ik zou vanavond nergens heen willen gaan.
Vous avez eu la malchance de **ne** rencontrer **personne**. — Jullie hebben pech gehad dat je niemand tegenkwam.
Veuillez **ne** cliquer **que** sur le bouton de gauche. — Gelieve enkel te klikken op de knop links.
Ne jeter **aucun** mégot sur la plage! — Gooi geen enkel peukje op het strand!

VOIR AUSSI adverbes de négation, n° 158
adjectifs et pronoms indéfinis, n° 84, 90, 97, 99

6 La phrase interrogative

6.1 La question sans mot interrogatif

332

La réponse est OUI (SI) / NON — **Het antwoord is JA (JAWEL) / NEEN**

6.1.1 Avec intonation

Question très fréquente dans la langue parlée — **Veel voorkomende vraagvorm in de spreektaal**

Sujet	verbe + …?		
Tu	viens ce soir?	- Oui.	Kom je vanavond? - Ja.
Vous	avez compris?	- Non.	Hebben jullie begrepen? - Neen.
Vous	n'avez pas d'autres modèles?	- Non.	Hebt u geen andere modellen? - Neen.
Ses amis	viennent?	- Non.	Komen zijn vrienden? - Neen.
Tes copines	se sont amusées?	- Oui.	Hebben je vriendinnen zich geamuseerd? - Ja.

ATTENTION — **LET OP**

OUI devient SI après une question négative. — **JA wordt JAWEL, TOCH WEL, JA ZEKER na een ontkennende vraag.**

C'est compliqué?	- Oui, vraiment.	Is het ingewikkeld? Ja, echt.
Vous désirez une place assise?	- Oui, une place devant, s.v.p.	Wenst u een zitplaats? Ja, vooraan a.u.b.
Vous n'avez pas de ticket?	- Si, j'en ai un.	Hebt u geen ticket? - Jawel, ik heb er een.
Ce n'est pas difficile?	- Si!	Is het niet moeilijk? – Toch wel!
Ce n'est pas une bonne idée?	- Mais si!	Is dat geen goed idee? – Toch wel!

333

6.1.2 Avec «est-ce que»

Est-ce que	sujet	verbe + …?	
Est-ce que	vous	avez compris?	Hebben jullie het begrepen?
Est-ce que	c'	est difficile?	Is het moeilijk?
Est-ce que	ses amis	viennent?	Komen zijn vrienden?
Est-ce que	tes copines	se sont amusées?	Hebben je vriendinnen zich geamuseerd?

«Est-ce que» wordt niet vertaald in 't Ned.

334

6.1.3 Avec inversion

Peu employée dans la langue parlée — **Weinig gebruikt in de spreektaal**

a

Quand le sujet est un pronom personnel, «ce», «on»: INVERSION SIMPLE = on place le sujet après le verbe. — **Als het onderwerp een pers. vn., «ce» of «on» is: EENVOUDIGE INVERSIE = het onderwerp staat achter het werkwoord.**

Est-ce difficile? Va-t-on répondre? — Is het moeilijk? Zullen we / zal men antwoorden?
Voudriez-vous appeler le responsable, s.v.p.? — Zou u de verantwoordelijke willen roepen, a.u.b.?
Pourriez-vous échanger ce pull? — Zou u die trui kunnen omwisselen?
Avez-vous une chambre avec bain, s.v.p.? — Hebt u een kamer met bad, a.u.b.?

ATTENTION — **LET OP**

- Trait d'union entre le verbe et le pronom personnel / ce / on
- On met **-t-** entre deux voyelles à la 3ᵉ pers. sing.

- Koppelteken tussen ww. en pers. vn. /ce / on
- -t- tussen twee klinkers in 3ᵉ pers. enk.

b

Quand le sujet est un substantif ou un nom propre: inversion complexe (très peu employée) — **Het onderwerp is een zn. of een eigennaam: complexe inversie (heel weinig gebruikt)**

Ses amis viennent-ils? — Komen zijn vrienden?
Paul joue-t-il de la guitare? — Speelt Paul gitaar?
Tes parents veulent-ils rénover leur appartement? — Willen je ouders hun flat renoveren?
Tes amis vont-ils louer une maison? — Gaan je vrienden een huis huren?

6.2 La question avec mot interrogatif

que?	wat?	(depuis) quand?	(sedert) wanneer?
qui?	wie?	à partir de quand?	vanaf wanneer?
avec qui? / pour qui?	met wie? / voor wie?	jusqu'à quand?	tot wanneer?
comment?	hoe?	combien de fois?	hoeveel keer?
de quelle manière?	op welke manier?	combien de temps?	hoelang?
où? / d'où?	waar? / van waar?	à quelle heure?	hoe laat?
pourquoi?	waarom?	en quelle année?	in welk jaar?

VOIR AUSSI quel? lequel?, n° 70-71

6.2.1 Avec intonation

Question très fréquente dans la langue parlée — **Veel gebruikte vraagvorm in de spreektaal**

a

Mot interrogatif à la fin de la phrase — **Vraagwoord op het einde van de zin**

Vous partez <u>à quelle heure</u>? — Hoe laat vertrekken jullie?
Tu as dansé <u>avec qui</u>? — Met wie heb je gedanst?
C'est fait <u>en quoi</u>? — Waarvan is het gemaakt?

b

Mot interrogatif au début de la phrase — **Vraagwoord in het begin van de zin**

<u>Combien de temps</u> il faut pour aller à Londres? — Hoeveel tijd heb je nodig om naar Londen te gaan?
<u>D'où</u> tu viens? — Vanwaar kom je?
<u>Combien de fois</u> on doit changer? — Hoeveel keer moeten we overstappen?
<u>Pourquoi</u> tu es fâchée maintenant? — Waarom ben je nu boos?

6.2.2 Avec «est-ce que»

Mot interrogatif + est-ce que + sujet + verbe + …?

À quelle heure est-ce que vous arrivez? — Hoe laat komen jullie aan?
Avec qui est-ce que tu as chatté? — Met wie heb je gechat?
Quelle chanson est-ce qu'on a entendue? — Welk liedje hebben we gehoord?
En quoi est-ce que c'est fait? — Waarvan is het gemaakt?
Comment est-ce que ces étudiants voyagent? — Hoe reizen die studenten?
Où est-ce que Hélène va habiter? — Waar gaat Hélène wonen?
Quand est-ce que ces sportifs se sont entraînés? — Wanneer hebben die sportlui getraind?

6.2.3 Avec inversion

Peu employée dans la langue parlée — **Weinig gebruikt in de spreektaal**

a

Quand le sujet est un pronom personnel, «ce», «on»: INVERSION SIMPLE — **Als het onderwerp een pers. vn.,«ce» of «on» is: eenvoudige inversie**

Mot interrogatif + verbe - sujet + …?

À quelle heure	partez-vous?	Hoe laat vertrekken jullie?
Avec qui	as-tu été en voyage?	Met wie ben je op reis geweest?
Quel chanteur	a-t-on entendu?	Welke zanger hebben we gehoord?
Quand	vont-ils déménager?	Wanneer gaan ze verhuizen?
En quoi	est-ce fait?	Waarvan is het gemaakt?

b

Quand le sujet est un substantif ou un nom:	Als het onderwerp een zn. of een naam is

Mot interrogatif + verbe + sujet + …?

Comment	voyagent	ces étudiants?	Hoe reizen die studenten?
Où	va travailler	Julie?	Waar gaat Julie werken?
Quand	se sont entraînés	ces sportifs?	Wanneer hebben die sportlui getraind?

Mot interrogatif + sujet + verbe - pron. pers. sujet + …?
(très peu employée) — (heel weinig gebruikt)

Comment	ces étudiants	voyagent-ils?	Hoe reizen die studenten?
Où	Emma	va-t-elle habiter?	Waar gaat Emma wonen?
Quand	ces sportifs	se sont-ils entraînés?	Wanneer hebben die sportlui getraind?

339 6.2.4 Remarques sur la question avec inversion

a

L'inversion avec «je» est seulement possible avec certains verbes: — Inversie met «je» is enkel mogelijk met bepaalde werkwoorden:

Et maintenant, que <u>vais-je</u> faire? — En wat ga ik nu doen?
<u>Dois-je</u> répondre à son message? — Moet ik antwoorden op zijn bericht?
Comment et où <u>puis-je</u> vous joindre? — Hoe en waar kan ik u bereiken?
Que <u>sais-je</u>? — Wat weet ik?
Que <u>dis-je</u>? — Wat zeg ik?
Que <u>vois-je</u>? — Wat zie ik?

340 b

CAS SPÉCIAUX (surtout dans la langue écrite) — **SPECIALE GEVALLEN (vooral in de schrijftaal)**

- **Avec ÊTRE verbe indépendant**
  → inversion simple
  Où **sont** les adresses des clients?
  Comment **est** ta copine?
  Quelle **était** son adresse ancienne?

  Met ÊTRE als zelfstandig ww.
  → eenvoudige inversie
  Waar zijn de adressen van de klanten?
  Hoe is je vriendin?
  Welk was zijn vroeger adres?

- **Avec POURQUOI → inversion complexe**
  Pourquoi ces enfants rient-ils?
  Pourquoi tes cousins veulent-ils partir?
  Pourquoi ses copines ont-elles tant ri?

  Met POURQUOI → complexe inversie
  Waarom lachen die kinderen?
  Waarom willen je neven vertrekken?
  Waarom hebben haar vriendinnen zo gelachen?

- **Avec plus de 3 éléments**
  → inversion complexe (peu employée)

  Met meer dan 3 elementen
  → complexe inversie (weinig gebruikt)

1	2	3	4
Combien de temps	ta mère	va-t-elle travailler	dans le jardin?
À qui	ta sœur	pense-t-elle	toute la journée?
Comment	ces enfants	ont-ils passé	le week-end?

Hoelang zal je moeder in de tuin werken?
Aan wie denkt je zus de hele dag?
Hoe hebben de kinderen het weekend doorgebracht?

ATTENTION
le groupe verbal forme <u>un</u> élément.
Exemples: va travailler / ont passé

LET OP
De werkwoordgroep vormt één geheel.

6.3 La traduction de «wie?» «wat?»   341

6.3.1 COD (complément d'objet direct)

a Avec intonation

	Sujet	verbe	qui / quoi	?
WIE	Ils	appellent	**qui**	?
	Maud	a rencontré	**qui**	?
WAT	Vous	voulez	**quoi**	?
	Tu	as acheté	**quoi**	?

Ils appellent **les enfants**.	Ze roepen de kinderen.
Elle a rencontré **son copain**.	Ze heeft haar vriend ontmoet.
Nous voulons **des oranges**.	We willen sinaasappelen.
J'ai acheté **de l'eau**.	Ik heb water gekocht.

WIE roepen ze?
WIE heeft Maud ontmoet?
WAT willen jullie?
WAT heb je gekocht?

b Avec «est-ce que»

	Qui / Qu'	est-ce que	sujet	verbe	?
WIE	Qui	est-ce que	vous	appelez	?
	Qui	est-ce qu'	ils	attendent	?
	Qui	est-ce que	Maud	a rencontré	?
	Qui	est-ce que	les copains	vont inviter	?
WAT	Qu'	est-ce que	vous	voulez	?
	Qu'	est-ce qu'	il	a dit	?
	Qu'	est-ce que	tes parents	vont faire	?

Wie roepen jullie?
Wie verwachten ze?
Wie heeft Maud ontmoet?
Wie zullen de vrienden uitnodigen?
Wat willen jullie?
Wat heeft hij gezegd?
Wat zullen je ouders doen?

c Inversion simple (verbe-sujet)

	Qui / Que	verbe auxiliaire	sujet	participe passé / infinitif	?
WIE	Qui	appellent-	ils		?
	Qui	a -t-	elle	rencontré	?
WAT	Que	voulez-	vous	faire	?
	Qu'	as-	tu	acheté	?
	Qu'	ont fait	ces soldats		?

Wie roepen ze?
Wie heeft ze ontmoet?
Wat willen jullie doen?
Wat heb je gekocht?
Wat hebben die soldaten gedaan?

d Inversion complexe (très peu employée)

	Qui	sujet	verbe-pron. pers. sujet	participe passé / infinitif	?
WIE	Qui	Pauline	voit-elle		?
	Qui	Maud	a-t-elle	rencontré	?
	Qui	tes copains	vont-ils	inviter	?
	Qui	le voisin	a-t-il	entendu	?

Wie ziet Pauline?
Wie heeft Maud ontmoet?
Wie zullen je vrienden uitnodigen?
Wie heeft de buurman gehoord?

ATTENTION
Avec que : inversion complexe impossible

6.3.2 Sujet

	Sujet	verbe	?
WIE	Qui (est-ce qui)	fait du bruit	?
	Qui (est-ce qui)	est tombé	?
	Qui (est-ce qui)	arrive là	?
WAT	Qu'est-ce qui	fait du bruit	?
	Qu'est-ce qui	est tombé	?
	Qu'est-ce qui	ne marche plus	?

WIE maakt er lawaai?
WIE is er gevallen?
WIE komt daar aan?
WAT maakt er lawaai?
WAT is er gevallen?
WAT werkt niet meer?

Nos voisins font du bruit.
Isabelle est tombée.
Nos copains arrivent!

Onze buren maken lawaai.
Isabelle is gevallen.
Onze vrienden komen aan.

Les tondeuses font du bruit.
Le portable est tombé.
L'imprimante ne marche plus.

De grasmaaiers maken lawaai.
De gsm is gevallen.
De printer werkt niet meer.

ATTENTION
Le verbe de la question se trouve à la 3ᵉ personne singulier, mais pas nécessairement celui de la réponse.

LET OP
In de vraag staat het ww. altijd in de 3ᵉ pers. enk., maar niet noodzakelijk in het antwoord.

6.3.3 Après une préposition (à, avec, de, sur, pour…)

À QUI? DE QUI? SUR QUI? …
À QUOI? DE QUOI? SUR QUOI? …

AAN WIE? OVER WIE? OP WIE? …
WAARAAN? WAARVAN? WAAROP? …

a Avec intonation

Il pense **à qui**?   Il pense à **sa copine**.
Tu as rêvé **de qui**?   J'ai rêvé de **mon cousin**.
Le patron comptera **sur qui**?   Il comptera **sur sa secrétaire**.

Hij denkt aan zijn vriendin.
Ik heb van mijn neef gedroomd.
Hij zal op zijn secretaresse rekenen.

Fabien pense **à quoi**?   Il pense à **son reportage**.
Vous avez discuté **de quoi**?   Nous avons discuté **du prix**.
Le plombier va réparer ça **avec quoi**?   Il va réparer ça **avec de la silicone**.

Hij denkt aan zijn reportage.
We hebben over de prijs gediscussieerd.
Hij zal het herstellen met silicone.

b Avec «est-ce que»

À qui est-ce qu'il pense?
De qui est-ce que tu as rêvé?
Sur qui est-ce que le patron comptera?

Aan wie denkt hij?
Van wie heb je gedroomd?
Op wie zal de baas rekenen?

À quoi est-ce que Fabien pense?
De quoi est-ce que tu as rêvé?
Avec quoi est-ce que le plombier va réparer ça?

Waar denkt Fabien aan?
Waar heb je van gedroomd?
Waarmee zal de loodgieter dat herstellen?

c Avec inversion simple (peu employée)

À qui pense-t-il?
De qui as-tu rêvé?
Sur qui comptera le patron?

Aan wie denkt hij?
Van wie heb je gedroomd?
Op wie zal de baas rekenen?

À quoi te fait penser cette musique?
De quoi as-tu discuté?
Avec quoi va-t-on réparer ça?

Waar doet die muziek je aan denken?
Waarover hebben jullie gediscussieerd?
Waarmee zullen we dat herstellen?

d Avec inversion complexe (très peu employée)

Sur qui le patron comptera-t-il? | Op wie zal de baas rekenen?
Contre qui les gens ont-ils manifesté? | Tegen wie hebben de mensen gemanifesteerd?
Avec qui Julien partira-t-il? | Met wie zal Julien op reis gaan?

De quoi ton frère a-t-il parlé? | Waarover heeft je broer gesproken?
Avec quoi les ouvriers construiront-ils ce mur? | Waarmee zullen de arbeiders die muur bouwen?
À quoi ses sœurs ont-elles pensé? | Waar hebben haar zussen aan gedacht?

6.3.4 Qui = attribut (avec «être»)

344

Qui es-tu? — Je suis la sœur de Fabien. | Wie ben je? - Ik ben de zus van Fabien.
Qui étaient ces jeunes gens? — Nos copains de classe. | Wie waren die jongeren? - Onze klasvrienden.

Qui êtes-vous? — Les parents de Jean. | Wie bent u? - De ouders van Jan.

345

ATTENTION | **LET OP**

a

Expressions | **Uitdrukkingen**

Qui est-ce? | Wie is het?
Qu'est-ce qu'il y a? | Wat is er?
Qu'est-ce que c'est? | Wat is het?
Qu'est-ce qui se passe? | Wat gebeurt er?
Qu'est-ce qui est arrivé? | Wat is er gebeurd?
Tu fais quoi ce soir? | Wat doe je vanavond?
Quoi de neuf? | Wat nieuws?
C'est quoi, ça? | Wat is dat?
Que puis-je faire pour vous? | Wat kan ik voor u doen?
De quoi s'agit-il? | Waarover gaat het?

346

b

Pas de préposition en français | **Met voorzetsel in het Nederlands**

QU'EST-CE QUE tu attends? | Waar wacht je op?   [~~op~~]
QU'attends-tu? Tu attends QUOI?

QU'EST-CE QU'ils regardent? | Waar kijken ze naar?   [~~naar~~]
QUE regardent-ils? Ils regardent QUOI?

QU'EST-CE QUE ta sœur aime? | Waar houdt je zus van?   [~~van~~]
Ta sœur aime QUOI?

QU'EST-CE QUE vous écoutez? | Waar luisteren jullie naar?   [~~naar~~]
Vous écoutez QUOI?
QU'écoutez-vous?

347

c

Devant une voyelle ou un h muet | **Voor een klinker of een doffe h**

QUI reste toujours QUI | QUI blijft QUI
QUOI reste toujours QUOI | QUOI blijft QUOI
QUE devient QU' | QUE wordt QU'

Qui avez-vous vu hier? | Wie hebben jullie gisteren gezien?
À quoi as-tu pensé? | Waar heb je aan gedacht?
Qu'ont-ils copié? | Wat hebben ze gekopieerd?

7 La question indirecte

| QUESTION DIRECTE | → | QUESTION INDIRECTE |

7.1

| **Question sans mot interrogatif** | → | **… si + sujet + verbe + …** |

Ma cousine viendra?
Est-ce que ma cousine viendra?
Ma cousine viendra-t-elle?

Je me demande **si** ma cousine viendra.
Ik vraag me af <u>of</u> mijn nicht zal komen.

Vous aimeriez ce film?
Aimeriez-vous ce film?

Elle ne peut pas dire **si** vous aimeriez ce film.
Ze kan niet zeggen <u>of</u> jullie van die film zouden houden.

Les voisins sont partis?
Est-ce que les voisins sont partis?

Il aimerait savoir **si** les voisins sont partis.
Hij zou willen weten <u>of</u> de buren vertrokken zijn.

Tobias a toutes ces BD-là?
Est-ce que Tobias a toutes ces BD-là?

Tu sais **si** Tobias a toutes ces BD-là?
Weet je <u>of</u> Tobias al die strips heeft?

Ils viennent ce soir?
Est-ce qu'ils viennent ce soir?
Viennent-ils ce soir?

Nous voudrions savoir **s'**ils viennent ce soir.
We zouden willen weten <u>of</u> ze vanavond komen.

C'est vrai?
Est-ce que c'est vrai?
Est-ce vrai?

Dites-moi **si** c'est vrai.
Zeg me <u>of</u> het waar is.

7.2

| **Question avec mot interrogatif** | → | **… mot interrogatif + sujet + verbe …** |

Elle est partie **où**?

Savez-vous **où** elle est partie?
Weet u waarheen ze vertrokken is?

Comment ont-ils eu cet accident?

Il se demande **comment** ils ont eu cet accident.
Hij vraagt zich af hoe ze dat ongeval gehad hebben.

Pourquoi est-ce qu'il ne réussirait pas?

Je voudrais savoir **pourquoi** il ne réussirait pas.
Ik zou willen weten waarom hij niet zou slagen.

À quelle heure est-ce que Julie arrive?

Il se demande **à quelle heure** Julie arrive.
Hij vraagt zich af hoe laat Julie aankomt.

7.3

| **Question «wie»** | → | **«wie» = qui** |

Qui (est-ce qui) a fait ce travail?

Je me demande **qui** a fait ce travail.
Ik vraag me af wie dat werk gedaan heeft.

Qui est-ce que tu as vu?

Je voudrais savoir **qui** tu as vu.
Ik zou willen weten wie je gezien hebt.

Elle a écrit à **qui**?

Il ne peut pas dire **à qui** elle a écrit.
Hij kan niet zeggen naar wie ze geschreven heeft.

QUESTION DIRECTE	→	QUESTION INDIRECTE

7.4   351

Question «wat»	→	«wat» = ce qui / ce que / quoi
Qu'est-ce qui est arrivé?		Elle se demande **ce qui** est arrivé.
		Ze vraagt zich af wat er gebeurd is.
Qu'est-ce que ces gens ont entendu?		Je ne sais pas **ce que** ces gens ont entendu.
		Ik weet niet wat die mensen gehoord hebben.
Elle va acheter **quoi**?		Nous nous demandons **ce qu'**elle va acheter.
		We vragen ons af wat ze gaat kopen.
À **quoi** pensais-tu tout à l'heure?		Je voudrais savoir **à quoi** tu pensais tout à l'heure.*
		Ik zou willen weten waar je zojuist aan dacht.
Avec **quoi** a-t-elle fait ce dessert?		Les invités demandent <u>avec</u> **quoi** elle a fait ce dessert.*
		De genodigden vragen waarmee ze dat nagerecht gemaakt heeft.
<u>Sur</u> **quoi** vas-tu dessiner?		Le prof demande <u>sur</u> **quoi** tu vas dessiner.*
		De leraar vraagt waarop je zal tekenen.

Question directe	→	**Question indirecte**
Directe vraag		Indirecte vraag
qu'est-ce qui (= sujet)	→	ce qui
qu'est-ce que / que / quoi (= COD)	→	ce que
préposition + quoi	→	préposition + quoi

VOIR AUSSI ce + pronom relatif, n° 75

*ATTENTION
Dans la question indirecte, pas d'inversion verbe-sujet.

OPGELET
In de indirecte vraag, geen inversie ww.-onderwerp.

8 Le discours indirect

Dans le discours <u>direct</u>, on cite les paroles de quelqu'un telles qu'elles ont été dites. On met ces paroles entre guillemets.	In de <u>directe</u> rede citeert men de woorden van iemand zoals ze gezegd zijn. Men zet die woorden tussen aanhalingstekens.
Dans le discours <u>indirect</u>, on rapporte les paroles de quelqu'un de manière indirecte après un verbe introducteur, par exemple: • affirmer que • déclarer que • dire que • expliquer que • prétendre que • répéter que • etc.	In de <u>indirecte</u> rede haalt men de woorden van iemand onrechtstreeks aan, na een inleidend werkwoord, bijvoorbeeld: • verzekeren dat • verklaren dat • zeggen dat • uitleggen dat • beweren dat • herhalen dat • enz.

8.1

DISCOURS DIRECT	→	DISCOURS INDIRECT
Dire (…) + «impératif»	→	**dire (…) de (ne pas) + infinitif**

Après l'accident, l'ambulancier dit / a dit au blessé:
Na het ongeluk zegt de ambulancier aan de gewonde / heeft de ambulancier aan de gewonde gezegd:

«Restez tranquille.» 'Blijf rustig.'	L'ambulancier dit / a dit au blessé <u>de</u> rester tranquille. De ambulancier zegt / heeft gezegd rustig te blijven.
«Respirez calmement.» 'Adem rustig.'	Il demande / a demandé <u>de</u> respirer calmement. Hij vraagt / heeft gevraagd rustig te ademen.
«Ne bougez pas.» 'Beweeg niet.'	Il conseille / a conseillé <u>de</u> ne pas bouger. Hij raadt / raadde aan niet te bewegen.
«Ne vous inquiétez pas.» 'Wees niet ongerust.'	Il dit / a dit <u>de</u> ne pas s'inquiéter. Hij zegt / heeft gezegd niet ongerust te zijn.

8.2

DISCOURS DIRECT	→	DISCOURS INDIRECT
Dire (…) au présent + «présent / futur / passé»	→	**dire (…) que + présent / futur / passé**

Le blessé dit:
De gewonde zegt:

«J'ai mal à la tête.» 'Ik heb hoofdpijn.'	Le blessé dit qu'il a mal à la tête. De gewonde zegt dat hij hoofdpijn heeft.
«Une voiture m'a renversé.» 'Een wagen heeft me omvergereden.'	Il dit qu'une voiture l'a renversé. Hij zegt dat een wagen hem omvergereden heeft.
«Je n'ai jamais de chance.» 'Ik heb nooit geluk.'	Il dit qu'il n'a jamais de chance. Hij zegt dat hij nooit geluk heeft.

ATTENTION la structure de la phrase (sujet + verbe + …) reste la même en français, pas en néerlandais.	**LET OP** De structuur van de zin (onderwerp+ werkwoord+ …) verandert niet in het Frans, maar wel in het Nederlands.

8.3

DISCOURS DIRECT	→	DISCOURS INDIRECT	
Dire (…) au passé	+ «présent»	→	dire (…) que + imparfait
	+ «imparfait»		que + imparfait
	+ «futur»		que + conditionnel présent
	+ «passé composé»		que + plus-que-parfait

Un témoin a déclaré:
Een getuige heeft verklaard:

«Le cycliste est dans son droit.»
'De fietser is in zijn recht.'

«Le feu était au vert.»
'Het licht stond op groen.'

«Il faudra avertir sa femme.»
'We zullen zijn vrouw moeten verwittigen.'

«L'automobiliste est passé au rouge.»
' De autobestuurder is door het rood gereden.'

Un témoin a déclaré que le cycliste était dans son droit.
Een getuige heeft verklaard dat de fietser in zijn recht was.

Il a affirmé que le feu était au vert.
Hij heeft bevestigd dat het licht op groen stond.

Il a dit qu'il faudrait avertir sa femme.
Hij heeft gezegd dat men zijn vrouw zou moeten verwittigen.

Il a ajouté que l'automobiliste était passé au rouge.
Hij heeft eraan toegevoegd dat de bestuurder door het rood licht gereden was.

REMARQUE
Après DIRE (…) au passé composé, on emploie parfois les mêmes temps qu'au présent.
On insiste alors sur le fait que ce qu'on rapporte est toujours pareil en ce moment.

OPMERKING
Na ZEGGEN (…) in de v.t.t. gebruikt men soms dezelfde tijden als in de t.t.
Men benadrukt dan dat het aangehaalde feit nog niet veranderd is.

Yves a dit: «Mon fils est malade.»
→ Yves a dit que son fils est malade.
   (Il est toujours malade.)

Éline a dit: «Je viendrai la semaine prochaine.»
→ Elle a dit qu'elle viendra la semaine prochaine.
   (C'est toujours la semaine prochaine.)

Yves heeft gezegd: 'Mijn zoon is ziek.'
→ Hij heeft gezegd dat zijn zoon ziek is.
   (Hij is nog steeds ziek.)

Eline heeft gezegd: 'Ik zal volgende week komen.'
→ Ze heeft gezegd dat ze volgende week zal komen.
   (Het is nog steeds volgende week.)

ATTENTION
aux pronoms personnels et aux adjectifs possessifs!
Les changements dans le discours indirect sont les mêmes qu'en néerlandais.

LET OP
de persoonlijke en de bezittelijke voornaamwoorden!
De wijzigingen in de indirecte rede zijn dezelfde als in 't Nederlands.

Il dit: «Je t'écrirai.»
Hij zegt: 'Ik zal je schrijven.'

Il a déclaré: «Mon frère a gagné.»
Hij heeft verklaard: 'Mijn broer heeft gewonnen.'

Il avait dit: «Je n'ai pas ton numéro de portable.»
Hij had gezegd: 'Ik heb je gsm-nummer niet.'

Il dit qu'il m'écrira.
Hij zegt dat hij me zal schrijven.

Il a déclaré que son frère avait gagné.
Hij heeft verklaard dat zijn broer gewonnen had.

Il avait dit qu'il n'avait pas mon numéro de portable.
Hij had gezegd dat hij mijn gsm-nummer niet had.

JE COMMENCE À ÊTRE TELLEMENT CONNU

QUE MÊME QUAND JE NE SUIS PAS DESSINÉ

ON SAIT QUE C'EST MOI

QUATRIÈME PARTIE

Le texte

357 Pour expliquer clairement ses idées, pour faire un texte bien structuré, il faut relier les phrases et les paragraphes.
Dans ce but, on utilise des locutions et des mots de liaison qu'on appelle aussi des articulateurs ou des mots-charnières.

Om je gedachten klaar te verwoorden, om een goed gestructureerde tekst te maken, moet je de zinnen en de paragrafen verbinden. Daartoe gebruik je uitdrukkingen en bindwoorden, die ook scharnierwoorden genoemd worden.

358 1 ON MET DE L'ORDRE

premièrement (ten eerste)	→	deuxièmement / troisièmement … (ten tweede / ten derde …)	→	finalement (ten slotte)
en premier lieu (op de eerste plaats)	→	en deuxième / troisième … lieu (op de tweede / derde … plaats)	→	en dernier lieu (op de laatste plaats)
d'abord (eerst)	→	ensuite (vervolgens) puis (dan)	→	enfin (ten slotte)
pour commencer (om te beginnen)	→	de plus (daarbij) encore (en dan nog) pour continuer (vervolgens)	→	pour terminer (om te eindigen) pour conclure (om te besluiten) pour finir (om af te ronden)

Les changements climatiques posent d'énormes défis. **En premier lieu**, nous devons réduire les émissions de gaz à effet de serre, comme le CO_2. L'industrie, les transports, les ménages, tout le monde doit participer à l'effort. **Ensuite**, il faut passer le plus vite possible aux sources d'énergie renouvelables. L'énergie éolienne et solaire sont des alternatives valables. **Finalement**, il est indispensable de préserver les dernières grandes forêts de la Terre, qui absorbent l'excès de CO_2.

De klimaatwijzigingen vormen enorme uitdagingen. **Op de eerste plaats** moeten we de uitstoot van broeikasgassen verminderen, zoals CO_2. De industrie, het transport, de huishoudens, iedereen moet inspanningen leveren. **Vervolgens** moet men zo snel mogelijk overstappen op hernieuwbare energiebronnen. Wind- en zonne-energie zijn waardevolle alternatieven. **Ten slotte** is het absoluut noodzakelijk om de laatste grote bossen van de aarde – die de overtollige CO_2 opnemen – te vrijwaren.

359 2 ON ILLUSTRE

par exemple (bijvoorbeeld)
ainsi (zo, op die manier)
notamment (meer bepaald)
en particulier (in het bijzonder)
entre autres (onder andere)

Le trafic devient un problème. **Ainsi**, il y a chaque matin de longues files sur les routes. Tout le monde se plaint. Les navetteurs **notamment** perdent des heures dans les files. Ce problème est dû **entre autres** à la capacité insuffisante de notre réseau autoroutier.

Het verkeer wordt een probleem. **Zo** zijn er elke morgen lange files op de wegen. Iedereen klaagt. **Meer bepaald** de pendelaars verliezen uren in de files. Dit probleem is **onder andere** te wijten aan de ontoereikende capaciteit van ons wegennet.

360 3 ON AJOUTE QUELQUE CHOSE

de plus, en plus, en outre (bovendien)
également (ook)
par ailleurs / d'ailleurs (trouwens)
du reste (overigens)
d'autre part (anderzijds)
de même (eveneens)
à cet égard, à ce propos (in dat verband)
sur ce point (wat dit betreft)
en ce qui concerne, quant à (wat betreft)

Observer les oiseaux donne beaucoup de satisfaction. Vous pouvez en attirer beaucoup dans votre jardin avec différentes sortes de nourriture. **Par ailleurs**, une mangeoire en bois ou une nourriture suspendue attirent certaines espèces d'oiseaux. **De plus**, vous pouvez leur offrir de l'eau dans une soucoupe. Installez **également** un nichoir.

Je n'aime pas la musique contemporaine. **De même**, le théâtre moderne me paraît souvent incompréhensible. **D'autre part**, la qualité de la peinture actuelle est très diverse. **Quant au** cinéma, je préfère les films européens. **Sur ce point**, beaucoup de gens sont d'accord avec moi.

Het observeren van vogels geeft veel voldoening. Je kan er veel aantrekken in je tuin met verschillende soorten voeding. **Trouwens**, een voederbakje in hout, of eten dat je ophangt, trekken bepaalde soorten vogels aan. **Bovendien** kun je hen water geven in een schoteltje. En plaats **ook** een nestkastje.

Ik hou niet van hedendaagse muziek. Modern toneel lijkt mij **eveneens** onbegrijpelijk. **Anderzijds** is de kwaliteit van de actuele schilderkunst heel uiteenlopend. **Wat betreft** de cinema, verkies ik de Europese films. **Wat dit betreft** zijn veel mensen het met mij eens.

4 ON OPPOSE — 361

mais (maar) cependant, pourtant (nochtans) or (welnu) toutefois (nochtans, toch) quand même, tout de même (toch) au contraire (daarentegen) en fait / en réalité (in feite) de toute manière (in ieder geval) quoi qu'il en soit (wat het ook zij) **VOIR AUSSI** n° 370	Il faut punir d'une façon ou d'une autre tous les délinquants. **Cependant**, les mineurs ne devraient pas être emprisonnés. **Or**, de plus en plus de délits sont commis par des jeunes de moins de 18 ans, notamment pour pouvoir acheter de la drogue. On sait que la plupart des drogues sont interdites. La consommation de cannabis augmente **quand même**. **En fait**, beaucoup de jeunes ne se rendent pas compte des risques. **Quoi qu'il en soit**, il faudrait que la loi sur la consommation des stupéfiants soit modifiée.	Alle delinquenten moeten op een of andere manier gestraft worden. **Nochtans** zouden de minderjarigen niet opgesloten mogen worden. **Welnu**, meer en meer misdrijven worden begaan door jongeren onder de 18, meer bepaald om drugs te kunnen kopen. We weten dat de meeste drugs verboden zijn. **Toch** stijgt de consumptie van cannabis. **In feite** zijn er veel jongeren zich niet bewust van de risico's. **Wat er ook van zij**, de wet op de consumptie van verdovende middelen zou gewijzigd moeten worden.

5 ON NUANCE — 362

D'une part … d'autre part (enerzijds … anderzijds) d'un côté … de l'autre (enerzijds … anderzijds) non seulement … mais aussi (niet alleen … maar ook) soit … soit (ofwel … ofwel) du moins (tenminste)	La crise économique a des effets paradoxaux. **D'une part**, les consommateurs freinent leurs dépenses alimentaires, **d'autre part**, leur budget de voyages ne diminue pas. **Non seulement** on voyage plus, **mais aussi** plus loin. **Du moins**, c'est ce qu'on lit dans les journaux. **Soit** les gens se moquent des hausses de prix, **soit** ils ont vraiment besoin d'évasion.	De economische crisis heeft tegenstrijdige gevolgen. **Enerzijds** remmen de consumenten hun uitgaven voor voedsel af, **anderzijds** vermindert hun reisbudget niet. Men reist **niet alleen** meer, **maar ook** verder. **Tenminste**, dat leest men in de kranten. **Ofwel** lachen de mensen met de prijsstijgingen, **ofwel** hebben ze echt nood aan 'eruit' zijn.

6 ON EXPLIQUE LES CAUSES — 363

en effet (inderdaad) parce que (omdat) c'est-à-dire (namelijk, anders gezegd) c'est parce que (omdat) la raison en est que (de reden daarvoor is dat) **VOIR AUSSI** n° 368	**C'est parce qu'**au Vietnam une famille a eu l'idée d'un nouveau commerce équitable, qu'est née l'usine «Message in a bottle». Les ouvriers recueillent des bouteilles de limonade vides et leur donnent une seconde vie. **En effet**, ils fabriquent de beaux articles à partir du verre recyclé. Le verre soufflé a une teinte particulière. **La raison en est que** les bouteilles rassemblées ont des coloris variés. Le message est clair, n'est-ce pas?	**Omdat** in Vietnam een familie een fairtrade zaak opstartte, ontstond er een nieuwe fabriek, met de naam 'Message in a bottle'. De arbeiders verzamelen gebruikte limonadeflesjes en geven ze een tweede leven. Ze maken **inderdaad** mooie voorwerpen met het gerecycleerde glas. Het glas dat met de mond geblazen is heeft een bijzondere tint. De mix van kleuren van de oorspronkelijke flessen **is daar de reden voor**. De boodschap is duidelijk, nietwaar?

364 | 7 ON EXPLIQUE LES CONSÉQUENCES

alors (dan)
donc (dus)
ainsi (op die manier)
d'où, ce qui explique que
(wat verklaart dat)
par conséquent, de ce fait
(bijgevolg)
c'est pourquoi, voilà pourquoi,
c'est la raison pour laquelle
(dat is waarom)
pour toutes ces raisons
(omwille van al die redenen)
grâce à cela (dankzij dat)
aussi (+ inversion) (dan ook)

VOIR AUSSI n° 369

Dans les villes et villages, les maisons sont de mieux en mieux isolées et les fissures et les trous dans les bâtiments sont fermés. **De ce fait**, de nombreux endroits de nidification pour oiseaux disparaissent. En outre, les haies et les buissons sont remplacés par des clôtures en métal ou en matières synthétiques. **Par conséquent**, il y a de moins en moins de verdure. Il est **donc** plus difficile pour les oiseaux de trouver un habitat naturel. **Voilà pourquoi** des amoureux d'oiseaux veulent les aider en accrochant un nichoir sur leur balcon ou dans leur jardin. **Ainsi**, moineaux, mésanges et gobe-mouches peuvent profiter d'un abri pendant les jours froids et pluvieux. Ils ont **alors** aussi un lieu pour faire leur nid. **Grâce à cela**, les habitants des villes ont le plaisir d'observer de près la vie des oiseaux.

In steden en dorpen zijn de huizen beter geïsoleerd en kieren en gaten in de gebouwen worden gedicht. **Bijgevolg** verdwijnen talrijke nestplaatsen voor vogels. Bovendien moeten hagen en struiken plaats maken voor schuttingen in metaal en synthetische materialen. **Bijgevolg** is er steeds minder groen. Het is **dus** moeilijker voor de vogels om een natuurlijke huisvesting te vinden. **Daarom** willen vogelliefhebbers hen helpen door een nestkastje op hun balkon of in hun tuin te hangen. **Op die manier** kunnen mussen, meesjes en vliegenvangers genieten van een beschutting tijdens de koude en natte dagen. Ze hebben **dan** ook een plaats om hun nest te bouwen. **Dankzij dat** hebben de stadsbewoners het genoegen om het leven van vogels van nabij te observeren.

365 | 8 ON DONNE SON AVIS

en ce qui me concerne,
pour ma part, quant à moi
(wat mij betreft)
selon moi (volgens mij)

Dans de nombreuses villes, le centre est devenu 'zone piétonnière'. **Pour ma part**, je trouve que c'est une bonne idée. On peut se balader en ville sans devoir faire attention aux voitures. J'aime flâner dans un tel centre, sans le bruit et l'odeur des véhicules à moteur. **Selon moi**, il faudrait transformer toutes les villes importantes de cette façon. Cela rendrait aussi le calme nécessaire aux habitants.

In talrijke steden is het centrum een voetgangerszone geworden. **Wat mij betreft** vind ik dit een goed idee. Je kan in de stad wandelen zonder te moeten opletten voor de auto's. Ik slenter graag in zo'n centrum, zonder het lawaai en de geur van de voertuigen. **Volgens mij** zouden alle belangrijke steden op die manier hun centrum moeten organiseren. Dit zou ook de nodige rust teruggeven aan de bewoners.

366 | 9 ON CONCLUT

bref (kortom)
finalement (tenslotte)
en fin de compte (uiteindelijk)
pour résumer (samenvattend)
donc (dus)
dans l'ensemble
(in het geheel genomen)
en somme (eigenlijk, alles in aanmerking genomen)
tout bien considéré
(op de keper beschouwd)

Le réchauffement de la planète est un phénomène global. **Finalement**, tout le monde devra prendre ses responsabilités. **Pour résumer**, on peut dire que les pays les plus industrialisés doivent faire les plus gros efforts. **En somme**, il s'agit de préserver l'avenir de notre planète. **Bref**, il faut aujourd'hui penser à l'intérêt des générations futures.

De opwarming van de planeet is een globaal fenomeen. **Tenslotte** zal iedereen zijn verantwoordelijkheid moeten nemen. **Samenvattend** kan men zeggen dat de meest geïndustrialiseerde landen de grootste inspanningen moeten leveren. Het komt er **eigenlijk** op neer de toekomst van onze planeet te vrijwaren. **Kortom,** vandaag moeten we denken aan het belang van de komende generaties.

CINQUIÈME PARTIE

L'expression de ...

1 Exprimer le but

1.1 Mots de liaison

pour cela (daarvoor)	C'est un grand travail à faire. **Pour cela**, elle va se libérer.	Het is een groot werk. **Daarvoor** zal ze zich vrijmaken.
à cet effet (daartoe)	Ils veulent utiliser cette pièce en hiver aussi. **À cet effet**, ils installent un poêle à bois.	Ze willen die ruimte ook in de winter gebruiken. **Daartoe** installeren ze een houtkachel.

1.2 Prépositions + substantif

pour (voor)	Il a passé des tests **pour** ce travail.	Hij heeft een test afgelegd **voor** dit werk.
en vue de (met het oog op)	Ils préparent leur programme **en vue des** élections.	Ze bereiden een programma voor **met het oog op** de verkiezingen.

1.3 Prépositions + infinitif

pour, afin de (om te)	**Pour** simplifier le schéma, j'élimine une colonne.	**Om** het schema **te** vereenvoudigen verwijder ik een kolom.
dans le but de (met de bedoeling te)	Elle a été à la salle d'exposition **afin de** pendre ses tableaux.	Ze is naar de tentoonstellingsruimte gegaan **om** haar schilderijen op **te** hangen.
	Il suit un cours d'informatique, **dans le but de** trouver un emploi dans ce secteur.	Hij volgt een cursus informatica, **met de bedoeling** werk **te** vinden in die sector.
de peur de (uit vrees te)	**De peur de** manquer le train, elles sont parties bien à l'avance.	**Uit vrees** de trein **te** missen, zijn ze heel vroeg vertrokken.
de façon à, de manière à (om te)	Dans le train, elle s'est assise à la fenêtre **de manière à** pouvoir regarder le paysage.	In de trein is ze aan het raam gaan zitten, **om** het landschap **te** kunnen zien.

1.4 Conjonctions + subjonctif

pour que / afin que (opdat)	Il parle lentement, **pour qu'**on le comprenne.	Hij spreekt traag, **opdat** men hem zou begrijpen.
de manière que, de façon que, de sorte que (zodat)	Voudrais-tu écrire plus clairement, **de sorte que** je puisse lire ton texte?	Zou je duidelijker willen schrijven, **zodat** ik je tekst kan lezen?
	On a installé une chatière, **de façon que** Minou puisse sortir.	We hebben een kattenluikje geplaatst, **zodat** Minou buiten kan.
de peur que (uit vrees dat) VOIR n° 303	Il cache son visage, **de peur qu'**on le reconnaisse.	Hij verbergt zijn gezicht, **uit vrees dat** men hem herkent.

1.5 Subordonnée relative au subjonctif

VOIR n° 307	Je cherche un livre en français **qui** ne soit pas trop difficile.	Ik zoek een Frans boek **dat** niet te moeilijk is.

2 Exprimer la cause

2.1 Prépositions + substantif

par (uit, door, per)	Il l'a fait **par** devoir. Ce message a été envoyé **par** erreur.	Hij heeft het gedaan **uit** plichtsbesef. Deze boodschap werd **per** vergissing verstuurd.
grâce à (dankzij)	**Grâce à** son calme, elle a évité une dispute.	**Dankzij** haar kalmte heeft ze een ruzie vermeden.
à cause de (omwille van)	Il a renversé cette tasse **à cause de** sa nervosité.	Hij heeft dat kopje omver gegooid **door** zijn zenuwachtigheid.
pour cause de (wegens)	Ce magasin est fermé, **pour cause de** travaux de rénovation.	Deze winkel is gesloten **wegens** renovatiewerken.
vu, étant donné (gezien)	**Étant donné** son âge avancé, elle monte difficilement l'escalier.	**Gezien** haar hoge leeftijd, gaat ze met moeite de trap op.
en raison de (omwille van)	Il a été licencié **en raison de** ses multiples absences.	Hij is afgedankt **omwille van** zijn vele afwezigheden.
faute de (bij gebrek aan)	**Faute d'**argent, on ne pourra pas faire de voyage lointain cette année.	**Bij gebrek aan** geld zullen we dit jaar geen verre reis kunnen maken.

2.2 Prépositions + infinitif

à force de (door voortdurend te)	**À force de** répéter la même chose, il a fini par nous convaincre.	**Door** voortdurend hetzelfde te herhalen heeft hij ons uiteindelijk overtuigd.
pour (omdat)	On lui a retiré son permis **pour** avoir conduit en état d'ivresse.	Men heeft haar rijbewijs afgenomen **omdat** ze in dronken toestand reed.

2.3 Conjonctions + indicatif

puisque (vermits, aangezien)	**Puisqu'**il est passé au feu rouge, il a eu une contravention.	**Vermits** hij door het rood licht is gereden, kreeg hij een boete.
parce que (omdat)	Je ne pourrai pas venir, **parce que** je ne suis pas libre.	Ik zal niet kunnen komen **omdat** ik niet vrij ben.
car (want)	Ferme la fenêtre, **car** ton petit frère a froid.	Sluit het raam **want** je broertje heeft het koud.
comme, étant donné que, vu que (aangezien)	**Comme** il y a du verglas, on ne sort pas.	**Aangezien** er ijzel is, gaan we niet naar buiten.

2.4 Conjonctions + subjonctif

non que (niet dat)	Je te recommande ce film, **non que** ce soit un chef-d'œuvre, mais il est amusant.	Ik raad je die film aan, **niet dat** het een meesterwerk is, maar hij is leuk.
ce n'est pas que (het is niet dat)	**Ce n'est pas qu'**il soit mauvais, mais je ne prendrai quand même plus de vin.	**Het is niet dat** hij slecht is, maar ik zal toch geen wijn meer nemen.

2.5 Gérondif

VOIR n° 287	Elle s'est fait mal au poignet en faisant du jardinage pendant 4 heures sans s'arrêter. C'est en se promenant sans veste qu'elle a pris froid.	Ze heeft haar pols bezeerd **door** 4 uur onophoudelijk **te** tuinieren. **Door** zonder jas **te** gaan wandelen heeft ze kou gevat.

VOIR AUSSI n° 363

3 Exprimer la conséquence

3.1 Adverbes, mots de liaison

donc, alors (dus)	Je t'aime, **donc** tu peux me faire confiance.	Ik hou van je, **dus** kun je me vertrouwen.
	Il faisait trop chaud, **alors** j'ai ouvert la fenêtre.	Het was te warm, **dus** heb ik een raam geopend.
	Elle n'aime pas ce genre de musique, **alors** elle a éteint la radio.	Ze houdt niet van dat soort muziek, **dus** heeft ze de radio uitgezet.
ainsi (op die manier)	Elle ne mange plus de gâteaux. **Ainsi**, elle espère maigrir.	Ze eet geen koekjes meer. **Op die manier** hoopt ze te vermageren.
par conséquent (bijgevolg)	Le tabac nuit à la santé. **Par conséquent**, je ne fume plus.	Tabak schaadt de gezondheid. **Bijgevolg** rook ik niet meer.
c'est pourquoi (daarom)	Ils sont très fatigués. **C'est pourquoi** ils se sont couchés tôt.	Ze zijn heel moe. **Daarom** zijn ze vroeg gaan slapen.
voilà pourquoi (dat is de reden waarom)	Il lui a fait de la peine, **voilà pourquoi** elle est triste.	Hij heeft haar pijn gedaan, **dat is de reden waarom** ze droevig is.

3.2 Prépositions + infinitif

assez ... pour (... genoeg om te)	Tu es **assez** intelligent **pour** comprendre cela.	Je bent verstandig **genoeg om** dat **te** begrijpen.
trop ... pour (te ... om te)	Ce café est **trop** brûlant **pour** le boire.	Deze koffie is **te** heet **om te** drinken.
au point de (zodanig dat)	La musique était très forte, **au point de** rendre toute conversation impossible.	De muziek stond heel luid, **zodanig dat** elk gesprek onmogelijk was.

3.3 Conjonctions + indicatif

de sorte que, si bien que (zodat)	Il y a eu un accident grave sur la A10, **de sorte que** l'autoroute est fermée.	Er is een zwaar ongeval gebeurd op de A10, **zodat** de autoweg afgesloten is.
si ... que, tellement ... que,	Le film était **si** ennuyeux **qu'**Yves a changé de chaîne.	De film was **zo** vervelend **dat** Yves van zender veranderd is.
	Elle a **tellement** peur d'une agression qu'elle ne prend plus le métro.	Ze heeft **zoveel** angst voor agressie **dat** ze de metro niet meer neemt.
tant ... que (zo / zoveel ... dat)	J'ai **tant** ri **que** j'en ai mal au ventre.	Ik heb **zoveel** gelachen **dat** ik er buikpijn van heb.

3.4 Conjonctions + subjonctif

assez ... pour que (genoeg om)	J'ai attendu **assez** longtemps **pour qu'**on me laisse entrer.	Ik heb lang **genoeg** gewacht **om** te worden binnengelaten.
trop ... pour que (te ... om)	Ces questions sont **trop** difficiles **pour que** j'y réponde tout de suite.	Die vragen zijn **te** moeilijk voor mij **om** er dadelijk op te antwoorden.

VOIR AUSSI n° 303, 364

4 Exprimer l'opposition, la concession

4.1 Adverbes, mots de liaison

mais (maar)	Elle n'a que 6 ans, **mais** elle joue déjà bien du piano.	Ze is nog maar 6 jaar, **maar** speelt al goed piano.
pourtant, cependant (echter, toch)	J'aime bien le vin, **pourtant** je déteste le rosé.	Ik hou van wijn, aan rosé heb ik **echter** een hekel.
toutefois (nochtans, toch)	Il a sans doute raison. **Toutefois**, personne ne le croit.	Hij heeft ongetwijfeld gelijk. **Toch** gelooft niemand hem.
quand même, tout de même (toch)	Ce garçon handicapé joue **quand même** au foot.	Die gehandicapte jongen speelt **toch** voetbal.
par contre, en revanche (daarentegen)	J'adore le massepain. Mon ami, **par contre**, ne l'aime pas du tout.	Ik ben dol op marsepein. Mijn vriend **daarentegen**, lust dat helemaal niet.
au contraire (integendeel)	Je te dérange? Mais non, **au contraire**, je suis contente de t'entendre!	Stoor ik je niet? Maar nee, **integendeel**, ik ben blij je te horen!
en fait (in feite) en réalité (in werkelijkheid)	Il a l'air d'écouter. **En fait / En réalité**, il est en train de rêver.	Hij geeft de indruk te luisteren. **In feite / in werkelijkheid** is hij aan het dromen.

4.2 Prépositions + substantif

malgré (ondanks)	**Malgré** la forte pluie, elle a pris son vélo pour faire des courses.	**Ondanks** de felle regen heeft ze haar fiets genomen om boodschappen te doen.
contrairement à (in tegenstelling tot)	**Contrairement à** leurs habitudes, ils sont rentrés après minuit.	**In tegenstelling tot** hun gewoontes, zijn ze na middernacht teruggekeerd.

4.3 Prépositions + infinitif

au lieu de (in plaats van te)	Viens aider **au lieu de** regarder les mains dans les poches.	Kom helpen **in plaats van te** staan kijken zonder een handje toe te steken.
sans (zonder te)	Pourquoi es-tu partie **sans** nous dire au revoir?	Waarom ben je weggegaan **zonder** ons te groeten?

4.4 Conjonctions + indicatif

même si (zelfs als)	**Même si** c'est difficile, tu ne peux pas abandonner.	**Zelfs al** is het moeilijk, je mag niet opgeven.
tandis que, alors que (terwijl)	Pauline est très sportive, **tandis que** son frère craint tout effort.	Pauline is heel sportief, haar broer **daarentegen** vreest elke inspanning.
	Elle n'étudie pas, **alors qu'**elle a un examen important demain.	Ze studeert niet, **terwijl** ze morgen een belangrijk examen heeft.

VOIR AUSSI n° 361

4.5 Conjonctions + subjonctif

bien que, quoique (alhoewel)	Elle a arrêté de jouer du piano, **bien qu'**elle <u>ait</u> du talent.	Ze is gestopt met piano spelen, **al** heeft ze talent.
qui que (wie ook)	Personne n'entre ici, **qui que** ce <u>soit</u>!	Niemand komt hier binnen, **wie** het **ook** zij!
quoi que (wat ook)	**Quoi que** leur fille <u>fasse</u>, ils ne sont jamais contents d'elle.	**Wat** hun dochter **ook** doet, ze zijn nooit tevreden over haar.
quel … que (wat ook)	Je te suivrai, **quelles que** <u>soient</u> les difficultés!	Ik zal je volgen, **welke** de moeilijkheden **ook** zijn!
où que (waar ook)	**Où que** tu <u>ailles</u>, j'irai avec toi!	**Waar** je **ook** gaat, ik zal met je meegaan!
si … que (hoe ook)	**Si** alléchante **que** <u>soit</u> cette offre, je ne peux l'accepter.	**Hoe** aanlokkelijk dit voorstel **ook** is, ik kan het niet aanvaarden.

VOIR n° 303

4.6 Locution + infinitif

avoir beau	J'**ai beau** <u>chercher</u> partout, je ne trouve plus mon portable.	**Al** zoek ik overal, ik vind mijn gsm niet meer.
	J'**ai eu beau** la <u>prévenir</u>, elle a quand même signé ce document.	**Al** heb ik haar gewaarschuwd, ze heeft toch dat document getekend.

4.7 Gérondif

VOIR n° 287	**Tout en** <u>souriant</u> gentiment, il était en train de tromper les gens.	**Terwijl** hij vriendelijk glimlachte, was hij de mensen aan het bedriegen.

VOIR AUSSI n° 361

5 Exprimer une condition, une hypothèse

5.1 Le conditionnel

| doute, supposition
VOIR n° 293 b, d | Il **ferait** 40 degrés, on **resterait** à l'ombre des arbres. | Was het 40°, dan bleven we in de schaduw van de bomen. |

5.2 Prépositions + substantif

| en cas de (in geval van) | Qui faut-il prévenir **en cas d'**accident? | Wie moeten we verwittigen **in geval van** een ongeluk? |
| sans (zonder) | **Sans** mon GPS, je me serais perdu. | **Zonder** mijn gps was ik verdwaald. |

5.3 Prépositions + infinitif

| à condition de (op voorwaarde dat) | Il a accepté ce boulot **à condition d'**être libre le dimanche. | Hij heeft dat werk aanvaard **op voorwaarde dat** hij vrij is op zondag. |
| à moins de (tenzij) | Il n'est plus possible d'arriver là, **à moins d'**y aller à pied. | Het is niet meer mogelijk om daar te geraken, **tenzij** te voet. |

5.4 Conjonctions + indicatif

si **VOIR** phrase avec SI, n° 294 à 297	Venez ce soir, **si** vous voulez. **Si** tu pouvais comprendre mon problème, ça m'aiderait.	Kom vanavond **als** jullie willen. **Als** je mijn probleem kon begrijpen, zou het me helpen.
au cas où (in geval)	**Au cas où** je serais absente, veuillez déposer le paquet sous l'abri.	**In geval** ik afwezig ben, gelieve het pakje onder het afdak te leggen.
comme si (+ imparfait / plus-que-parfait) (alsof)	Elle est passée à côté de moi, **comme si** je n'existais pas!	Ze is mij voorbij gelopen, **alsof** ik niet bestond!

5.5 Conjonctions + subjonctif

à condition que (op voorwaarde dat)	J'irai à la fête, **à condition que** toi, tu y ailles aussi.	Ik zal naar het feest gaan, **op voorwaarde dat** jij er ook naartoe gaat.
pourvu que (mits, als ... maar)	Nous signerons le contrat, **pourvu que** tout le monde soit d'accord.	We zullen het contract tekenen, **als** iedereen er **maar** mee akkoord gaat.
à moins que (tenzij)	On pourrait sortir ce soir, **à moins que** tu ne sois pas libre.	We zouden kunnen uitgaan vanavond, **tenzij** jij niet vrij bent.

VOIR n° 303

5.6 Gérondif

VOIR n° 287 (2)

| | **En faisant** un petit effort, tu trouveras la solution. | **Als** je een kleine inspanning doet, zal je de oplossing vinden. |

6 Exprimer un moyen, une manière

6.1 Adverbes, locutions

ainsi (zo, op die manier)	Il s'entraîne tous les jours. **Ainsi**, il est devenu champion.	Hij traint elke dag. **Zo** is hij kampioen geworden.
volontiers (graag)	Tu veux encore un peu de café? **Volontiers**.	Wil je nog wat koffie? **Graag.**
exprès (opzettelijk)y	Elle ne l'a pas fait **exprès**, je crois.	Ze heeft het niet **opzettelijk** gedaan, denk ik.
à tort (ten onrechte)	Elle était la première suspecte, mais on l'accuse **à tort**.	Ze was de eerste verdachte, maar men beschuldigt haar **ten onrechte**.
en vain (tevergeefs)	Nous avons attendu 2 heures, **en vain!**	We hebben **tevergeefs** 2 uur gewacht!
peu à peu (geleidelijk aan)	**Peu à peu**, la vérité apparaîtra.	**Geleidelijk aan** zal de waarheid aan het licht komen.
VOIR AUSSI Adverbes de manière, n° 148 à 150		

6.2 Prépositions + substantif

de (met, uit)	Il m'a fait signe **d'**un clin d'œil.	Hij heeft me een teken gegeven **met** een knipoogje.
	J'ai donné son numéro **de** mémoire.	Ik heb haar nummer **uit** het hoofd gegeven.
sans (zonder)	L'ambulance est arrivée **sans** perte de temps.	De ziekenwagen is **zonder** tijdverlies aangekomen.
avec, à, en (met)	Cet athlète a gagné **avec** facilité.	Die atleet heeft **met** gemak gewonnen.
	Il est parti **à** vélo pour un voyage lointain.	Hij is **met** de fiets vertrokken voor een verre reis.
	Je préfère voyager **en** TGV.	Ik verkies te reizen **met** de HST.
VOIR AUSSI Moyens de transport, n°130		

6.3 Prépositions + infinitif

sans (zonder te)	Nous avons traduit le texte **sans** consulter un dictionnaire.	We hebben de tekst vertaald **zonder** een woordenboek **te** raadplegen.

6.4 Conjonction + subjonctif

sans que (zonder dat)	Ils ont gagné un gros lot **sans que** ça se sache. Incroyable, non?	Ze hebben een groot lot gewonnen **zonder dat** iemand het wist. Ongelooflijk, toch?

6.5 Gérondif

	En réfléchissant longtemps, il a trouvé une solution.	**Door** lang na **te** denken, heeft hij een oplossing gevonden.
	Il entretient son français **en chattant** avec une copine de Paris.	Hij onderhoudt zijn Frans **door te** chatten met een vriendin uit Parijs.
VOIR AUSSI n° 287 (3)		

7 Exprimer le temps

7.1 Adverbes, locutions

avant / auparavant (vroeger)	**Avant**, on n'employait pas de tablette à l'école.	**Vroeger** gebruikte men geen tablet op school.
en ce moment (nu, op dit ogenblik)	Il a plein de travail **en ce moment.**	Hij heeft een hoop werk **op dit ogenblik**.
à ce moment (toen, op dat ogenblik)	**À ce moment**, j'étais trop fatiguée pour continuer.	**Toen** was ik te vermoeid om door te gaan.
il y a (… geleden)	J'ai reçu cette lettre **il y a** une semaine.	Ik heb die brief een week **geleden** ontvangen.
dans quinze jours (binnen 14 dagen /2 weken)	Nous reviendrons **dans 15 jours**.	We zullen **binnen 14 dagen /2 weken** terugkeren.

VOIR AUSSI Adverbes de temps, n° 153
Comment situer une action dans le temps? n° 376

7.2 Prépositions + substantif

au bout de (na)	Ils sont arrivés au refuge **au bout de** quatre heures de marche.	Ze zijn in de berghut aangekomen **na** vier uur stappen.
à partir de (vanaf)	**À partir de** lundi, le salon de l'invention sera ouvert au public.	**Vanaf** maandag zal de uitvindersbeurs geopend zijn voor het publiek.
de … à (van … tot)	Nos bureaux sont ouverts **de** 8 heures **à** 17 heures.	Onze kantoren zijn open **van** 8 uur **tot** 17 uur.
jusqu'à (tot)	J'ai dormi **jusqu'à** midi.	Ik heb **tot** de middag geslapen.
dès, depuis (sinds)	**Depuis** son arrivée, tout a changé.	**Sinds** zijn aankomst is alles veranderd.
en (in, binnen de tijd van)	Nous avons fait le trajet **en** une heure.	We hebben het traject afgelegd **in** 1 uur.
dans (over, binnen)	Nous arriverons **dans** 15 minutes.	We komen **over** 15 minuten aan.
	Il faut livrer la commande **dans** le délai prévu.	We moeten de bestelling leveren **binnen** de voorziene termijn.

VOIR AUSSI La préposition, n° 113
Comment situer une action dans le temps? n° 376

7.3 Prépositions + infinitif

avant de (vooraleer te)	**Avant de** partir, vérifiez si vous avez votre passeport.	Controleer of je je reispas mee hebt **vooraleer** je vertrekt.
après (na te)	**Après** s'être entraînés intensément, ils étaient à peine fatigués.	**Na** intense training waren ze nauwelijks vermoeid.
en attendant de (in afwachting dat)	Restez ici, **en attendant de** pouvoir entrer dans la salle.	Blijf hier, **in afwachting dat** je in de zaal kunt gaan.

7.4 Conjonctions + indicatif

quand, lorsque (wanneer, als)	Envoie un message **quand** tu seras arrivé. **Lorsque** le concert est terminé, le public applaudit avec enthousiasme.	Stuur een berichtje **als** je aangekomen bent. **Wanneer** het concert afgelopen is, applaudisseert het publiek enthousiast.
dès que (zodra)	**Dès qu'**il fait beau, ils vont se promener sur la plage.	**Zodra** het mooi weer is, gaan ze op het strand wandelen.
depuis que (sinds)	**Depuis que** je te connais, tu n'as pas changé.	**Sinds** ik je ken ben je niet veranderd.
après que (nadat)	Le calme est revenu **après que** la police est arrivée.	De rust is hersteld **nadat** de politie aangekomen is.
tandis que (terwijl)	Ici, on gaspille de la nourriture, **tandis qu'**ailleurs, des gens meurent de faim.	Hier wordt er voedsel verspild, **terwijl** elders mensen sterven van de honger.
aussi longtemps que (zolang)	**Aussi longtemps qu'**elle n'a pas compris, elle refait la même erreur.	**Zolang** ze het niet begrepen heeft, maakt ze dezelfde fout.
chaque fois que (telkens als)	**Chaque fois que** tu verras cette vidéo, tu penseras à ce séjour merveilleux.	**Telkens als** je deze video ziet, zal je denken aan dit prachtig verblijf.
au moment où (op het ogenblik dat)	**Au moment où** elle est entrée, je l'ai tout de suite reconnue.	**Op het ogenblik dat** ze binnenkwam, heb ik haar dadelijk herkend.

VOIR AUSSI La conjonction, n° 146

7.5 Conjonctions + subjonctif

avant que (vooraleer) jusqu'à ce que (tot)	Partons, **avant qu'**il **(ne)** soit trop tard. Attendez un instant, **jusqu'à ce que** j'aie trouvé une place libre.	Laat ons vertrekken **voor** het te laat is. Wacht een ogenblik **tot** ik een vrije plaats gevonden heb.
en attendant que (in afwachting dat)	**En attendant que** l'ambulance arrive, le témoin donne les premiers soins au blessé.	**In afwachting dat** de ziekenwagen komt, dient de getuige de eerste hulp toe aan de gewonde.

VOIR AUSSI Le subjonctif après une conjonction, n° 303

7.6 Gérondif

VOIR n° 287 (1)	Il dessinait en chantant. Tout en écrivant, les idées viennent.	Hij tekende al zingend. Al schrijvend komen de ideeën.

REMARQUES

1 Comment exprimer la date, le moment?

		Hoe de datum en het ogenblik uitdrukken?	**374**
Quel jour? Welke dag?	**Quel jour sommes-nous**? Nous sommes **le** 2 septembre. **C'est** dimanche. **Le 1ᵉʳ** mai est un jour férié.	**Welke dag is het vandaag**? **Het is** 2 september. **Het is** zondag. **1 mei** is een feestdag.	
Quelle heure? Welk uur? VOIR AUSSI n°109	**Quelle heure est-il?** **Il est 9 heures 20**. Il est 11 heures **pile**. Il est **près de** minuit. Rendez-vous à **4 heures et demie**. **Il est** midi **moins le quart**.	**Hoe laat is het**? **Het is 20 over 9**. Het is **exact** 11 uur. Het is **bijna** middernacht. Afspraak om **half vijf**. **Het is kwart voor twaalf**.	
Quel mois? Welke maand?	Il aura 18 ans **en** avril. Ils se marieront **au mois de** mai.	Hij zal 18 jaar worden **in** april. Ze zullen trouwen **in** mei.	
Quelle saison? Welk seizoen?	**C'est le** printemps. **Au** printemps, la nature est splendide. **en** été / **en** automne / **en** hiver	**Het is** lente. **In de** lente is de natuur prachtig. **in de** zomer / **in de** herfst / **in de** winter	
Quelle année? Welk jaar?	L'Atomium a été ouvert **en** 1958. La conquête de l'espace commence **dans les années** 50 et 60.	Het Atomium is geopend **in** 1958. De verovering van de ruimte begint **in de jaren** 50 en 60.	
Quel siècle? Welke eeuw?	Picasso a vécu **au** XXᵉ **siècle**.	Picasso leefde **in de** XXe eeuw.	

2 Comment exprimer la fréquence?

		Hoe de frequentie uitdrukken?	**375**
chaque (+ **singulier**) elk / elke	**Chaque** lundi, il y a un entraînement de tennis.	**Elke** maandag is er tennistraining.	
tous les / toutes les (+ **pluriel**) elk / elke / alle, om de	**Tous les** week-ends, mon père va regarder un match de foot. **Tous les** 15 jours, on a un test de maths.	**Elk** weekend gaat mijn vader naar een voetbalmatch kijken. **Om de** 14 dagen hebben we een test wiskunde.	
le (+ jour) elk / elke + dag	**Le** samedi matin, on va à la piscine.	**Elke** zaterdagmorgen gaan we naar het zwembad.	
un(e) … sur één … op	**Un** dimanche **sur** deux, on va manger chez mes grands-parents.	**Eén** zondag **op** de twee gaan we eten bij mijn grootouders.	
parfois, quelquefois soms de temps en temps, de temps à autre af en toe souvent dikwijls toujours, tout le temps altijd rarement zelden VOIR AUSSI Adverbes de temps n° 153	Elle est **quelquefois** fâchée, mais elle ne dit jamais pourquoi. **De temps en temps**, on se dispute mais jamais longtemps. Il y a **souvent** des cyclones dans la mer des Caraïbes. Julie sourit **tout le temps**. Il neige **rarement** à Rome.	Ze is **soms** boos, maar ze zegt nooit waarom. **Af en toe** hebben we ruzie maar nooit lang. Er zijn **dikwijls** wervelstormen in de Caraïbische Zee. Julie glimlacht **altijd**. Het sneeuwt **zelden** in Rome.	

3 Comment situer une action dans le temps?   Hoe een handeling in de tijd situeren?

UNE ACTION

dans le passé	in het verleden	dans le présent	in het heden	dans le futur	in de toekomst
(avant-)hier il y a 3 jours	(eer)gisteren 3 dagen geleden	aujourd'hui	vandaag	(après-)demain dans 15 jours dans les 3 jours	(over)morgen over 14 dagen binnen de 3 dagen
la semaine passée / dernière	vorige week	cette semaine	deze week	la semaine prochaine la semaine d'après	volgende week de week nadien
le mois dernier / passé	vorige maand	ce mois	deze maand	le mois prochain	volgende maand
l'année dernière / passée	vorig jaar	cette année	dit jaar	l'année prochaine	volgend jaar
le siècle dernier / passé	vorige eeuw	ce siècle	deze eeuw	le siècle prochain	volgende eeuw
la veille l'avant-veille	de dag voordien 2 dagen voordien			le lendemain le surlendemain	de dag nadien de 2ᵉ dag daarna
à ce moment	toen, op dat ogenblik	en ce moment	nu, op dit ogenblik	à ce moment-là	dan, op dat ogenblik
autrefois jadis auparavant avant	vroeger	actuellement à présent maintenant	tegenwoordig nu nu	tout de suite tout à l'heure bientôt plus tard	onmiddellijk straks weldra later
		dès maintenant à partir de maintenant	van nu af aan	désormais dorénavant à l'avenir	voortaan

SIXIÈME PARTIE

La prononciation

1 L'alphabet phonétique international

Voyelles (klinkers)		**Consonnes** (medeklinkers)		**Semi-consonnes** (halfklinkers)	
[a]	patte	[b]	beau	[j]	pied, paille
[ɑ]	pâte	[d]	dans	[w]	oui, wallon
[e]	été	[f]	fameux, photo	[ɥ]	lui, puis
[ə]	le	[g]	gare		
[ɛ]	mère	[k]	cou, qui		
[i]	il	[l]	lent		
[ɔ]	donne	[m]	mais		
[o]	dos, eau	[n]	nous		
[œ]	peur	[ɲ]	gagner		
[ø]	bleu	[p]	père		
[u]	genou	[R]	rouge		
[y]	rue	[s]	saint, ça, cent, passe		
Voyelles nasales		[ʃ]	chat		
[ɑ̃]	blanc, cent	[t]	tasse		
[ɛ̃]	vin, saint, rein	[v]	vert		
[ɔ̃]	bon	[z]	zéro		
[œ̃]	brun	[ʒ]	jeu, agent		

REMARQUES

1 Dans les dictionnaires français, le «h aspiré» est indiqué par le signe [ˊ]. Cela signifie qu'on ne fait pas de liaison.

les héros: [lɛˊeRo] >< les zéros: [lɛzeRo]

VOIR AUSSI Les lettres, n° 3, 4

2 Dans Grammaire Trajet, nous mettons parfois des tuyaux de prononciation pratiques, sans référence aux signes phonétiques, entre { }. Cela pour éviter toute confusion.

Tous sont venus. {tous}

OPMERKINGEN

In de Franse woordenboeken duidt men de «aangeblazen h» aan met het teken [ˊ]. Dit betekent dat men geen verbinding maakt.
de helden >< de nullen

In Grammaire Trajet zetten we soms praktische uitspraaktips, zonder verwijzing naar de fonetische tekens, tussen { }. Dit om verwarring te vermijden.

Ze zijn allemaal gekomen.

2 Quelques problèmes de prononciation

1 CH [ʃ] → CHARLES, CHARLOTTE

chiffre, chapeau, chien, chat, acheter, achats, cheville, chaise, planche

2 J [ʒ] → JULIEN, JULIE, JULES

jouer, jaune, jeune, jeunesse, rejeter, jeton, projeter

3 GE / GI [ʒ] → GEORGES, GILBERT

nous mangeons, elles nageaient, nous changions, le genre, la rougeole
généralement, c'est au gérondif, il juge que c'est courageux
la gym, les gens, le geste, elle a arrangé, ranger, rougir
singe, orange, mélanger, un gîte, une girafe, un régime

4 GA, GO, GU
G devant une consonne [g] → «GAMEBOY»

gouache, gorge, gueule, gants, gosse, dialogue, guitare, rigoler, gare, garantie, garage, aigu, gomme, gourmand, guide, guichet, guérir

grand, gros, gris, règle, grâce, agrandir, grossir, aigle, vinaigre, maigre, grave, grappe, grec, glace, glisser, gloria

5 ATTENTION GN [ɲ] → AGNÈS

épargner, épargne, champignon, cigogne, Bourgogne, champagne, campagne, compagne, compagnon, accompagner, signe, signer, signature, poignet, cogner, peigne, se peigner, ignorer, agneau

6 QU [k] → VERONIQUE, MONIQUE

quand, qui, quel, que, qu'est-ce que, quantité, qualité, équitation, équipement, équilibre, équipe, élastique, gymnastique, physique

7 CH [k] → CHRISTEL

orchestre, technique, écho, le chœur (het koor), la technologie, le chaos, Michel-Ange

8 CA, CO, CU
C devant une consonne [k] → CAROLINE, CORINE

coca, local, corps, compote, récapitulation, comme, cube, cuisine, accueillir, elle a vécu, coquillage, conteneur, accourir

croire, classique, crier, crème, croissant, client, clé, classeur, classe, crudités, croix, croque-monsieur

9 ÇA, ÇO, ÇU / CI, CE [s] → FRANÇOIS, FRANCINE

nous commençons, j'ai reçu ça, remercie-moi pour cela, merci pour les ciseaux, elle est douce, prononciation, un aperçu, apercevoir

10 SS [s] → JESSIE

poisson, expression, vitesse, caresser, massage, ils finissent, vous rougissez, essoufflé, naissance, passionnant, impressionnant, messieurs, bouillabaisse

11 S (entre des voyelles) [z] → LOUISE, ÉLISE

poison, vision, évasion, exposition, bise, ils lisent, maison, analyse, choisir, valise, gourmandise, friandise

12 IM / IN

a IM / IN devant une voyelle ou m / n
voor een klinker of voor m / n

→ on prononce [i] comme en néerlandais «iemand»

image	inévitable	immédiat	inné
imagination	inespéré	immobile	innocent
imam	inondation	immeuble	innovation
imitation	inexplicable	immortel	innombrable

MAIS

immangeable, immanquable> on prononce [ɛ] comme dans les mots **vin** ou **pain**

b IN / IM devant une consonne (sauf m / n) ou à la fin du mot
voor een medeklinker (behalve m / n) of op het einde van een woord

→ on prononce [ɛ] comme dans les mots **vin** ou **pain**

imperméable	incompréhensible	individu	assassin
impossible	incroyable	indirect	chemin
imparfait	incorrigible	insupportable	échevin
impatient	injuste	indicatif	divin
impolitesse	incorrect	invitation	tremplin

13 UM [ɔm]

album, minimum, maximum, auditorium, aquarium, ultimatum, aluminium, géranium, planétarium

14 EMM [am]

femme, évidemment, prudemment, récemment

15 ILLE [ij]

une jeune fille gentille, la cheville, une coquille, une belle bille, une cédille, la quille du bateau, le gorille, piller

ILLE / ILE [il]

la ville, mille, tranquille, tranquillement, une pile de livres, la bile

ILLI / LI devant une voyelle [lj]

un millier, un million, un milliard, au milieu, le palier, un voilier

16 W / OU devant une voyelle [w]

la Wallonie, le wallon, le water-polo, oui, enfouir, le whisky, le witloof, jouer, la mouette, la louange

OI [wa]

la joie, quoi, quelquefois, le patois, toi et moi, la soie, parfois, le soir

17 U devant une voyelle [ɥ], UI [ɥi]

tuer, la sueur, le suicide, puis, la suite, s'enfuir, nuire, conduire, construire, la pluie, la nuit, le fruit

18 H muet ou aspiré

VOIR n° 3-4

SEPTIÈME PARTIE

La nouvelle orthographe

1 Le trait d'union

L'Académie Française et les instances compétentes ont élaboré en 1990 des règles pour une simplification de l'orthographe. Le Ministère français de l'Éducation a inscrit ces règles au menu de ses programmes, sans toutefois les imposer. La Communauté française de Belgique, de son côté, demande que la nouvelle orthographe soit enseignée comme l'orthographe de référence. Il faut néanmoins constater que la plupart des médias continuent d'appliquer l'orthographe traditionnelle.

1.1 Le trait d'union est maintenu ou ajouté

1.1.1 Tous les numéraux composés sont reliés par des traits d'union.

vingt-et-un	eenentwintig
cent-deux	honderdentwee
mille-neuf-cent-quatorze	duizend negenhonderdveertien

ATTENTION
million et **milliard** (des substantifs) peuvent aussi être précédés ou suivis d'un trait d'union
deux(-)millions(-)sept-cent-mille

1.1.2 Les mots composés avec **demi**, **ex**, **non**, **sans**, **semi**, **sous** s'écrivent toujours avec trait d'union.

un demi-litre	een halve liter
un ex-collègue	een ex-collega
un non-lieu	een vrijspraak
un sans-abri	een dakloze
un centre de semi-liberté	een halfopen inrichting
un sous-verre	een onderzetter, een fotolijst

1.2 Le trait d'union disparaît

1.2.1 Quand le sens des deux éléments d'un mot composé n'apparaît plus clairement.

un croquemonsieur	een croque-monsieur
un porteclé	een sleutelhanger
un portemanteau	een kapstok
un portemonnaie	een portemonnee
un rondpoint	een rotonde
un tirebouchon	een kurkentrekker

MAIS / **MAAR**
un après-midi — een namiddag

1.2.2 Dans la plupart des mots composés avec des préfixes comme **contre**, **entre**, **extra**, **infra**, **intra**, **ultra**, etc.

entretemps	ondertussen
extraterrestre	buitenaards
infrarouge	infrarood
ultraviolet	ultraviolet

1.2.3 Dans les mots composés avec des éléments savants, en particulier ceux terminés par «-o».

audiovisuel	audio-visueel
socioéconomique	sociaal-economisch
le microondes	de microgolfoven
néogothique	neogothisch

MAIS

on maintient le trait d'union entre les mots indiquant une relation géographique ou historique

franco-belge	Frans-Belgisch
gréco-latin	Grieks-Latijns
l'indo-européen	het Indo-Germaans

1.2.4 Dans les mots d'origine étrangère

le basketball	het basketbal
le holdup	de overval
le weekend	het weekend
un apriori	een a priori
un piquenique	een picknick

1.2.5 Dans les mots composés avec **bas**, **bien**, **haut**, **mal**, etc.

les basfonds	de achterbuurt
le bienêtre	het welzijn
le hautparleur	de luidspreker
la hautefidélité	de hifi
le malêtre	het onbehagen

1.2.6 Dans les onomatopées

le blabla	het geleuter
le pêlemêle	de warboel
le pingpong	de pingpong
le tamtam	de trom
le tictac	het getik

2 Le singulier et le pluriel

381 **2.1** Singulier et pluriel des mots composés d'un verbe / d'une préposition + nom

Singulier	Pluriel	
le nom reste au singulier	le nom se met au pluriel	
un après-midi	des après-midis	namiddagen
un brise-lame	des brise-lames	golfbrekers
un compte-goutte	des compte-gouttes	druppeltellers
un cure-dent	des cure-dents	tandenstokers
un porte-avion	des porte-avions	vliegdekschepen
un presse-fruit	des presse-fruits	vruchtenpersen
un sans-abri	des sans-abris	daklozen
un sans-papier	des sans-papiers	illegalen
un sous-verre	des sous-verres	onderzetters, fotolijsten

382 **2.2** Le pluriel des mots d'origine étrangère

Les mots empruntés forment leur pluriel de la même manière que les mots français.

singulier	pluriel	
un brunch	des brunchs	brunches
un caméraman	des caméramans	cameramannen
un extra	des extras	extra's
un graffiti	des graffitis	graffiti
un maximum	des maximums	maxima
un match	des matchs	matchen
un pénalty	des pénaltys	penalty's

3 Les accents et le tréma

3.1 L'accent circonflexe

3.1.1 Règle générale

L'accent circonflexe disparaît sur le «î» et le «û».

î > i		û > u			
une boite		aout		een doos	augustus
une chaine		bruler		een ketting	branden
un diner		un bucher		een diner	een brandstapel
une ile		un cout		een eiland	een kostprijs
un maitre		un gout		een meester	een smaak
la gaité		une flute		de vrolijkheid	een fluit
il parait		murir		het schijnt	rijpen
il plait		une piqure		hij valt in de smaak	een spuitje
il connait		soul		hij kent	dronken
il nait		une voute		hij wordt geboren	een gewelf

3.1.2 Cas particuliers

On maintient l'accent circonflexe dans les cas suivants:

a

Pour distinguer des homonymes

un mur	→←	un fruit mûr		een muur	→←	een rijpe vrucht
un jeune	→←	elle jeûne		een jongere	→←	ze vast
il croit	→←	il croît		hij gelooft	→←	hij groeit
il a cru	→←	il a crû		hij heeft geloofd	→←	hij is gegroeid
il a du plaisir	→←	il a dû parler		hij heeft pret	→←	hij heeft moeten praten
sur la table	→←	il est sûr		op de tafel	→←	hij is zeker

b

Dans les terminaisons du passé simple et du subjonctif imparfait

avoir	passé simple	→	nous eûmes, vous eûtes	hebben
être	passé simple	→	nous fûmes, vous fûtes	zijn
parler	passé simple	→	nous parlâmes, vous parlâtes	spreken
vouloir	subj. imparfait	→	qu'il voulût	willen
voir	subj. imparfait	→	qu'elle vît	zien
faire	subj. imparfait	→	qu'elle fît	doen

3.2 L'accent grave

3.2.1 On emploie l'accent grave (et non l'accent aigu) au futur et au conditionnel des verbes comme *céder*.

céder	je cèderai, etc.	toegeven
régler	je règlerai, etc.	regelen
espérer	j'espèrerai, etc.	hopen
célébrer	je célèbrerai, etc.	vieren
compléter	je complèterai, etc.	aanvullen
considérer	je considèrerai, etc.	beschouwen

3.2.2 Les verbes en «-eler» et «-eter» se conjuguent comme les verbes en «-eter» (type *acheter*).

a verbes en «-eler»

chanceler	je chancèle, etc.	wankelen
harceler	je harcèle, etc.	pesten
épeler	j'épèle, etc.	spellen
renouveler	je renouvèle, etc.	vernieuwen

De même: les mots dérivés de ces verbes
le harcèlement	het pesten
le renouvèlement	de vernieuwing

MAIS

quelques verbes très fréquents gardent le double «l»:
appeler	j'appelle, etc.	roepen
rappeler	je rappelle, etc.	terugroepen
interpeler	j'interpelle, etc.	aanspreken

b verbes en «-eter»

crocheter	je crochète, etc.	haken
épousseter	j'époussète, etc.	afstoffen
feuilleter	je feuillète, etc.	doorbladeren

MAIS

gardent le double «t»: «jeter» et ses composés
jeter	je jette, etc.	werpen
projeter	je projette, etc.	plannen maken
rejeter	je rejette, etc.	verwerpen

3.2.3 On emploie l'accent grave dans un certain nombre de mots, pour rendre l'orthographe conforme à la prononciation.

un événement	→	un évènement	een gebeurtenis
réglementaire	→	règlementaire	reglementair
la sécheresse	→	la sècheresse	de droogte

MAIS

ne changent pas:
un médecin	een arts
la médecine	de geneeskunde

3.2.4 L'accent grave est placé sur certains mots d'origine étrangère.

a priori	→	à priori	a priori
a posteriori	→	à postériori	a posteriori

3.3 L'accent aigu | 385

3.3.1 L'accent aigu est placé sur un certain nombre de mots, pour rendre l'orthographe conforme à la prononciation.

assener	→	asséner (un coup)	toedienen (een klap)
receler	→	recéler	verborgen houden
refréner	→	réfréner	intomen

3.3.2 L'accent aigu est placé sur certains mots d'origine étrangère.

un cameraman	→	un caméraman	een cameraman
le diesel	→	le diésel	de diesel
un placebo	→	un placébo	een placebo
un referendum	→	un référendum	een referendum
un revolver	→	un révolver	een revolver
un senior	→	un sénior	een senior
un veto	→	un véto	een veto

3.4 Le tréma | 386

Dans certains mots, le tréma est placé sur la lettre **u** pour marquer la prononciation [**y**].

aiguë (f)	→	aigüe (f)	scherp
ambiguë (f)	→	ambigüe (f)	dubbelzinnig
une ambiguïté	→	une ambigüité	een onduidelijkheid
arguer	→	argüer	zich beroepen op
une gageure	→	une gageüre	een waagstuk

4 Différentes simplifications

4.1 Le suffixe anglais «-er»

387

Le suffixe anglais «-er» s'écrit de préférence «-eur».

un baby-sitter	→ un babysitteur	een kinderoppas
un dealer	→ un dealeur	een dealer
un designer	→ un designeur	een designer
un interviewer	→ un intervieweur	een interviewer
un rocker	→ un rockeur	een rocker
un speaker	→ un speakeur	een radio-omroeper
un supporter	→ un supporteur	een supporter
un sprinter	→ un sprinteur	een sprinter

4.2 Quelques mots d'origine étrangère

388

Dans quelques mots d'origine étrangère la consonne double est supprimée.

la maffia	→ la mafia	de maffia
un piccolo	→ un picolo	een piccolo
une mammie	→ une mamie	een oma
le shopping	→ le shoping	het winkelen

4.3 Le participe passé des verbes *absoudre* et *dissoudre*

389

Le participe passé des verbes *absoudre* et *dissoudre* peut s'écrire avec «–t».

abous	→ absout	vergeven
dissous	→ dissout	ontbonden, opgelost

4.4 Différentes anomalies

390

Différentes anomalies sont supprimées.

s'asseoir	→ s'assoir	gaan zitten
combatif	→ combattif	strijdlustig
gaiement	→ gaiment	vrolijk
la bonhomie	→ la bonhommie	de goedaardigheid
un chariot	→ un charriot	een karretje
un eczéma	→ un exéma	een eczeem
un joaillier	→ un joailler	een juwelier
un nénuphar	→ un nénufar	een waterlelie
un oignon	→ un ognon	een ui
un paraphe	→ un parafe	een paraaf
un persiflage	→ un persifflage	een persiflage
un relais	→ un relai	een aflossing
un téléphérique	→ un téléférique	een kabelbaan
une imbécillité	→ une imbécilité	een stommiteit

4.5 Le participe passé du verbe *laisser* suivi d'un infinitif

391

Le participe passé du verbe *laisser* suivi d'un infinitif est toujours invariable.

Voilà les amies que j'ai **laissé** venir.   Dat zijn de vriendinnen die ik heb laten komen.
Où sont les enfants que tu as **laissé** partir?   Waar zijn de kinderen die je hebt laten weggaan?

Index

De nummers verwijzen naar de nummers in de kantlijn.

A

à (préposition), 114, 126, 129, 132, 134
à (verbe +), 140 à 142
aanwijzend voornaamwoord, 73 à 77
accents, 6
à condition que, 303
accord verbe-sujet, 44, 174, 275, 319
ACTION DANS LE TEMPS
    (SITUER UNE -) (texte), 376
ADJECTIF DÉMONSTRATIF, 73
- avec -ci / -là, 73(1)
ADJECTIF EXCLAMATIF, 72
ADJECTIF INDÉFINI, 78 à 80, 84 à 89
adjectifs et pronoms indéfinis, tableau, 100, 101
ADJECTIF INTERROGATIF, 70
ADJECTIF NUMÉRAL, 102 à 104
ADJECTIF POSSESSIF, 64 à 67
ADJECTIF QUALIFICATIF, 47 à 62
- adj. couleur, 54
- comparaison, 59 à 62
- fém. formes spéciales, 49 (12)
- fém. règle générale, 48
- fém. règles particulières, 49
- place de l'adjectif, 55 à 58
- pluriel, formes spéciales, 53
- pluriel, règle générale, 52
ADJECTIF VERBAL, 288 à 290
ADVERBE, 147 à 164
- adj. employé comme adv., 150
- adj. ou adverbe, 147
- comparaison, 159 à 164
- de quantité, 154
- de négation, 158
- de manière, 148, 149
- de temps, 153
- de lieu, 152
- employé comme adj., 151
- en -emment, -amment, 148(b)
- en -ment, règle générale, 148(a)
- variés, 155
afin que, 303
aimer, adorer, préférer, détester, 145
AJOUTER QUELQUE CHOSE (TEXTE), 360
alphabet phonétique, 377
al, allen, 78, 79
allemaal, 79
aller, futur proche, 276
alles, 79
alors que (conjonction), 146, 303
alors (adverbe), 153
als, 294 à 297
- wanneer, 146
- indien, 294 à 297
à moins que, 303
analyse de la phrase, 317, 318
ander(e), 79, 82
-ant/-ent (part.prés. / adj. verbal), 290
apenstaartje, 10
apostrophe, 5
après que (conjonction), 146, 304

ARTICLE, 34 à 46
- après 'être' dans phrase négative, 45(3)
- contracté, 40, 41
- dans phrase négative, 45
- défini, 37 à 39
- défini, pas d'article en néerl., 39
- indéfini, 34 à 36
- partitif, 42
- pas d'article après sans / ni, 46 (2), 158
- pas d'article devant subst., 46
ARTICULATEURS, 357 à 366
ATTRIBUT, 147(b), 317(d), 318(b), 344
au (préposition), 126
aux (dans nom composé), 115
au(x) (article contracté), 40
aucun(e) ne (adj. indéf.), 90
aucun(e) ne (pron. indéf.), 85
auquel etc.
- pron. interrogatif, 72
- pron. relatif, 173
aussitôt que, 304
autre (pronom indéf.), 82
autre chose, 82
autre(s) (adj. indéf.), 79
AUXILIAIRE avoir ou être, 245 à 249
avant, après, 113, 137
avant que + subjonctif, 303
avec (préposition), 111
AVIS (DONNER SON -) (texte), 365
AVOIR, 220

B

beau, belle, 49
BEAUCOUP, 163
bel, nouvel, vieil, 50
benadrukken onderwerp, 184 (1)
besluiten (tekst -), 366
beter, best
- meilleur, 61
- mieux, 161
betrekkelijk voornaamwoord, 165 à 174
bevestigende zin, 320 à 322
bezittelijk voornaamwoord, 64 à 67
BIEN, MIEUX, 161
bien que, 303
bien, place, 316 (8)
bindwoorden, 357 à 366
binnen / over, 136
bij, 127, 128
bijwoord, 147 à 164
blanc (genre), 49 (12)
BON, MEILLEUR, 61
bon, (sentir…, faire…), 150
breuken, 108
BUT (EXPRIMER LE-), 367

C

ç : cédille, 2, 202, 378 (9)
c'est, 269, 273
ça, ceci, cela, 76
-cant/quant (adj.verbal/part.prés.), 290

CAUSE (EXPRIMER LA -), 363, 368
ce + être, 74, 269, 273
ce qui / ce que, 75, 171, 351
ce dont, 171
CE, CETTE, CES, 73
célibataire (genre), 15
celui, celle, ceux, celles, 77
certain(e)(s) (adj. indéf.), 85
certains, certaines (pron. indéf.), 91
certitude, verbe + indicatif, 302, avec infinitif, 306
cet, 73(2)
chacun(e) (pron. indéf.), 92
chanter faux, juste, fort, 150
chaque, (adj. indéf.), 86
cher (coûter…), 150
chez, 127
-ci, -là, 73(1), 77
ci-joint, ci-inclus, 254
COD, 317(b), 318, 320, 321
COI, 317(c), 318, 320, 321
collectifs, 107
commencer à + infinitif, 280
commencer par + infinitif, 281
comparaison de l'adj., 59 à 62
- expressions avec comparaison, 63
comparaison de l'adverbe, 159 à 164
COMPARATIF DE L'ADJ., 59
COMPARATIF DE L'ADVERBE, 159
complément circonstanciel, (c.c.) 317(e), 318(c-g), 320, 321
complément d'agent, 313, 317(f), 318(g)
CONCESSION (EXPRIMER LA -), 370
CONCLURE (TEXTE), 366
CONDITION (EXPRIMER LA -), 371
CONDITIONNEL PASSÉ
- emploi, 296, 597
- formation, 244(d)
CONDITIONNEL PRÉSENT
- emploi, 293, 295, 297
- formation, 236
- formes spéciales, 237
- verbes irréguliers, 238
- condition, si, 294 à 297
CONJONCTION, 146
CONJUGAISON DES VERBES (overzicht), 258
    conjunctief > subjonctif
CONSEQUENCE (EXPRIMER LA -), 364, 369
consonnes, 2
constatation, verbe + indicatif, 301
continuer à + infinitif, 280

D

dans, 136, 139
dat (gevolgd door ind. of subj.), 298 à 307
date (adj. numéral), 106 (2)
DATE (EXPRIMER LA -), 374
de (après quantité), 43
de (verbe +), 143, 144
de (préposition), 116, 117

deelwoord
- onvoltooid > participe présent
- voltooid > participe passé
demi, nu, 51
demi, tiers, quart, 108
de peur que, 303
depuis que, 146, 304
DES / DE (ARTICLE), 34, 35
des (art. indéfini / contracté), 40, 41
désir, verbe + subjonctif, 298, avec infinitif, 306
de sorte que, (+ ind. /subj.) 305
devant, derrière, 138
devenir, 315 (1)
devoir + infinitif, 277
DIE / DAT (betrekkelijk vn.), 166, 168
différent(e)s, (adj. indéf.), 88
différent(e)s, (adj. qual.), 88 (attention)
DISCOURS INDIRECT, 352 à 356
dizaine, 107
doel uitdrukken, 367
dont, 169
doute, verbe + subjonctif, 300, avec infinitif, 306
du
- article contracté, 40
- article partitif, 42
duquel, etc. (pron. interrogatif), 71

E

eigennaam, 46 (3), 334 (b)
elk(e), 86, 92
elkaar, 82
elle, 175, 184, 189, 196, 197
en attendant que, 303
en (pronom personnel), 180, 186, 189
en (préposition), 118 à 120, 122 à 129, 132
enkele, 90, 91
er (erop, ervoor ...), 186, 187
er is, 266
être, 221
être en train de + infinitif, 280
excepté, 254
EXPRESSION
- DU BUT, 367
- DE LA CAUSE, 287 (b), 363, 368
- DE LA CONCESSION, 370
- DE LA CONDITION, DE L'HYPOTHÈSE, 287 (b), 371
- DE LA CONSÉQUENCE, 364, 369
- DU MOYEN, DE LA MANIÈRE, 287 (b), 372
- DE L'OPPOSITION, 361, 370
- DU TEMPS, 287 (b), 373 à 376

F

faire + infinitif, 279
faut (il), 272, 277
féminin
- adj., 48 à 51
- subst., 12 à 18
- noms de professions, 14 à 17

finir de / par + infinitif, 280, 281
fonetisch alfabet, 377
forme passive / active, 310 à 315
fou, 49 (12), 53 (4)
fractions, 108
FRÉQUENCE (EXPRIMER LA -), 375
FUTUR SIMPLE
- emploi, 284 (b)
- formation, 235
- formes spéciales, 237
- verbes irréguliers, 238
FUTUR ANTÉRIEUR, formation, 244 (c)
FUTUR PROCHE
- emploi, 284 (a)
- formation, 239
- verbe pronominal, 240

G

gaan zitten (s'asseoir), 257
-gant/-guant (part. prés. / adj.verbal), 290
-ger, verbes en, 201
gebiedende vorm, 225, 226, 283
gebiedende zin, 323, 324
geen enkel, 84, 90
geleden, 267
geen, 158, 325
genre
- adj., 48 à 51, 54
- subst., 11 à 25
gentil, gentiment, 148 (d)
genus
- bn., 48 à 51, 54
- zn., 11 à 25
GÉRONDIF
- emploi, 287
- formation, 231
- formes spéciales, 232
- verbe pronominal, 264
getal > telwoord
getal (enkelv., meerv.)
- bn., 52 à 54
- zn., 26 à 33
gevolgen uitdrukken (tekst), 364, 369
gezegde > naamwoordelijk gezegde
GOED
- bien, 161
- bon, 61, 150
grec, 14, 49

H

h aspiré, 4, 377
h muet, 3
haar / zijn, 65
half, 51, 109 (attention)
handelend voorwerp, 313, 317 (f), 318 (g)
heel, 78
HEM / HAAR, 179, 182, 184, 185, 196
hen / hun, 179, 182
het is, 268 à 270, 274
het is beter, 274
het is nodig, 272
hetzelfde, 83
heure, 109, 268

hier, daar, 73 (1), 77
hoofdletter, 8
houden van, 145, 346
hulpwerkwoord, 220, 221, 245 à 249
hulpwerkwoord van wijze, 276 à 281
HYPOTHÈSE (EXPRIMER L'-), 371

I

iedereen, 81, 89
iemand, 96, 158 (attention)
iets, 98, 158 (attention)
iets anders, 82
il est, 268, 269
il fait, 270
il faut, 272, 277
ILLUSTRER QUELQUE CHOSE (TEXTE), 359
il pleut, 271
il s'agit de, 274
il vaut mieux, 274
il y a, 266, 267
IMPARFAIT
- emploi, 291, 295, 297
- formation, 227
- formes spéciales, 228
IMPÉRATIF
- emploi, 283
- formation, 225
- formes spéciales, 226
- phrase négative, 324
- phrase impérative, 323
- sing. devant en/y, 191 (remarque)
- verbe pronominal, 260
in, 110, 118 à 125, 129, 132
inbegrepen, 254
INDICATIF OU SUBJONCTIF, 298 à 304
INDICATIF
- après conjonction, 302, 304, 146
- après si, 294, 297
indien, 294 à 297
INDIRECTE REDE, 352 à 356
INDIRECTE VRAAG, 348 à 351
INFINITIF
- emploi, 276 à 281, 282, 306
- négation avant l'infinitif, 330
- négation de l'infinitif, 331
- verbe + de + infinitif, 144
- verbe + à + infinitif, 142
INFINITIF PASSÉ, formation, 244 (f)
ingesloten, 254
interrogation, 332 à 347
inversion (place du pron. pers.), 177(b), 193, 265

J, K, L

ja, jawel, 332 (attention)
je = on, 176, 252 (remarque 1)
jouw, uw, 64, 65, 66
jusque, 135
jusqu'à ce que, 303
kijken naar, 145, 346
kleur, bijv. gebruikt, 54
klinker, medeklinker, 1 à 4

koppelteken, 7, 10, 80 (att.), 105, 195, 334 (att.)
koppelwerkwoord, 147 (b), 317 (d), 318 (b)
kunnen, mogen, 278
la même chose, 83
la plupart des / du, 44
laisser + infinitif, 279
landen (pays)
- lidwoord, 24
- voorzetsel, 122 à 125
laten, 279
laten we, 225, 283 (2)
le / la même, les mêmes, 83
leestekens, 10
LE MIEN (pron. poss.), 68, 69
LE NÔTRE (pron. poss.), 68, 69
LEQUEL, etc.
- pronom interrogatif, 71
- pronom relatif, 172 à 174
LEUR (pronom personnel), 182, 183
LEUR(S) (adj. possessif), 64, 67
les uns les autres, 82
lidwoord, 34 à 46
long (genre), 49 (12)
LUI, 182 à 185, 196
luisteren naar, 145, 346
l'un(e) l'autre, 82

M

Madame, Monsieur (pluriel), 28 (7)
majuscule, 8
MANIÈRE (EXPRIMER LA -), 372
mannelijk
- bn., 48 à 51
- zn., 11 à 25
MAL
- adverbe, 149
- comparatif, superlatif, 162
- place, 316 (8)
malgré que, 303
MAUVAIS
- comparaison, 62
- expressions, 150
meer, 163
meerdere, 88, 94
meervoud
- bn., 52 à 54
- zn., 27 à 33
MEILLEUR (bon), 61
même (adverbe), 156
même(s) (pronom indéf.), 83
même(s) = zelf (adj. indéf.), 80
même(s) = zelfde (adj. indéf.), 80
men, 176, 252 (remarque1)
mening uitdrukken (tekst), 365
met, 111, 130, 131
middel, manier uitdrukken, 372
MIEUX, BIEN, 161
mijn, 64, 65
minder, minst, 59 à 62, 159 à 161, 164
minuscule, 9
mise en relief (élément phrase), 322
moeten, 272, 277

mogen, kunnen, 278
moins, 59 à 63, 159 à 164
MOMENT (EXPRIMER LE -), 374
mon, ma, mes (adj. poss.), 64, 65
mon, ton, son devant voyelle / h muet, 66
MOTS DE LIAISON, MOTS-CHARNIÈRES, 357 à 366
MOYEN (EXPRIMER LE -), 372

N

naamwoordelijk gezegde, 147 (b), 317 (d), 318 (b), 344
naar / bij (+personen), 127
naar (luisteren, kijken), 145
naar (+eiland…), 125
naar (+land…), 122 à 124
naar (+plaats), 126
naar (+stad …), 121
ne … aucun(e) (adj. indéf.), 84
ne … aucun(e) (pron. indéf.), 85
ne … jamais > négation, phrase négative, 325 à 331
ne … ni…ni, 158
ne … nulle part > négation, phrase négative, 325 à 331
ne … pas > négation, phrase négative, 325 à 331
ne … pas de, 158, 325
ne … personne, 97, 158 (attention)
ne … plus > négation, phrase négative, 325 à 331
ne … rien, 99, 158 (attention)
nécessité, verbe + subjonctif, 298
NÉGATION, 158, 324, 325 à 331
niemand, 97, 158 (attention)
niet, 158
niet (korte ontkenning), 329 (attention)
niets, 99, 158 (attention)
nieuwe spelling, 379 à 391
n'importe lequel…(pron. indéf.), 95
n'importe quel(le)(s) (adj. indéf.), 89
n'importe qui, quoi (pron. indéf.), 95
noch … noch, 158
nombre
- adjectif, 52 à 54
- substantif, 26 à 33
nombres (deuxième…), 106
nombres (un, deux, …), 102 à 105
noms de marque, pluriel, 32
noms de profession, féminin, 14 à 17
non plus, 158, 329
nooit, 158, 325 à 331
notre, nos (adj. poss.), 64, 67
nouvel, 50
NUANCER (TEXTE), 362

O

œil (pluriel), 28 (8)
of (ou), 146
of (si), 348
on, 176, 252 (remarque 1)
onbepaald voornaamwoord, 78 à 101

onpersoonlijke ww., 266 à 275
onregelmatige ww., 257, 258
ons, onze, 64, 67
ontkennende zin, 158, 325 à 331
onvoltooid deelwoord, 229 à 232
ook, 155
ook niet, 158, 329
oorzaak aangeven, 363, 368
op / in, 132
op / onder, 110
op (wachten op, dol zijn op), 145
OPPOSITION (EXPRIMER L'-), 361, 370
ORDRE (METTRE DE L'-) (texte), 358
ORTHOGRAPHE (NOUVELLE), 379 à 391
où (pron. relatif), 170
où, d'où (waar, vanwaar), 335
où que, 303
oui, si, 332 (attention)
over,
- inhoud, 123
- tijd, uur, 136
overeenkomst ww.-onderwerp, 44, 174 (3), 275, 319

P

paraître, 147 (2), 257 (connaître)
parce que, 146, 304
parmi + lequel, 174 (1)
PARTICIPE PASSÉ, 243 à 256
- accord, 250 à 256
- avec avoir, 245 à 247, 253
- avec avoir + infinitif, 255
- avec être, 245, 247 à 249, 252
- emploi, 291
- formation, 243
- formes spéciales sans auxiliaire, 254
- sans auxiliaire, 251
- verbes pronominaux, 249, 256
PARTICIPE PRÉSENT
- emploi, 286
- formation, 229
- formes spéciales, 230
- part. présent ou adj.verbal, 290
- verbes pronominaux, 264
PASSÉ SIMPLE, 308, 309
PASSÉ COMPOSÉ
- emploi, 291
- formation, 244 (a), 245 à 249
PASSÉ RÉCENT
- emploi, 285
- formation, 241
- verbe pronominal, 242
passieve vorm, 310 à 315
PAYS (landen), CONTINENTS (werelddelen)
- article, 24, 39 (d)
- préposition, 122
province belge, préposition, 123
pendant que, 146, 304
penser à, 185
personne ne, 97
persoonlijk vn., 175 à 197
peu, 164

PHRASE, 316 à 356
- active / passive, 310
- affirmative, 320 à 322
- analyse, 317, 318
- composée, 146, 294 à 297, 298 à 304, 348 à 351, 352 à 356
- avec conjonction, 146
- groupes de mots, 316
- impérative, 323, 324
- interrogative, 332 à 347
- mise en relief d'un élément, 322
- négative, 325 à 331
- passive / active, 310
PHRASE
- avec si, 294 à 297
- avec que + subjonct. / indicat., 298 à 307
- avec qui, que, dont, où, 165 à 174
pire, 62, 63
pis, 162 (forme spéciale)
PLUS-QUE-PARFAIT
- emploi, 296, 297
- formation, 244 (b)
PLURIEL
- adjectif, 52 à 54
- substantif, 27 à 33
plusieurs (pron. indéf.), 94
plusieurs (adj. indéf.), 88
ponctuation, 10
pour (préposition), 112
pour que, 303
pourquoi, 335, 340
pouvoir + infinitif, 278
PRÉPOSITION, 110 à 145
- avec infinitif, 306
- français - néerlandais, 110 à 117
- néerlandais - français, 118 à 139
  • département français, 123
  • île, archipel, 125
  • pays, continent, 122
  • province belge, 123
  • région, 124
- verbes avec préposition fixe, 140 à 145
professeur (genre), 16
PRONOM DÉMONSTRATIF, 74 à 77
PRONOM INDÉFINI, 81 à 83, 90 à 99
- tableau adjectifs et pronoms indéfinis, 100, 101
PRONOM INTERROGATIF, 71
PRONOM PERSONNEL, 175 à 197
- aperçu (overzicht), 197
- COD, 179 à 181
- COI, 182, 183
- en, 186, 187
- en / y / forme tonique, 189
- forme tonique, 184, 185
- place 2 pronoms, 194, 195
- place COD, COI, en, y, 191 à 193
- place sujet, 177
- réfléchi, 178, 260 à 265
- sujet, 175
- traduction «hem», «haar», 196
- y, 188

PRONOM POSSESSIF, 68, 69
- après à / de, 69
PRONOM RELATIF, 75, 165 à 174
PRONONCIATION, 377, 378
puisque, 304

Q

quand (conjonction), 146
QUAND?, 335
-quant / -cant (part. prés. / adj. verbal), 290
QUE (pronom relatif), 168
que (dat) + subjonctif ou indicatif, 298 à 307
QUE?, 341c, 342, 345
QUEL! (adj. exclamatif), 72
QUEL? (adj. interrogatif), 70
quelqu'un, 96
quelqu'un de + adj., 101
quelque chose, 98
quelque chose de + adj., 101
quelques (adj. indéfini), 87
quelques-uns (pron. indéfini), 93
QUESTION, 332 à 347
- avec est-ce que, 333, 337
- avec intonation, 332, 336
- avec inversion, 334, 338, 339, 340
- avec mot interrogatif, 335 à 340
- sans mot interrogatif, 332 à 334
- traduction «wie? wat?», 341 à 347
QUESTION INDIRECTE, 348 à 351
- avec mot interrogatif, 349
- avec qui, ce qui, ce que, 350, 351
- sans mot interrogatif, 348
QUI (pronom relatif), 166, 167
qui, que, 303
QUI?, 341 à 347, 350
QUOI (pronom relatif), 174(2)
QUOI?, 341 à 347, 351
quoique, quoi que, 303

R, S

rien ne, 99
samengestelde zinnen
- indirecte rede, 352 à 356
- indirecte vraag, 348 à 351
- met «als» of «indien» (si), 294 à 297
- met «dat» (que), 298 à 307
- met voegwoord, 146
sans que, 303
savoir + infinitif, 278
scharnierwoorden, 357 à 366
SEMI-AUXILIAIRES, 276 à 281
sentiment, verbe + subjonctif, 299, avec infinitif, 306
sentir bon, 150
si (jawel, toch wel), 332 (attention)
si (of), 348
si + imparfait, 295, 297
si + plus-que-parfait, 296, 297
si + présent, 294, 297
si … que, 303
singulier (en français), 30

slecht
- mal (adverbe), 149, 162
- mauvais (adj.), 62, 150
sommige, 85, 91
son, sa, ses (adj. poss.), 64 à 66
souhait, verbe + subjonctif, 298, avec infinitif, 306
spelling (nieuwe), 379 à 391
sportif (genre), 49
SUBJONCTIF PASSÉ, formation, 244 (e)
SUBJONCTIF PRÉSENT
- emploi, 298 à 307
  • après conjonction, 303
  • après verbes et expressions, 298 à 301
  • dans subordonnée relative, 307
- formation, 233
- formes spéciales, 234
SUBSTANTIF, 11 à 33
- genre des choses, des mots abstraits, 19 à 25
  • deux genres, deux sens, 25
  • jours, mois, saisons, 22
  • langues, couleurs, 22
  • mots en -eur, 21
  • régions, pays, continents, 24
  • sciences, 23
  • terminaisons fém., 20
  • terminaisons masc., 19
- genre des personnes, des animaux, 12 à 18
  • deux mots différents, 13
  • masc. fém. formes spéciales, 14
  • masculin et féminin, 15
  • règle générale, 12
  • seulement féminin, 18
  • seulement masculin, 16, 17
- nombre, 26
- pluriel, formes spéciales, 28
- pluriel noms étrangers, 31
- pluriel noms composés, 32
- pluriel noms de marque, 32
- pluriel, règle générale, 27
- pluriel selon le sens, 29
- sing. français, pluriel néerl., 30
suffire, 274
SUJET, 317 (1), 318, 320
SUPERLATIF de l'adj., 60 à 62
SUPERLATIF de l'adverbe, 160

T

tant que, 304
tegenstellingen uitdrukken, 370, 361
telwoord, 102 à 109
TEMPS (EXPRIMER LE -), 373 à 376
TEMPS COMPOSÉS
- formation, 244
- place de la négation, 328
- structure de la phrase, 316 (7, 8)
TEMPS ET MODES
- emploi, 260 à 315
- formation, 222 à 249

TEXTE (ARTICULATEURS DANS LE -), 357 à 366
tijd, 268
tijd uitdrukken, 573 à 376
toch, 157
toch wel, 332 (attention)
toegeving uitdrukken, 370
toelichten (iets-) (tekst), 359
toevoegen (iets -) (tekst), 360
ton, ta, tes (adj. poss.), 64, 65
tot, 134, 135
TOUS, TOUTES (adj. indéf.), 78
TOUS, TOUTES (pronom indéf.), 81
TOUT (adverbe), 156
tout (expressions), 157
tout de même, 157
tout le monde, 81
tout le temps, 157
TOUT (= alles) (pronom indéf.), 81
tout, toute (adj. indéfini), 78
trait d'union, 7, 10, 80 (att.), 105, 195, 334 (att.)
TRAPPEN VAN VERGELIJKING
- bijvoegl. nw, 59 à 62
- bijwoord, 159 à 164
travailler dur, 150
tréma, 6 (1.6.2)
turc, 14, 49 (11)

U, V

uit, 139
uitdrukken van
- doel, 367
- frequentie, 375
- gevolg, 369, 364
- middel, 372
- oorzaak, 368, 363
- tegenstelling, 370
- tijd, 373 à 376
- toegeving, 370
- veronderstelling, 371
- voorwaarde, 371
uitgezonderd, 254
uitspraak, 377, 378
uur, heure, 109, 268
vacances (pluriel), 29
vast voorzetsel na ww., 140 à 145
vedette (genre), 18
veel, 163
venir de, passé récent, 241, 242, 276, 285
verbe, accord avec sujet, 44, 174 (3), 275, 319
verbe + à, 140 à 142
verbes auxiliaires, 220, 221
verbe + de, 143, 144
verbe employé impersonnellement, 275
VERBE IMPERSONNEL, 266 à 275
VERBE PRONOMINAL, 260 à 265
- auxiliaire, 249
- avec sens passif, impersonnel, 314
- conjugaison (type se laver), 260
- elkaar, mekaar, 262
- français - néerlandais, 261
- futur proche, 240

- gérondif, 264
- infinitif, 263
- participe passé, 256
- passé récent, 242
- pronom réfléchi, 178
- question avec inversion, 265
verbes copules, 147(b), 317 (d), 318 (b)
VERBES IRRÉGULIERS
- tableau conjugaison, 257
- liste, 258
VERBES RÉGULIERS
- en **-ER** (type penser), 199, 200
  • en -cer (type avancer), 202
  • en -e…er (type acheter), 203
  • en -é…er (type espérer), 207
  • en -eler (type appeler), 204
  • en -eter (type jeter), 205
  • en -ger (type manger), 201
  • en -ier (type oublier), 200
  • en -yer (type appuyer), 206
  • formes spéciales, 201 à 207
- en **-IR** (type finir), 208, 209
- en **-IR** (type ouvrir), 212, 213
- en **-IR** (type partir), 210, 211
- en **-RE** (type atten**dre**), 216, 217
- en **-RE** (type pe**indre**), 218, 219
- en **-RE** (type cond**uire**), 214, 215
- TEMPS ET MODES, schéma formation, 222 à 224
- formes dérivées de l'indic. présent, 225 à 234
- formes dérivées de l'infinitif, 235 à 242
verscheidene, verschillende, 88, 94
vervoegingen
- hulpwerkwoorden, 220, 221
- onregelmatige ww. 257
- overzicht, 258, 259
- regelmatige ww., 199 à 215
- verwijzingen naar modelww., 258, 259
- wederkerende ww., 260 à 265, 314
vieil, 50
voegwoord, 146
volonté, verbe + subjonctif, 298, avec infinitif, 306
voldoende zijn, volstaan, 274
voltooid deelwoord, 243, 250 à 256
voor, achter, 138
voor, na, 137
voorwaarde uitdrukken, 371
voorzetsels, 110 à 145
- departement, 123
- eiland, eilandengroep, 125
- land, werelddeel, 122
- provincie, 123
- regio, 124
voorwaardelijke wijs > conditionnel
vorming van tijden, 222 à 249
vos, votre (adj. poss.), uw, jullie, 64, 67
voyelles, 1
vraagzin, 332 à 347
vraag, indirecte, 348 à 351
vragend voornaamw., 70, 71
vrai, vraiment, 148(c)

vrouwelijk
- bn., 48 à 51
- zn., 12 à 18, 19 à 25

W, X, Y

waar?, vanwaar?, 335
waar, waarop, (betrekk.vn.), 170 à 173
waarvan, waarvoor (betrekk. vn.), 169, 171, 173
wachten op, dol zijn op, 145, 346
wanneer, als, 146
wanneer?, 335
wat (betrekk. vn.), 75, 171, 351
wederkerende ww., 260 à 265, 314
weer (het -), 270, 271
weinig, 164
weglatingsteken, 5
welk?, 70, 71
werkwoorden
- algemeen overzicht, 198
- lijst (met vertaling), 258
- schema met verwijzing naar vervoeging, 258, 259
- vorming van tijden, 222 à 224, 225 à 249
WIE? WAT?
- directe vraag, 341 à 347
- indirecte vraag, 350, 351
wie (aan wie, voor wie, met wie), 167, 172, 173
woordgroepen (in de zin), 316
worden (passieve zin), 310 à 314
worden (vertaling), 315
y, 188, 189
y compris, 254

Z

zelf, 80
zeker, 155
zeker(e), 86
zelfde, 80
zelfs, 156
zelfstandig naamwoord
- genus, 11 à 25
- meervoud, 26 à 33
zij / ze (enk.), 175, 179, 184, 197
zij / ze (mv.), 175, 179, 184
zijn / haar, 64 à 66
zinnen met voegwoord, 146
zinnen met 'que' + subj. / ind., 298 à 307
zinsbouw, 316 à 356
- benadrukken van zinsdeel, 322
- bevestigende zin, 265
- gebiedende zin, 323, 324
- indirecte rede, 352 à 356
- indirecte vraag, 348 à 351
- ontkennende zin, 325 à 331
- vraagzin, 332 à 347
zinsontleding, 317, 318